国家2011计划“司法文明协同创新研究”相关成果
2009年度国家社会科学基金重大招标项目“中国特色社会主义司法制度研究”（09QZD026）相关成果
武汉大学优势特色学科支持计划“国家治理与宪法行政法”相关成果

全国法律硕士专业学位教育综合改革试点规划教材
司法文明系列

司法行政学

主　编　江国华
参　编　杨　蓉　李怀胜　彭玉伟
　　　　孙　强　李炳辉　邵毅超
　　　　付中一　梅　扬

WUHAN UNIVERSITY PRESS
武汉大学出版社

图书在版编目(CIP)数据

司法行政学/江国华主编.—武汉：武汉大学出版社,2017.8
全国法律硕士专业学位教育综合改革试点规划教材.司法文明系列
ISBN 978-7-307-19498-4

Ⅰ.司…　Ⅱ.江…　Ⅲ.司法机关—行政管理—中国—研究生—教材　Ⅳ.D926.1

中国版本图书馆 CIP 数据核字(2017)第 181095 号

责任编辑:钱　静　　责任校对:汪欣怡　　版式设计:马　佳

出版发行：**武汉大学出版社**　(430072　武昌　珞珈山)
(电子邮件：cbs22@whu.edu.cn　网址：www.wdp.whu.edu.cn)
印刷：虎彩印艺股份有限公司
开本：720×1000　1/16　　印张:16.25　　字数:293 千字　　插页:1
版次：2017 年 8 月第 1 版　　2017 年 8 月第 1 次印刷
ISBN 978-7-307-19498-4　　定价:39.00 元

序

2011年，我国启动“2011计划”。所谓“2011计划”，其正式名称叫做“高等学校创新能力提升计划”，目的是为了激励或推动我国科学研究领域创新能力的提升。这是我国继“985”、“211”工程之后，又一次体现国家意志的行动计划。计划的核心内容是鼓励高等学校、科研院所，以“国家急需、世界一流”为原则和目标，强强联合，协同创新，大大提升我国的科研创新能力。

法学界在张文显先生的积极推动和策划下，由中国政法大学牵头，武汉大学和吉林大学协同，联合申报了“司法文明协同创新中心”并获得国家批准。获批后的“司法文明协同创新中心”组建了十个学术创新团队，其中一个团队由武汉大学法学院的江国华教授为首席科学家，侧重“司法规范运作”方面的研究。

两年多来，江国华教授和他的团队围绕“司法的规范运作”做了大量的研究工作，并提出了“司法法学”的学科建设设想。在他的设想中，“司法法学”作为一门综合性学科，一则旨在打破法学教育与司法实务之间的壁垒，实现二者的紧密衔接；二则致力于弥合法学相关二级学科之间的知识割裂，实现相关学科的整合。为此，他设置了司法学、司法法学、司法伦理、司法人权、司法行政、司法实务和外国司法制度及司法文明史（上、下）等研究方向。

他的设想得到了司法文明协同创新中心和武汉大学法学院的支持，并被纳入武汉大学“全国法律硕士专业学位教育综合改革试点规划教材”体系之中。其中“司法伦理”和“司法行政”被纳入“政法干警”研究生的必修课程，已经开始讲授，反响很好。

2013年年底，江国华教授将整套规划的目录和司法学及司法法学的两本书的初稿打印给我。看完之后，我认为这套书契合了“司法文明协同创新”的宗旨，建议将其作为武汉大学“司法文明法律硕士研究生”的规划教材。

现在这套书终于可以出版了。作为江国华教授的长辈和同事，我由衷地感到高兴。我的高兴不仅在于这套书的最终出版，更在于江国华教授为人和为学的品质。

是为序。

王树义

2015 年 1 月 29 日于珞珈山

目　录

第一章　司法行政基础理论

司法行政学作为法学学科之一，其本身所包含的内容非常广泛。学界对于司法行政现象以及司法行政工作的理论学习与研究已有相当深厚的积累，但对于司法行政学的基础理论部分的研究却还较为欠缺，或者说并没能形成系统权威的观点来支撑司法行政学这一学科体系的构建，因此有必要首先对于这一学科的基础理论问题进行阐述。

第一节　司法行政概说

一、司法行政的定位

司法行政，从字面上看来，就很让人产生疑惑。是司法与行政两种权力相互交融，还是如一些学者所言，是与司法有关的行政。①

（一）司法行政的产生

无论司法权应如何运行，有一个事实是不容否认的，那就是司法机关的正常运转不可能完全依赖司法权本身的封闭式运作。司法机关的最主要职能是判断，其最大的特点就是中立。但是，判断是有前提的，例如，法官需要选拔、任用；法院的财政经费需要得到保障；法院工作人员的聘任应当顺利进行；与之相关的还有，在法院审理案件之前，还必须经历其他特定程序，如在刑事案件中，公安机关需要对案件进行侦查，检察机关需要审查起诉，当事人有权获得律师服务等。显然，诸多繁杂的事项系为辅助司法有效运行而生，并非司法活动本身所能涵盖的。

如果法官的选拔、任用由法院完成，将无法保障法官的独立性，使得司法

---

① 董开军:《构建和谐社会视野下司法行政的几个问题》，载《中国司法》2005 年第 10 期。

系统成为一个相对封闭、脱离民意的系统，无法保障司法的公正性及其对现实生活的适应性；如果法官的晋升由上级法院考核，势必导致法官为迎合上级法院的意图而放弃自身的立场；如果法院的财政经费由法院自行承担，不仅可能导致司法的泛行政化，使得法院因从事与司法无关的事项从而导致法院系统臃肿，司法职能的有效性降低，也可能使得法院为谋取独立利益而偏离其中立的立场；如果由法院对案件进行审查、起诉，则正如孟德斯鸠所言，这使法院既是当事人又是法官，从而丧失了公正性；如果律师由法院来管理，那么律师将丧失其独立性从而唯法官之命是从；等等。

显然，这些为辅助司法而产生的繁杂事务原则上不应由法院来承担，否则，不仅法院会不堪重负，而且更严重的是，法院还会失去其中立性和权威性。为防止此种状况的出现，一些法治先行国家将这些与司法相关、然而在性质上不属于司法而属于行政的事务从司法系统中分离出来，交由一些特定机关来行使，这就是司法行政的缘起。

（二）司法行政的概念与特征

“司法行政”① 是司法行政学极其重要的概念之一。关于司法行政概念的定义有多种表述，有学者认为：司法行政是指由国家司法行政机关承担的对相关司法事务进行行政管理的活动。② 也有学者认为：司法行政是指司法中的行政或者与司法有关的行政。③ 实务界较为权威的解释出自原司法部部长张福森在《司法部长谈司法行政》一书中的定义：司法行政是与司法有关的行政或行政管理。④

以上各种定义与解释虽无破绽，但却过于笼统。因此，若要全面且细致地透视司法行政的内涵，必须把握其特征。司法行政由“司法”和“行政”两个词根构成，系为实现司法活动的良好、有序运转而相应建立的辅助性行政管理制度，因此它具有如下特征：

1. 行政性

① 司法行政一词源于英文 Judicial Administration，而 Administration 除指行政、行政管理外，还具有管理、经营、执行、实施等意义——参见《英汉法律词典》（修订本），法律出版社 1999 年版，第 23~24、423 页。可见，司法行政的含义相当广泛。

② 关保英主编：《司法行政法新论》，山东人民出版社 2011 年版，第 3 页。

③ 董开军：《构建和谐社会视野下司法行政的几个问题》，载《中国司法》2005 年第 10 期。

④ 张福森：《司法部长谈司法行政》，法律出版社 2006 年版，第 25 页。

不同于司法，司法行政原则上属于行政制度。司法之本质在于司法者的中立地位及其判断职能，不带有任何立场上的偏移；而司法行政则带有明显的管理色彩，它是对与司法相关的一些行政事务的管理。一些学者认为，司法行政具有准司法的性质。然而这并不十分准确。所谓司法，必须是依据法律行使判断职能，不能有丝毫先入为主的立场，而司法行政则完全是站在行政机关或国家的立场上对涉及司法活动的各种事务进行管理，因而必然带有国家本位或行政本位的立场。因此，司法行政并不带有准司法性质，而是彻底的行政制度。司法行政也并不具有司法与行政双重特征，只具有行政特征。这里必须提及的是，从性质上来说，我们通常认为包含在司法活动中的一些事务，如公安机关的侦查活动，检察机关的公诉活动，实际上都不带有司法性质。因此，原则上来说，上述两种行为均属于行政行为、而非司法行为。但在我国，一般将上述两种行为归入司法活动中。

2. 综合性

与司法活动相关的事务十分庞杂，这也就决定了司法行政具有综合性的特点。就性质上来说，司法行政既包括内部行政，也包括外部行政，例如，对法官的考核、任用属内部行政，而对律师的惩戒则属于外部行政行为；既包括抽象行政，也包括具体行政；既包括行政处罚，也包括行政许可；等等，这些都是司法行政现象的具体表现与有机组成部分。具有“点多、面广、线长”的特点。①

3. 多主体性

由于司法行政涉及事务较为广泛，很难由一个单独的主体完成所有事务，因此，司法行政的主体也比较多。例如，在我国，司法行政的主体包括检察机关、公安机关、司法行政机关、政府法制部门，等等。当然，也包括法院。如上所述，虽然法院的行政职能应与司法职能相互分离，交由司法行政部门行使，但不少国家的法院仍保留一定的司法行政权。

4. 辅助性

司法行政是为了保障司法活动正常运转而设立的制度，因此，司法行政必然具有辅助性。我们所知的大部分司法行政事项，如公诉、判决执行、法官与律师培训、司法鉴定、司法考试等，均服务于司法，是司法的辅助性事务。从这一点来看，我们可以说，司法行政并不是一个相对独立的制度，司法行政权也不是一种相对独立的权力。没有司法，就没有司法行政。可见，辅助性是司

① 董开军：《司法行政学》，中国民主法制出版社 2007 年版，第 25 页。

法行政一项非常重要的特征。

二、司法行政的内容

虽然司法行政事务十分繁杂，但仍可以从中归纳出特定种类，一般认为司法行政制度包括如下几个方面。

（一）刑事侦查制度

公安机关行使刑事诉讼法所授予的权力，进行刑事案件的侦查活动，以及检察机关对职务犯罪等案件的侦查，都属于刑事侦查工作。此外，还包括军队内部的刑事侦查，国家安全机关对国家安全案件的刑事侦查。传统上，这些刑事侦查活动均被视为司法活动，原因在于，这些活动乃由刑事诉讼法所授权，而刑事诉讼制度则属于司法制度。这种认识并不正确。事实上，刑事诉讼法涉及方方面面的问题，这些问题并不完全属于司法问题。如其制定与修改，则在立法权的范畴之内。实际上，刑事诉讼法中的司法事项是，司法机关应依据哪些原则，如何定罪量刑，除此之外的活动则不属于司法活动。在西方法治国家，司法活动主要是法院或法官的判断活动，而辅助法官判断的其他行为往往并非司法行为。如上文所述，刑事侦查活动与判断和立场中立并不相关，因此属于司法行政活动，而非司法活动。

（二）公诉制度

与刑事侦查制度相类似，公诉制度也属于司法行政制度，其实质是辅助司法而建立的制度。公诉机关依据法律代表国家提起公诉的行为，显然并非司法行为，只能说是行政行为。在西方国家，一般而言，公诉机关都是独立于法院的。有些国家公诉机关设在法院之内，但属自成一格的系统，其内部依循行政管理体制。在美国，司法部总揽刑事侦查与公诉大权。值得注意的是，在我国，刑事侦查制度、公诉制度通常被归入司法之中，尽管笔者坚持认为这两者属于司法行政制度，但一来对于此两者的独立论述较多，二来为依循惯例，本书不对这两者进行详细的探讨。

（三）司法机关行政管理制度

这里所说的司法机关仅指法院。如我们所知，尽管法院原则上只行使司法权，但仍不乏一些具体的行政事务。司法行政事务与司法审判事务不同，前者按照科层制管理，下级服从上级命令，以效率为主导目标，后者是平权关系，法官之间相互独立，以公正为主导目标。① 法院正常运转所必需的人、财、物的支持属于行政事务，但确属司法活动不可或缺的后盾。关于法院的人事、财政制度，即应属于司法行政制度。原则上，这些权力不应由法院履行，而应交给其他机关履行，用以防止法院的行政化倾向。但在事实上，法院的设立不可避免地会带来法院行政管理事务，法院或多或少都需要承担起一部分行政管理职能。②

（四）判决执行制度

司法机关履行其判断职责，原则上不应涉及判决的执行，因为，如若法院既掌管判决，又执行判决，将不可避免地导致权力寻租，影响司法公正。因此，判决执行往往由其他机关执行。在我国，最主要的判决执行制度即为监狱制度，这是司法行政制度中非常重要的一环。值得注意的是，我国民事、行政判决的执行目前仍由司法机关完成，这种权力配置并不合理。十八届四中全会指出，要完善司法体制，推动实行审判权和执行权相分离的体制改革试点；完善刑罚执行制度，统一刑罚执行体制。在未来司法改革的进程中，法院的执行庭可能从法院分离，而成为司法行政机关的一个组成部分。

（五）司法考试制度

司法考试制度，即通过一定的法律测试，选拔符合现代法治要求的优秀法律人才，旨在构建法律职业共同体的重要司法行政制度，当代世界主要国家都无一例外地采用这种制度。司法考试是公民取得法律职业资格的一种专门考试，是司法行政制度中不可或缺的重要组成部分。在我国，初任法官、初任检察官和取得律师资格之前，必须通过司法考试。

（六）律师与法律援助制度

在当代法治建设中，律师的作用是举足轻重的。由于法律制度越来越完善，也越来越庞杂，意味着为当事人提供法律服务的律师职业越来越重要。律师业的发达，又从客观上要求应对律师加强监管。不论是律师自治，还是对律师进行外在管理，都属于司法行政的范畴。与此相关的是，为了使得无法支付

---

① 参见谭世贵、梁三利、王琦、李荣珍：《法院管理模式研究》，法律出版社 2010 年版，第 24 页。

② 苏力：《论法院的审判职能与行政管理》，载《中外法学》1999 年第 5 期。

高昂律师费用的公民获得法律服务，现代各国大多建立了法律援助制度。这一制度与律师制度相关，也在司法行政范畴之内。

（七）公证制度、司法鉴定制度

公证制度与司法活动密切相关，经公证的文书、行为具有特殊的法律效力；司法鉴定与之类似，也是证明力较强的证据。对于这两类制度的管理也属于司法行政的范畴。

（八）司法协助

司法协助也是司法行政制度的一部分，其性质与上述司法行政制度大体相同，但因其包含复杂的涉外因素，故单独分为一类。

综上所述，司法行政的内容是十分宽泛的。这里需要重申的是，在我国，司法行政的内容往往以司法行政机关所实际管理之事务为判断标准，例如公诉制度和刑事侦查制度虽属司法行政，但我国并不将其划入司法行政范畴；监狱制度与民事判决执行制度同属判决执行制度，但在我国，监狱制度属于司法行政，而民事判决执行制度则不属之。此外，法制宣传等职能由司法行政机关履行，故也属于司法行政制度，但这些职能往往与司法行政无涉，因此原则上不属于司法行政制度，只能说属于单纯的行政制度。本书试结合我国相应的司法行政制度，从较广泛的角度建构司法行政学的框架，后续章节遵循兼顾实务与学理的原则，以司法行政机关所司职能和司法行政学理论基础为主要依据展开论述，但望读者自行甄别司法行政的意蕴。

三、司法行政的功能

司法行政功能是指国家特定的司法行政机构基于对国家司法行政事务所进行的管理活动，在为建立法治国家所发挥的客观效果或作用。① 由于司法行政具有辅助性、综合性等特征，司法行政具有十分重要的功能。概括来说，主要包括司法辅助功能和服务功能。

（一）司法辅助功能

司法行政因司法而生，为保障司法正常运转而存在，因此，司法行政的最主要功能即司法辅助功能。

① 付少军、蒋若薇：《司法行政概论》，中国检察出版社 2011 年版，第 12 页。

1. 管理司法行政事务

司法机关在行使其司法权时，必须依赖方方面面的支持。但是，由于司法机关的主要职能是司法，因而不可能承担太多的行政职能，否则势必导致司法丧失中立性和公正性。因此，司法机关需将其一部分职能转让给行政机关，让司法机关专掌司法，避免出现过度司法行政化。① 这样，司法机关的所有事务就可以明确地划分为两个部分，即司法权由司法机关行使，而保障司法权的各种行政事务的处分权则交由司法行政机关行使。司法行政为司法活动提供强有力的人、财、物保障。

2. 为司法活动提供支持

对司法活动的人、财、物的保障也是一种支持，但这里所说的支持主要指的是司法活动的前置与善后工作的处理。前者表现为律师管理、司法鉴定等，后者则主要表现为判决执行。诚然，司法活动是司法机关的主要活动，但是，如果没有上述活动的支持，司法活动将成为无源之水。因此，司法行政是司法的重要支持。

3. 执行司法裁决的功能②

以定纷止争为目的的司法活动主要包含判断与裁决两个过程。因此，司法裁决之后的执行工作显然不属于司法活动范围，而应归属于行政活动。所以，司法执行很明显属于司法行政事务。这其中包含各类刑事裁决的执行如死刑与有期徒刑的执行等；另外还包括国家强制执行的民事、行政执行。

---

① 司法行政化主要有两层含义：一是基于司法权的无度扩张，司法机关掌握了本应由行政机关特别是司法行政机关负责的与司法有关的行政事务；二是基于行政权的无度扩张，司法机关及其人员在处理司法事务过程中受到来自各方面行政权的不当干涉。司法行政化的直接后果是司法的独立性、中立性被削弱。对此，可参见谢佑平、万毅：《司法行政化与司法独立：悖论的司法改革——兼评法官等级制与院长辞职制》，载《江苏社会科学》2003 年第 1 期；王子正：《司法行政及其改革》，载《当代法学》2003 年第 12 期；陈瑞华：《司法裁判的行政决策模式——对中国法院‘司法行政化’现象的重新考虑》，载《吉林大学社会科学学报》2008 年第 4 期；任永安：《论司法行政化及其解决之道》，载《暨南学报》2009 年第 5 期；谭世贵：《深化司法体制改革的几个问题》，载《中国司法》2014 年第 6 期；等等。

② 参见孙业群：《司法行政权的历史、现实与未来》，法律出版社 2004 年版，第 174～175 页。

（二）服务功能

司法行政制度不仅具有辅助功能，也具有服务功能。司法行政制度建立的初衷在于辅助司法运转，然而在社会发展的进程中，司法行政机关逐渐掌握了越来越多的与司法活动相关的权力，甚至于在某些情况下，这些权力与司法权的关系显得不那么紧密，从而成为一种可以独立提供服务的权力。在当代各国，司法行政均具有了一些较为广泛的服务功能，依此观点，可概括为两个方面。

1. 为政府提供法律服务

由于司法行政机关属于行政机关，也即狭义的政府组成部门，同时，其又与司法密切相关，因此在当代各国，一个普遍的做法是，司法行政机关是政府的法律顾问，担负着统筹政府法律事务的功能，具有行政立法、行政复议、行政应诉、为政府决策提供法律意见等多种法律服务方式。而在我国，各级政府中往往设立有专门的法律服务机构，如法制局或法制办公室等。

2. 为社会提供法律服务

司法行政机关为社会所提供的法律服务并不显见，不论是司法鉴定或公证，还是法律援助，这些法律服务并非由司法行政机关为之。在当代各国，司法鉴定、公证和法律援助越来越成为一种非官方行为，相应的行为主体也与国家机关脱离了关系，以此来看司法行政机关并未对社会提供法律服务。其实司法行政机关的作用主要体现在，通过对公证、司法鉴定等法律服务业进行指导、管理，从而间接地为社会提供法律服务。

第二节　司法行政权与司法行政制度

司法行政制度是为实现司法活动良好、有序运转而建立的辅助性法律制度，司法行政权是为辅助司法活动而产生的行政权力，是司法行政的核心概念。

一、司法行政权

与所有的行政权一样，司法行政权也具有法定性、强制性、管理性等特征。司法行政权与司法密切相关，同时，它又具有自身的特点。这些特点实际上与司法行政的特点大体类似，即具有综合性、辅助性、多主体性等特征。司法行政权是一个内涵多样而开放的权力体系，它是近代社会“权力分立与制衡”学说的产物，以辅助司法权为目的，对司法行政事务行使的相关权利。①

司法行政必然与司法相关，因而司法行政权也必然与司法活动相关。故有学者认为，司法行政权即是司法行政机关的行政管理权。但这种观点并不全面，主要表现为两个方面：其一，并非司法行政机关的所有权力均属于司法行政权。尽管在许多国家，包括我国建立了司法行政机关，名为司法部，但在实际上，司法部的职权并不仅仅局限于司法行政权，还包括一些与司法活动无关的权力。这是由司法部的性质所决定的。实际上，司法部一方面是统一而专业的司法行政机关，另一方面也是政府的法律部门，因此，司法部的权力也可分为两个部分。那种将司法部所享有的权力——包括起草法律草案的权力——都视为司法行政权的做法是错误的。其二，司法行政权并非完全由司法行政机关所行使。对于这一点我们在上文中已经论述过。事实上，涉及司法活动的权力十分繁杂，很难由某一个机关单独行使。在美国，司法部享有广泛的权力，但联邦法院法官的任命则必须经过总统，也就是说，总统分享一部分司法行政权。此外，为了使得法院的行政工作与审判工作相分离，美国国会专门成立了联邦法院行政事务管理局和联邦法院职员办公室，这些机构隶属于国会，行使着相当重要的司法行政权。在我国，司法部也享有一些司法行政权，但法院人事、财政等权力却并非由司法部所行使。也有观点认为，司法行政权是指在国家权力系统中以管理司法行政事务为主的，兼容部分司法权性质，具有复合性、广泛性、执行性、服务性、管理性、社会性和政策性的一种行政权，是司法行政机关依法行使的司法行政管理权及相关职权，是司法活动中的和与司法活动有关的一种行政管理权。②

我国长期以来的观点认为，司法行政权具有准司法性质。这不能不说是一种根深蒂固的偏见。司法行政权是与司法活动相关的行政权，它具有行政权的典型特征，却不具有司法权的特征，并没有准司法性质。所谓准司法性质的行政权，意思是行政权在行使过程中，具有类似司法权的中立性，即行政机关站在中立的立场上处理纠纷。其典型表现如，土地管理部门解决土地纠纷。而司法行政权在行使过程中并不具有中立性，因此不具有准司法性质。它仅仅是与司法活动相关的权力。与此相关的是，在我国，一些政界和学界的人士将司法

① 任永安、卢显洋：《中国特色司法行政制度新论》，中国政法大学出版社 2014 年版，第 16 页。

② 转引自董开军：《司法行政学》，中国民主法制出版社 2007 年版，第 34 页。参见刘武俊：《构建和谐社会视野下司法行政的几个问题》，载《中国司法》2005 年第 10 期。

行政简称为司法。司法行政权的中心在行政上，不能因强调其与司法相关而认为其具有准司法性质。当然也有观点认为，“司法行政权即可归属于广义的司法权的组成范畴，同时又区别于单纯的狭义上的司法权（司法审判权），表现为一种带有准司法色彩的行政权”。①

司法行政权是一个融合多种权力元素于一身的开放性权力体系，这不但表现为其与司法权的深厚渊源，同时也体现出了司法行政机关与司法机关间的分工合作的关系。

二、司法行政权的配置模式

由于司法行政权本身具有较为特殊和复杂的性质，同时受文化传统、政治体制等国情因素的影响，各国司法行政权的配置模式呈现多元化状态，因此有必要对其进行梳理分类，通过对地域、职权和层级三个方面的分类比较，更为深入地研究认识司法行政权。

（一）地域分类

按照司法行政权的主要权能和地域特点，分为大司法模式、欧陆模式、东亚模式、俄罗斯模式和英国模式。②

1. 大司法模式

一般是指除英国以外，普通法系国家通常采用的司法行政权配置模式。这种模式下的司法部集侦查权、刑事民事执行权、刑事和涉及国家利益的民事案件的调查起诉权、麻醉品管理、移民和归化管理、作为政府的法律顾问等多种权力于一身，以美国司法部的权力配置为代表，故也称美国模式。③美国司法部是该国国家机构体系中最为庞大的重要机构，司法部部长由总统经参议院同意任命，同时兼任联邦总检察长，也是联邦政府的法律事务首脑。司法部的权力包括：管理和监督联邦检察系统和警察系统，指导地区检察官工作，管理和监督联邦所属的全国监狱和其他惩罚机构，对违反联邦法律的各种犯罪活动进行调查和起诉，执行移民法、国籍法、犯人引渡及国际司法协助等。

---

① 刘武俊：《司法行政基本概念新论》，载《中国司法》2007年第12期。

② 孙业群：《司法行政权的历史、现实与未来》，法律出版社2004年版，第178~179页。

③ 参见付少军、蒋若薇主编：《司法行政概论》，中国检察出版社2011年版，第42页。

2. 欧陆模式

欧陆模式以法国、德国为代表，显著特征就是司法部享有对法院司法行政事务的管理权、对检察机关的领导权和对刑事、民事案件的执行权。德国、法国、奥地利等大陆法系国家的司法部主要管理法院和检察院的行政组织、人事调动和活动经费、监狱管理、执行判决等司法行政事务。近年来，欧陆一些国家相继设立了"司法委员会"，负责管理法官的任命、晋升、调动、评估，司法人员违纪、渎职等行为的惩处以及司法机构设置的调整等工作。

3. 东亚模式

以日本、韩国法务省、法务局或法务部为代表的享有对检察系统的领导权、刑事执行权、组织司法考试等权力的模式。东亚模式的主要特征是，法务部门主要管理政府法律事务和提供法律服务，而法院的内部行政事务由法院自行管理。

4. 俄罗斯模式

这是指以俄罗斯司法部为代表享有刑事民事判决执行权、司法警察的管理权、法律服务管理权等权力的模式。俄罗斯模式的主要特征是以司法执行权为主，基本上不负责管理法院的司法行政事务。俄罗斯法院的行政工作原来由司法部负责，后成立了最高法院直属的司法司，负责法院的主要行政工作，但法庭与法官的安全由司法部负责。

5. 英国模式

历史上英国的司法行政权分散，没有专门的司法行政部门。英国的法院实行审判事务与行政事务分离的原则。2003 年以前，司法行政事务在英格兰和威尔士由宪法事务部和内政部共同行使。2003 年 6 月，英国新成立宪法事务部取代了原来的法律大臣办公室。2005 年宪法事务部将法院司和治安法院委员会合并，成立了皇家法院司，将英格兰和威尔士的法院行政事务实行统一管理。英国司法行政权的范围包括：任命首席法官、高级司法官及治安法官；负责法院行政事务；负责律师职业方面的事务及司法援助计划；负责警察、监狱和其他惩戒机关等。

（二）职权分类

按照司法行政权核心职权，分为大司法行政权、传统型司法行政权、法律服务型和执行型司法行政权配置模式。①

① 孙业群：《司法行政权的历史、现实与未来》，法律出版社 2004 年版，第 179~180 页。

大司法行政权配置模式，主要指以侦查权、检察权、法院部分司法行政事务的管理权、法院生效判决的执行权为内容的一种最广泛的司法行政权。

传统型司法行政权配置模式，主要指以对法院、检察院的司法行政事务管理权为内容的司法行政权权力配置模式。

法律服务型司法行政权配置模式，主要指除了法院司法行政事务管理权外，司法行政机关代表政府行使刑罚执行权等有关法律事务的管理权和服务权。

执行型的司法行政权配置模式，主要指以执行法院生效判决为主要权能的司法行政权配置模式。

（三）层级分类

按照司法行政权层级结构，分为垂直型和分级型的配置模式。①

法国、日本、韩国是单一制国家，全国有统一司法行政组织结构体系和相对应的司法行政权配置体系，司法行政机关一般实行上下级垂直领导，中央司法行政机关和地方司法行政机关在职能配置上一般是上下对应的。

美国、加拿大、澳大利亚、德国等联邦制国家，联邦司法行政机关和州司法行政机关属于两个体系，在机构设置、职能范围上并非上下对应，各州的自主性较大，监狱管理一般由州司法行政机构管理。

综上所述，尽管在大陆法系国家和普通法系国家中，司法行政权的边界略有不同，但总的来说，法院与检察院的司法行政事务均囊括在司法行政权的管辖范围之内。

我国的司法行政权配置也有其鲜明的特点。法院与检察院分别掌管内部的司法行政事务，而其余事务则由司法行政机关负责管辖，司法行政机关的权力相对较小，因此应归于小司法的范式。

三、司法行政体制

司法行政体制是指一国有关司法行政事务及管理的组织体系、职权划分、权力配置、活动原则、工作程序的总称，是制度化、规范化的司法行政组织结构及其运作方式。② 这里需要强调一点，司法行政体制与司法行政制度是有区别的，司法行政制度研究的是司法行政的性质、任务、工作原则、程序、司法

① 孙业群：《司法行政权的历史、现实与未来》，法律出版社 2004 年版，第 180 页。

② 董开军主编：《司法行政学》，中国民主法制出版社 2007 年版，第 50 页。

行政机关以及相关的司法行政法律法规的总合。①

司法行政事务是指有关国家机关依法处理与司法活动相关的行政事务，主要包括司法机关的机构设置、人员选拔培训、经费管理、物资保障和行政人员的管理等以及对司法裁决的执行。司法行政事务具有比较明显的综合性、行政性和繁杂性。

司法行政管理是指司法行政机关依据法律赋予的司法行政权限对司法行政事务实施的管理活动。司法行政管理本质上属于行政权的范畴。

司法行政机关是指政府中主管司法行政事务，对司法行政事务行使管理权的职能部门，司法行政机关是构成司法行政制度的组织要素。② 我国的司法行政机关主要包括司法部，省、自治区、直辖市司法厅，市、县（区）司法局和乡镇司法所。但在实际上，检察官、警察、法院行政工作人员等都应归入司法行政工作人员的行列。

第三节　司法行政学概述

一、司法行政学的概念与特征

司法行政学就是研究司法行政的理论与实践、现象与规律的学问。目前，关于司法行政的研究大量存在，单独研究检察权、监狱管理、律师制度的论著也比比皆是，然而，系统研究司法行政学的论著却并不多见。究其原因，不外乎以下两点。

首先，司法行政学所涉及的内容过于庞杂，且各部分内容之间的关联性较小。如上文所论，司法行政的一大特征是综合性，各种各样与司法相关的事务都可能归入司法行政的范畴。于此情形，甚至很难给司法行政下一个精确的定义。而司法行政所涵盖的各部分内容之间虽然有着共同之处，即都是为司法服务的，但从实践来看，形形色色的司法行政具体制度之间的联系并不十分紧密，各制度的原则、程序等皆有所不同。例如，监狱管理与律师管理同属司法行政，然而此二者之间几乎没有共同性可言；再如，法院财政预算之编制和通过属财政事项，其与刑罚之执行大相径庭，适用完全不同的程序和原则。也正因为此，司法行政学的各部分内容之间很难进行有效衔接。我国学界目前对司

① 付少军、蒋若薇主编：《司法行政概论》，中国检察出版社 2011 年版，第 51 页。
② 董开军主编：《司法行政学》，中国民主法制出版社 2007 年版，第 51 页。

法行政各具体制度的研究相对较多，但综合性研究有所不足，其原因主要在此。

其次，司法行政学没有一以贯之的理论体系。任何一门学科如果要达到独立的程度，必须有一条线索能够将各部分内容加以联结。然而，司法行政学恰恰缺少这样一条线索。尽管司法行政各具体制度有一个共同的特点，即主要为司法服务，然则随着司法行政权的扩大，这一特点也发生了一定的偏移，使得司法行政与司法的联系没有字面上说得那么紧密。举例来说，律师制度诚然是辅助司法制度的，然而在当代法治条件下，律师行业日渐兴盛，律师服务和律师管理的范围也日渐庞杂。律师出庭应诉诚然与司法直接相关，而律师为企业提供法律咨询则与司法不直接相关。律师服务尚且如此，更不用说对律师的管理了。这些具体的管理制度实际上贯彻的是纯粹的行政原则，与司法的联系已不那么紧密。因此，司法行政学的内容部分与司法相关，部分与行政相关，但缺乏独具特色的内容。实际上，还可以找出其他一些理由。如，无法清晰界定研究对象和研究范围，没有特定研究方法，等等。这些原因阻碍了司法行政学的形成。

但是，如果我们放弃系统整理的努力，而将司法行政学看做对司法行政各种具体制度进行研究的学科的总和，那么，司法行政学的存在还是有依据的。出于理论研究和实践的需要，将功能大致相同的一些内容予以汇总，从而形成一个新的交叉性学科，也是学科形成的一大动因。这与经济法学的形成颇有类似之处。

依照这样的理解，司法行政学的存在还是有其必要性的。不同于其他严谨的系统性学科，司法行政学的特征如下：

第一，实践性远大于理论性。一门独立的学科之所以存在，往往必须有其理论基础和相应的基础理论，且各种理论之间能够形成自我融通的内在体系。司法行政学与此不同。它缺少对理论的深度探讨，也没有一些一以贯之而独具特色的原则。相反，司法行政学非常注重实践性，可以说，司法行政学的整个体系都是建立在实践基础上的。也就是说，在当代中国，司法行政学学科体系以司法行政机关和司法行政权为依据。也正因此，司法行政学是一门典型的应用学科和实践学科。值得注意的是，由于司法行政学往往必须亦步亦趋于司法行政的实践，往往容易使其丧失对实践的批判性。

第二，司法行政学主要是对司法行政规范及实践的总结，在学科定性上应将其定位为实践行政学。一些学者认为司法行政学属于应用法学，这种看法值得商榷。表面上看来，司法行政与法律的关系十分密切，但是，关系密切不等于两者具有相同的性质。法学所研究的是法律的一般理论，但并非所有与法律相关的领域均属于法学。举例来说，在当代中国，由于依法治国理念深入人心，依法行政已成为一项重要的原则，但这并不意味着行政学也是法学。事实上，司法行政学所研究的对象主要是行政事务，尽管这些行政事务与法律息息相关，并且时时刻刻受到法律的约束，但司法行政学所研究的不是关于司法行政的法律，而是依据司法行政法律研究司法行政的一般规律，因此，司法行政学属行政学的分支，而非法学的分支。但在实践中，由于司法行政学涉及法律的内容众多，一般将其视为行政学与法学的交叉学科。

第三，司法行政学还具有广泛性、综合性等特征。这与司法行政的性质相关，上文已述，这里不再赘述。

二、司法行政学与相关学科

（一）司法行政学与宪法学

宪法是国家的根本大法，各种法律制度都不得与宪法相抵触。司法行政制度与宪法的关系也十分紧密。司法行政所涉及的最为重要的问题是，在国家的权力分立与制衡机制中，司法与行政应当处于何种关系。在严格遵守三权分立原则的国家，司法权与行政权必须分离，两者也应能够进行相互制约。为了防止司法权的过分扩张，确保司法权心无旁骛专司司法职能，西方许多法治国家强调司法机关行政职能与司法职能的分开，即将司法行政事项从司法机关分离出去，使之归属于行政机关，这样才产生了司法行政制度。可见，司法行政制度与宪法中的权力配置有着重要的联系。司法行政学在研究司法行政制度时，也必须遵循宪法解释。

（二）司法行政学与行政学

司法行政学系属行政学的一个分支当无疑问。尽管司法行政制度与司法的关系十分紧密，但我们不能因此将其归入法学领域。事实上，法学与行政学所关注的重点是不同的：法学所关注的重点是法律规范，而行政学所关注的重点是行政权的运行。司法行政制度以法律规范为依托，然则司法行政学往往不对法律规范展开精细分析和深度探讨，而是关注于司法行政权包括哪些内容，其在实践中如何运行。因此，司法行政学属于行政学。在研究司法行政学时，行政学的众多原则是必须遵守的。

（三）司法行政学与行政法学

行政法学的主要研究对象是行政法，司法行政学的主要研究对象则是司法行政制度，两者分属不同的学科。然而，在依法治国和依法行政理念深入人心的今天，司法行政学的研究绕开行政法学是不可能的。举例来说，一位行政学学者在研究行政处罚制度时，不可避免地要接触行政处罚法，并吸收行政法学中的相关研究成果以为己用。司法行政学亦如此。无论是监狱管理制度，还是律师管理制度，均与行政法学息息相关，故而司法行政学也应遵守行政法学的一些原则，例如效率原则、比例原则等。事实上，司法行政学的众多内容可析分为不同的部分，这些部分可直接与行政法学的一些研究内容相联结。如对律师资格的授予即属行政许可制度，对监狱服刑犯违反监狱管理规定进行处罚则属行政处罚，对这些内容的研究必然应遵守行政法学的原则。当然，另有一些比较特殊的制度，例如公诉制度，难以与行政法学直接联系。

（四）司法行政学与诉讼法学

诉讼法学是以诉讼过程为研究对象的程序法学。毫无疑问，司法行政制度相当大的一部分与诉讼过程有着千丝万缕的联系。例如，公安机关的侦查行为、检察机关的公诉行为往往是刑事诉讼的启动要件，没有这些相应的司法行政制度，诉讼活动难以正常进行；监狱对服刑犯的管理，也是执行判决的必备环节之一。因此，司法行政学必然与诉讼法学有着紧密关联。但在这里，我们仍必须澄清一个问题，即司法行政并不是司法活动的组成部分。在我国刑事诉讼法中，将侦查、公诉等均纳入刑事诉讼程序之中，也就是说，侦查、公诉等司法行政行为是诉讼活动的组成部分，但是，由于它们性质上属于行政行为，因此，它们并非司法活动的组成部分。诉讼并不等于司法，这一点务请注意。

第二章 外国司法行政制度介绍

从起源上说，司法行政制度产生时间非常早。如果不拘于对司法行政制度进行严格的现代意义上的解读，那么，只要存在司法制度，就会存在与司法相关的行政制度，也就存在司法行政制度。从这个意义上讲，各国古代社会中即已存在司法行政制度。但严格意义上的司法行政制度是国家权力分立的产物，因此，通常所说的司法行政制度实际上是较为现代的制度。而在近现代史上，西方发达国家在制度上的发展领先于我国，与其他学科一样，我们在学习司法行政制度时，也需要对各国的实际制度进行一番介绍，以吸收和借鉴他国的先进经验。

当今世界存在两大主流法系，分别为大陆法系和英美法系。这两个法系虽在法律制度上有着较大的不同，但着眼到司法行政制度上时，它们之间也有不少共通之处，其遵循的基本原则、规律大致相同。

第一节 大陆法系诸国司法行政制度

大陆法系的代表国家是德国和法国。大陆法系国家的司法机关的地位与奉行普通法主义的英美法系不同，因此，在司法行政制度上两者有所不同。

一、法国

法国是单一制国家，其司法行政事务主要由司法部统一管理，而在地方上不设司法行政机构，司法行政权的法律依据有司法行政法典①。在司法行政事务统一管理的前提下，司法部长授权上诉法院院长和总检察长管理上诉法院及其司法区域内各基层法院的司法行政事务，有关司法行政管理工作的情况向司法部报告。② 因此，从总体上看来，法国司法行政权的配置是比较集中的。具

① 刘新魁：《法国司法鉴定制度》，载《人民法院报》2002 年 9 月 22 日。

② 殷明胜：《德法两国的司法行政体制》，载《中国司法》2005 年第 2 期。

体来说，法国司法行政事务的管理方式如下：

第一，法院司法行政事务由司法部管理。最高法院的司法行政工作直接由司法部负责，其他法院——包括上诉法院及其他下级法院的司法行政工作则由司法部长授权上诉法院院长处理。上诉法院院长对司法部负责，须向司法部报告工作。法院司法行政事务包括两个比较大的组成部分：其一为财政事务。具体来说，司法部编制法院的财政预算，交由议会批准实施，经费由国家财政支出。其二为人事事务。人事管理分两部分：法官和检察官的职业培训和在职培训由司法部领导的司法官学院负责；其他行政人员的任免则由司法部直接负责。

第二，检察机关隶属于司法部。法国在各级法院内部设置检察机关，但这些检察机关由司法部领导。司法部可对检察工作发布指示，但各级检察机关业务是独立的。

第三，处理其他司法行政事务。主要包括：对公证员等法律从业人员进行管理；负责国际司法协助；管理监狱；等等。①

在法国，司法部下设部长办公厅、司法事务局、民事与司法司、刑事与特赦司、监狱行政司、总务与装备司、监督教育司、未成年人保护司、国际关系司等，另外还设有国家勋级委员会和一个司法研究中心。其职能大体如下：办公厅主要处理司法行政机构与其他机构的关系，如法院、政府机关之间的来往文件、其他信访事件等，也包括与大众传媒的联系；司法事务司主要负责法院的人事事项；民事与司法司主管民法与民事诉讼法的起草工作，其下设职业条例科；刑事与特赦司主要参与刑事立法工作；监狱行政司主管监狱行政；监狱教育司主管感化教育青少年的机构，管理司法职业学校；总务与装备司管理司法部财政与物质装备。②

二、德国

德国是联邦制国家，其司法行政机构不同于法国。德国在联邦和州均设有司法行政机关，即联邦政府和州司法部。其有关司法行政权的法律依据有《司法行政法典》。③ 就联邦层面来说，司法行政机构的职权主要如下：

---

① 参见董开军：《司法行政学》，中国民主法制出版社 2007 年版，第 87~88 页。

② 参见付少军、蒋若薇：《司法行政概论》，中国检察出版社 2011 年版，第 64 页。

③ 参见孙业群：《司法行政权的历史、现实与未来》，法律出版社 2004 年版，第 78 页。

第一，管理法院司法行政事务。与法国相类似，德国联邦司法部也负责法院的财政与人事事项，只不过管理方式略有不同。德国司法部负责编制联邦法院（普通法院、行政法院和财政法院）的预算，确定年度预算总额。在人事方面，联邦司法部可对上述三类法院的法官提出人事建议，而法官的具体任用则须经过选举程序。此选举程序主要由司法部长领导。

第二，领导检察机关。同样与法国相类似，德国在各级联邦法院中设有检察院。负责刑事公诉。各级警察局则在检察院的领导下工作。司法部负责监督各级检察院的工作，联邦检察长由司法部长任命，但检察院独立行使职权，司法部不得发布直接指令。

德国在联邦与州之间进行分权。各州的司法行政机关所负责的事项与联邦司法部大体类似，也包括管理法院经费，对州系统法院进行行政管理，领导州检察机关等。与联邦法院不同的是，州法官以及州检察官主要由州司法部长任命。此外，在法院预算管理方面也略有不同，但职权大同小异。有较大不同的地方是，在德国，联邦不设监狱，也没有监狱管理机关。既有的监狱分属各州，由各州自行管理。个别州的司法行政体制略有不同于其他州之处，如在巴伐利亚州，行政法院司法行政由内务部负责，劳工法院司法行政由劳动部负责。

总体来说，由于德国是联邦制国家，其司法行政体系也呈现出多样性，但司法行政机关所管理事项大体上并没有什么太大的区别。

三、俄罗斯

严格说来，俄罗斯也是一个大陆法系国家，其法律体系以成文法典为主，与司法行政（权）相关的法律主要有《俄罗斯联邦司法部条例》，还有关于民事、刑事、行政裁决强制执行程序的《俄罗斯联邦执行程序法》等。① 但俄罗斯的司法制度与司法行政体制与法国与德国有着较大的区别，可谓别具特色。尤其是至今仍在进行中的司法改革，俄罗斯体现出了相当多的独特之处。

由于俄罗斯的情况较为复杂，我们先从其司法体制说起。俄罗斯是一个联邦制国家，但是，它的法院体系并不像同为联邦国家的美国和德国那样，呈现出不同的体系。众所周知，在美国和德国，其法院系统可分为联邦和州两个部分，两者相互独立。然而在俄罗斯，联邦与各联邦主体（共和国、边疆区、

① 郭成伟、宋英辉：《当代司法体制研究》，中国政法大学出版社 2002 年版，第 308 页。

州、联邦直辖市、自治州、自治专区）的法院①之间具有上下级关系，也就是说，联邦法院和各联邦主体的法院处在同一个司法系统之中。这与联邦国家典型的司法权分立有着十分明显的不同。事实上，俄罗斯的法院系统更为接近单一制国家。与法国、德国不同的是，俄罗斯的检察院并不驻在法院内部，而是自成独立的系统。因此，相关的司法行政事务与上述两国相比具有自己的特色。

第一，在法院内部的司法行政事务上，俄罗斯的管理体制是法院自行管理这些事项。俄罗斯在最高法院下设司法司，该司不从事审判业务，与审判职能分庭抗礼，形成两个相互分离的体系。司法司司长由最高法院院长任命。俄罗斯各级法院和最低级治安法官的财政预算，由司法司司长提出拨款建议，交由联邦政府形成预算并予以保障。司法司也负责法官和法院其他文员的教育、培训、法官职能空缺的重新分配。除最高法院院长、副院长和法官之外，各级法官主要由联邦总统任命。治安法官则主要由其司法辖区内居民选举产生。

第二，检察院自成系统，与法院大体类似，这里不再赘述。显然，与法国和德国不同，俄罗斯的检察院并不由司法部领导。

第三，司法部管理其他司法行政事务。除却上述主要由法院和检察院自行管理的司法行政事项之外，其他事务，诸如判决的执行、司法警察的任免等主要由司法部负责。

俄罗斯的司法行政机关也不符合联邦国家的一般特征。在俄罗斯联邦设司法部，由联邦总统直接领导，主管司法行政事项；在各联邦主体设司法总局，这些司法总局由司法部直接领导，与各联邦主体并无关系。

第二节　英美法系诸国司法行政制度

英美法系包含英国法和美国法两个支系，故名英美法系。② 法院在国家体制中扮演着十分重要的角色。如果说在大陆法系国家，法院只能说是政府的一

① 俄罗斯法院系统主要包括普通法院、仲裁法院和军事法院等，这些法院处在同一个体系之中。除此之外，还有宪法法院系统。在联邦，只有一个宪法法院；在各州，也有自己的宪法法院。各宪法法院之间、宪法法院与其他法院之间保持独立关系，互不干涉。本书主要涉及司法行政问题，而宪法法院超脱于司法权与行政权的分立，本身具有独具特色的规律，故这里不予涉及。

② 陈业宏、唐鸣：《中外司法制度比较》，商务印书馆2000年版，第30页。

个重要却非最重要的部门的话，那么在英美法系国家，法院甚至可以超脱于政府之外，与政治、行政保持较远的距离。正是由于在英美法系国家中，法官往往保持着与现实生活的微妙距离，因此法官一向为人民所信赖。在这些国家，司法行政制度也别具风格。

一、美国

美国的司法行政极具典型意义，是最典型实行三权分立、司法独立、行政与审判事务分离原则的国家。鉴于美国各州的制度差异颇大，这里只涉及美国的联邦司法行政制度。具体说来，美国的司法行政制度主要表现为如下几个方面：

（一）法院司法行政事务

为防止法院行使过多的行政权而妨碍其审判权的行使，美国实行了较为严格的审判与行政事务相分离的制度。然而，在司法独立原则不能完全保障的情况下，将法院的人事、财政权等涉及司法独立的命脉交由行政机关掌管，等于关闭了司法独立的大门。正是出于这样的忧虑，美国选择了一种十分不同的管理体制，既不像法国和德国那样将法院司法行政事务交给司法部管理，也不像俄罗斯那样交给法院自行管理，而是将其交给一些由国会成立的独立行政机构管理。

概括说来，美国的法院行政事务管理体制为：第一，美国国会于 1939 年成立了联邦法院行政事务管理局（也称联邦法院行政办公室），专司法院行政事务管理，这是联邦法院开始自我管理权力的正式标志，但实际上，一些较为重大的行政事项往往不是由这个部门来决定的。① 第二，美国国会还成立了联邦法院职员办公室，其职能是向联邦法院系统提供秘书和其他支持服务。至于法官之遴选，则较为复杂。一般说来，美国联邦法院的法官均须经总统提名，国会批准。

（二）司法部司法行政事务

除去上述深刻介入法院内部运行的事务之外，一般的司法行政事务主要由

---

① 联邦司法行政管理局的建立是罗斯福总统未能成功的“组织法院计划”（court-packing plan）的一部分。该局的组建加强了法院与政府的权力分立，但是该局并不具备联邦司法部那样的政治影响力，而且也不意味着法院完全控制了联邦法院全体工作人员和一切法院事务，例如，破产财产管理人（bankruptcy trustee）仍由司法部长而非法官任命。

司法部负责。《司法官员和司法程序》第二部分“司法部”对司法部的职能、地位、作用作了原则性的规定。① 司法部权力极其广泛，概括而言，包括如下方面：

第一，司法部是美国最高检察机关，司法部长兼任检察长。因此，凡属检察机关的权力均属司法部的权力。司法部下设数个与此相关的内设机构：（1）总检察长办公室；（2）联邦检察官执行办公室；（3）民事、刑事、反托拉斯、民权、环境和自然资源、税务等专门司；（4）赦免检察官办公室。

第二，负责公共安全和国家安全，对刑事案件进行侦查。美国的警察系统十分繁杂，各种类别的警察举不胜举，其中很大一部分归司法部领导。司法部下设如下与警察相关的部门：（1）情报政策和审查办公室；（2）联邦调查局；（3）毒品管理局；（4）轻武器和爆炸物局；（5）美国国家中央局；（6）社区警务服务办公室。

第三，负责判决执行等工作，为法院司法活动提供支持。这是司法行政机关的主要工作之一。负责刑事判决执行的主要是联邦监狱局和假释委员会。

第四，其他事项。例如，纠纷解决办公室和社区关系署；职业责任办公室和职业责任咨询办公室等。

总体说来，美国司法部的权力相当广泛，它涵盖了国家权力的诸多方面，为司法活动之顺利开展提供了强有力的支撑。

二、英国

由于历史原因，英国没有专门的司法行政机构。2003 年以前，司法行政事务主要由内政部和大法官部（Lord Chancellor's Department）共同行使。② 2003 年 6 月，英国进行了司法改革，布莱尔政府撤销大法官、苏格兰事务大臣和威尔士事务大臣 3 个内阁建制，成立了宪法事务部（Department of Constitutional Affairs），代替了原来的法律大臣部，行使先前法律大臣部的大部分职能，同时这也意味着过去法律大臣集法官、上议院院长、内阁部长于一身时代的结束。

英国法院实行审判事务和行政事务相分离的原则。原来，法院的行政事务由设在宪法事务部的法院司（Court Service）和基层法院委员会（Magistrates'

① 郭成伟、宋英辉：《当代司法体制研究》，中国政法大学出版社 2002 年版，第 179 页。

② 何家弘：《中外司法体制研究》，中国检察出版社 2004 年版，第 84 页。

Courts Committees）承担。2005年4月1日，宪法事务部将法院司和基层法院委员会合并，成立了皇家法院司（Her Majesty's Courts Service），结束了长期以来与地方治安法院委员会之间各行其是的局面。宪法事务部的职责主要是为全民提供高效、便利的司法，确保公民的权利，通过法律和宪法的现代化提高民主自由。宪法事务部下设的机构有：（1）战略司，内设消费战略处、宪法事务处、法律援助战略处、公共监护人办公室、政府律师办公室、公共受托人办公室等。（2）法律和司法司，负责司法政策的制定、司法官的任命、法律服务和法律咨询。（3）皇家法院署，其于2005年4月1日由治安法院署和法院服务署合并，主要是统一管理英格兰和威尔士的刑事、民事和家事法院行政事务。（4）法律服务委员会，是在民事和刑事领域提供法律援助的机构。（5）法律服务委员会，负责法律审查并提出改革建议。（6）司法进修委员会，主管指导、协助治安法院委员会培训治安法官，并对其他法官进行培训。（7）司法任命委员会，成立于2001年，负责对王室法律顾问任命程序进行审查，并对有关此程序运作的投诉进行调查。（8）司法官遴选司、司法任命委员会，负责任命治安法官并对其他司法官的选任提出建议。①

除此之外，英国内务部仍享有一些十分重要的司法行政权。其权力主要表现在负责管理警察、监狱和其他惩戒机关。内政部是管理监狱的中央行政机构，专设皇家监狱管理局，对全国的监狱进行管理。2001年5月，专司对罪犯进行社区矫治的国家缓刑局被划归内政部。2004年，内政部在英格兰和威尔士设立全国服刑人员管理局，负责对服刑人员进行管理和矫治，以减少重新犯罪。

第三节 日本和韩国的司法行政制度

尽管从一般意义上来说，日本和韩国可归入大陆法系国家，在这两个国家，成文法也是法律体系的主要组成部分，但是，由于这两个国家的法治现代化与东亚的命运大致相同，遵循挑战与回应的现代化进路，两国的法治面貌均带有西方发达国家的鲜明印记。而且，尽管两国所学习的蓝本主要是大陆法系国家，然其司法制度中也带有一些英美法系的特征。因此，这里将两个国家单独进行介绍。

① 张福森：《各国司法体制简介》，法律出版社2006年版，第64~67页。

一、日本

日本司法行政制度大致分为两个部分。

其一，日本法院（裁判所）的司法行政事务主要由最高法院设立的事务总局管理。最高法院享有财政预算权和人事决定权，有权决定下级法院的人员配置和预算支出。较大的司法行政事务则由全部15名①大法官组成的裁判官会议决定。这一点与俄罗斯有相同之处。不同的是，日本最高法院以下各级法官也自行管理法院行政事务。最高法院还下设司法研修所、法院书记员研修所和家事法院调查官研究所，负责对司法考试合格人员、书记员和家事法院调查官进行培训。

其二，日本的专门司法行政机关名为法务省，主要管理政府的法律事务。此机构战前称为“司法省”，主管全国审判、检察、律师、监狱和其他司法行政工作，可谓集司法与司法行政大权于一身。战败后所设立的法务省大幅消减了权力，目前的权力主要限于司法行政权。主要包括：代表国家参与民事诉讼；下设检察厅负责公诉和部分案件的调查；设矫正局主管监狱管理；设社区矫正局主管假释和社区矫正；设公安调查厅和公安审查委员会，负责调查破坏性团体，维护国家安全；设司法考试委员会主管司法考试工作。

二、韩国

与日本相类似，韩国法院的司法行政工作也主要由法院自行处理。韩国大法院（最高法院）设行政处，由大法院院长任命一名大法官，主管大法院的司法行政工作，并不参加案件审判。行政处负责监督法院的行政事务，制定全国司法行政工作计划，负责司法财务管理、人事管理和法官的再教育等工作。法院经费由大法院编制财政预算草案，经国会审议批准后，由大法院统一管理全国法院的经费工作。②

法院行政处下设法政局和总务局，是韩国专职司法行政机关。③ 下设矫正局、检察局、保护局、出入境管理局、司法考试委员会、中央法律援助委员会等，主管行刑、检察、出入境、司法考试、司法协助、法律援助等事务。这些职能与上文所述大体类似，这里不重复。

---

① 日本最高法院法官由长官1人，裁判官14人组成。

② 周道鸾：《韩国法院的组织体系和司法制度》，载《人民司法》1996年第9期。

③ 周道鸾：《韩国法院的组织体系和司法制度》，载《人民司法》1996年第9期。

第四节 外国司法行政制度的启示意义

纵观各国司法行政制度，对于起步较晚的我国司法行政制度来说，有些经验值得我国借鉴。

一、奉行严格的审判与行政相分离原则

为确保司法机关能够心无旁骛、无所顾忌地行使司法权，保障司法行为的公平公正，法治国家通常将审判与行政业务相分离。毫无疑问，为了保障审判过程中不掺杂任何不必要的因素，审判与行政相分离是必要的，否则势必导致行政层级制的作风危及法官审判的独立性。上文所提到的各国均不同程度地奉行审判与行政事务相分离的原则，即司法机关主要负责审判工作，其他相关行政事项须交由专门的司法行政机构负责。虽然，这一原则的实施情况因国家之不同而有所差异，但不管其表现形式如何，这种审判与行政相分离的原则在各国都得到了遵守。

二、刑事侦查、检察公诉等权力属于司法行政权

刑事侦查和检察机关的审查起诉事项无疑属于司法行政事项，本书第一章已对此进行了介绍。从性质上来说，刑事侦查和审查起诉背后所隐藏的利益乃是国家利益和公共利益，其立场并不是中立的。相反，司法机关必须具有中立性。中立性要求，法院既不能站在公共利益的立场上奉行所谓的民主原则，也不能站在个人利益的立场上袒护个人，而必须严格依据法律进行判决。当刑事案件发生时，警察机关和检察机关代表国家作为诉讼的原告方，而犯罪嫌疑人则站在诉讼的被告方，两者的立场是对立的。因此在诉讼过程中，只有法院才能称得上是司法机关，警察机关和检察机关的种种行为只是启动司法行为的条件，而非其组成部分。从性质上来说，刑事侦查权和检察公诉权都属于司法行政权。不过在不同的国家，这两种权力的配置模式不尽相同。一些国家将刑事侦查权和检察公诉权配置给专门的司法行政部门，如司法部，另一些则将检察权独立。但无论如何，检察权的行使也都具有独立性，即便是在检察院归司法部领导的情况下，司法部长也不能直接针对案件情况向检察长和检察官发号施令。

三、法院判决执行事项属于司法行政事项

与刑事侦查、检察公诉事项相类似，法院判决的执行也属于行政事务。这一点并不难理解。如果说法院在审理过程中扮演的是一个中立者角色，那么，一旦判决书下达，法院实际上即已完成了司法的任务。如我们所知，在法治国家，法院的判决具有法律效力，其地位可与法律等量齐观。在这种情况下，将法院判决予以执行即是执法机关、亦即行政机关的任务。毫无疑问，判决已经带有了鲜明的立场，因此执行判决便不可能再是司法权的范围，而应是行政权的范围。故而不论在哪一个法治国家，判决的执行事项都属于司法行政事项。一般说来，刑事判决多交由专门的司法行政机关执行，而民事与行政判决的执行则有所不同。在一些国家，这两类判决也交由司法行政机关执行，而在另一些国家，如日本和韩国，则由法院处理。当然，在判决执行的过程中，也坚持审判与行政事务相分离的原则，法院内设的执行机构属行政机构，不得染指审判业务。

四、司法行政制度不等同于司法行政机关的权力配置制度

司法行政制度所涵盖的内容绝不仅仅是司法行政机关的权力配置及其运行，它还包括许多更为重要的权力。法院行政事务与专门司法行政机关所司事务，两者共同构成司法行政制度的组成部门。纵观各国的司法行政机关，可以发现，这些机关大多承担两种互不干涉的职能。一种是作为政府的法律顾问、辩护律师和法制审查部门。此种职能与保障政府行为的合法性有关，但与辅助司法无关。这样，司法部便成了政府行为合法性的事前控制部门，而与司法活动并无瓜葛。另一种才是辅助司法机关，保障司法活动顺利进行。显然，前者不属于司法行政事务，后者才是。所以，不可狭隘地将司法行政制度等同于司法行政机关的管理制度，也不可将司法行政机关管理的任何事项都当成司法行政事项。

第三章　中国司法行政制度的发展与现状

第一节　我国司法行政制度的历史概述

一、我国古代的司法行政制度

在中国法制史研究中，对我国古代法制有一个既成定论的判断，即认为我国古代法诸法合体。与此相关的是，我国古代司法机关也并不具有较强的独立性。在许多情况下，地方行政长官兼管司法职能，即负责案件的审理。因此，我国古代并不存在严格的司法与行政的分离，自然也就不存在严格意义上的司法行政。但是，带有司法性质的机关既然存在，则必然存在一些与司法相关的行政事项。这些行政事项固然不能称之为司法行政，却与今天的司法行政有一定的共通之处。秦汉至明清，中央司法行政机构的发展体现于中央“三法司”的形成过程，即从秦汉时期的廷尉一法司逐渐发展为隋唐以后刑部、大理寺、御史台（都察院）三法司。①

在我国历史上，汉代以前并不存在专门负责司法行政事务的机构。东汉以后始建立掌管司法行政和狱政管理的机构。例如曹魏设比部，“以司刑狱”，与现代的司法行政略有共通之处。至隋朝之后，建立了人们耳熟能详的三省六部制。到了唐朝，三省六部制日趋完善，刑部在六部之中居于十分重要的地位。据《唐六典》记载，刑部尚书和刑部侍郎“掌天下州法及徒隶勾覆、关禁之政令”。② 刑部下设四个司，即刑部司，“掌贰尚书、侍郎，举其典宪而辨其轻重”，负责协助尚书、侍郎处理律令的适用；都官司，“掌配没隶，簿录俘囚，以给衣粮、药疗，以理诉竞、雪冤”。主要负责监狱管理和后勤保

---

① 参见付少军、蒋若薇主编：《司法行政概论》，中国检察出版社 2011 年版，第 19 页。

② 《唐六典·刑部》。

障，受理在押罪犯的申诉；比部司，“掌句诸司百寮俸料、公廨、赃赎、调敛、徒役课程，逋悬数物，以周知内外之经费而总勾之”，主要管理百官俸禄、仓库出纳和罚没赃物等；司门司，“掌天下诸门及关出入往来之籍赋，而审其政”，执掌各地关口、要塞的警卫。可见，唐朝刑部所管理的事项包括监狱管理、赃物管理等司法行政事项。唐朝中央的主要审判机关是大理寺，但刑部也有权参与重大案件的审理，有权复核一些案件的审判，因此，刑部也兼理若干司法权。这也体现了我国古代司法、行政不分的特色。

唐朝以后，刑部的角色发生了转化。元代在刑部增设司狱司，专门管理监狱。明代刑部逐渐演化为中央审判机关，但一些相关的司法行政事项仍由刑部处理。如刑部仍沿袭元朝旧制，在刑部下设司狱司。清代沿袭之。按照《大清会典》的规定，刑部“掌天下刑罚之政令，以赞上正万民，凡律例轻重之适，听断出入之孚，决宥缓速之宜，脏罚追贷之数，各司以达于部，尚书、侍郎率其属以定议，大事上之，小事则行，以肃邦纪”。①

总而言之，在我国古代司法、行政难以清晰界分的情况下，司法行政制度缺少生存空间。我们只能从历朝历代的典籍中寻找到一些与近现代司法行政制度相通的措施，无法找到完整的司法行政制度。

二、近代中国的司法行政制度

近代意义上的司法行政制度直到晚清时期才开始出现。为应对来自外界和国内的压力，清政府于1905年宣布预备立宪，次年清廷改革管制，下诏：“刑部着改为法部，专任司法；大理寺，着改为大理院，专掌审判。”② 法部专司司法行政事务，这是我国历史上第一个专门性的司法行政机关。1907年，清政府公布《各省官制通则》，宣布将各省按察使司改为提法使司，兼管地方司法行政事务。1911年5月，清政府颁布《新内阁官制》，以军机处与旧内阁合并成立责任内阁，由总理大臣主持，其下设十部，其中就包括法部。法部兼管司法行政，下设大理院和各级审检厅。

1912年，南京临时政府成立，颁布的《临时政府组织大纲》规定设司法部，主要负责民事、刑事诉讼相关事宜，兼办理户籍、监狱、保护出狱人等相关司法行政事宜，掌握全国司法行政，同时享有监督法官的权力。北洋政府依

---

① 《光绪会典·刑部》（卷53）。

② 《清实录》第59册《德宗景皇帝实录》（8）卷五六四，中华书局1987年版（影印本）。

循《临时政府组织大纲》之规定，也设置司法部，司法部为国务员之一。广州国民政府成立之初，在大理院设司法行政处，由大理院院长兼任。1926年1月，国民政府决定将司法行政与审判分开，撤销该处，建立司法行政委员会，设委员5人，直属于国民政府，司法行政事务不再由大理院兼管。国民政府北迁之后，又将该委员会改为司法部。根据《司法部组织法》的规定，"司法部受国民政府之命令，管理全国司法行政，并指挥、监督省司法行政"。司法部设部长1人，管理本部事务，监督所属职员和所辖法院，对各省各地主要行政长官之命令或处分不合法或越权的，得呈国民政府取消；下设秘书处及分管民事、刑事、监狱及律师事务的第一、二、三处。

南京国民政府成立之后，于1928年2月颁布《国民政府组织法》，实行五院制的政治体制。北洋政府时期的大理院被改为最高法院，拥有全国民刑事案件的终审权，同时掌握着法律解释权，乃全国最高司法机关。① 设立司法部，负责全国司法行政的管理。后改称司法院。1932年，《行政院组织法》颁布，在行政院设司法行政部，原设于司法院下的司法行政部由此改由行政院管辖，1934年又回归司法院，1943年再隶属于行政院。

1946年通过《中华民国宪法》之后，五院制得以根本确立。1948年召开的"行宪大会"，进一步确立了政府机构。规定在行政院下设司法行政部，下设总务、民事、刑事、监狱四司和会计、统计、人事三处，均设司处长，又设书记官、专门人员等若干。附设司法补助费管理、涉及考核考绩、司法官资格审查、司法官成绩审查、监狱官审查等委员会。附属机构有首都高等法院、首都监狱、上海高等法院、上海监狱、最高法院检察署法医研究所以及各省高等法院等。

综上所述，近代以前的刑部集司法审判与司法行政权于一身，晚清司法改革后，法部与大理院分掌司法行政与司法审判；而北洋时期大理院则保有院务自主权；南京国民政府时期的司法院更集司法审判、准司法审判、规范审查与司法行政多项权力于一身，但在司法院内部则各职权相互独立。这既体现了法律现代化中理性化的一面，又在这个过程中保有了基于自身政治文化背景的特色。② 尽管从历史脉络来看，晚清至民国时期的司法行政机构是从审判机关分离出来的，但由于我国晚清之前不存在独立的审判机关，司法行政机构与审判

① 付少军、蒋若薇主编：《司法行政概论》，中国检察出版社2011年版，第29页。

② 参见聂鑫：《从三法司到司法院——中国中央司法传统的断裂与延续》，载《政法论坛》2009年第1期。

机构之间的关系很难理清。

三、新民主主义革命时期的司法行政制度

1931年11月，中华苏维埃共和国成立，人民委员会作为中央执行委员会的执行机关，其中的司法人民委员部下设中央司法委员会、刑事处、民事处、总务处。① 中央一级的司法机构同时还有临时最高法庭和检察机关，这说明当时在中央一级司法行政机关与司法审判是分立的，而在地方，司法审判机关与司法行政机关是合一的。但是，地方裁判所既受中央司法人民委员部的领导，也受临时最高法庭的领导。②

抗日战争期间，为适应建立抗日民族统一战线的要求，根据地撤销了原来的司法部和裁判所，成立了陕甘宁边区高等法院，司法行政与审判工作都由边区高等法院统一管理。法院内设司法行政处或科，开展选拔、培养司法干部，改进监狱管理和人民调解工作。

解放战争前期，各解放区的司法行政工作，基本上继续沿用了由法院管理的体制；解放战争后期，为适应民主政权建设和法制建设的需要，有的大行政区设立了司法部，在省市以下仍实行审判与司法行政合一。1948年华北人民政府成立，随后成立了华北人民政府司法部。1949年3月，中原临时人民政府成立后，也设立了司法部。

新民主主义革命时期，司法行政机关的建立和司法行政工作的开展，创造和积累了丰富的经验，为中华人民共和国的司法行政工作奠定了基础。

第二节　中华人民共和国司法行政制度的发展

1949年10月中华人民共和国成立之后，建立起了全新的司法行政体制，其发展至今，经历了多次的变革。

一、1949—1959年的创建阶段

1949年10月30日，中央人民政府司法部正式成立，其前身为原华北人民政府司法部，史良为第一任部长。同年12月30日，中央人民政府委员会批

① 蔡诚：《当代中国的司法行政工作》，当代中国出版社1995年版，第4~5页。

② 《中国新民主主义革命时期根据地法制文献选编》，中国社会科学出版社1981年版，第65~66页。

准了《中央人民政府司法部试行组织条例》（以下简称《条例》），其中对中央司法部的组织机构和任务详细进行了规定。《条例》规定，中央司法部采取一厅五司一室的机构设置，在此之上另设一个部长专家顾问室。其中，办公室主要负责相关的行政、人事、文书等事宜，第一司负责司法机关的司法行政事务；第二司负责公证、律师工作；第三司负责狱政工作；第四司负责司法干部的教育培训事项；第五司负责法制宣传和视察工作；一室为专门委员会。以上总的人员编制为 200 名。①

《条例》第 2 条规定，中央司法部负责主持全国范围内的司法行政事务，其中涵盖以下共 15 项职能：（1）关于司法行政政策之厘定事项；（2）关于地方审检机关之设置、废止或合并及其管辖区域之划分与变更事项，但应商同最高人民法院、最高人民检察署和大行政区人民政府或省（市）人民政府办理；（3）关于司法干部之教育训练事项；（4）关于司法干部之登记、分配、任免事项，但司法干部的任免另有规定的从其规定；（5）关于全国诉讼案件种类、数量及其社会原因之统计事项；（6）关于犯人改造监押机关之设置、废止、合并及指导、监督事项；（7）关于司法经费之厘定事项；（8）关于有关司法法令政策之宣传事项；（9）关于律师之登记、甄拔、分配、组织与指导事项；（10）关于公证管理事项；（11）关于各地方司法机关有关司法行政事务之询问解答事项；（12）关于各地方司法机关司法行政事务抵触条令或不适宜之撤销与纠正事项；（13）关于各地方司法机关司法行政之督导与检查事项；（14）关于各地方司法机关积案之调查事项；（15）关于其他属于司法行政之事项。②

为了让司法机关密切联系群众，1952 年 7 月 16 日，中央司法部与最高人民法院联合成立了中央司法改革办公室，机构设于中央司法部内部。之后开展了为期 9 个月的“司法改革运动”，主要目标是彻底改造和整顿各级法院。③ 7 月 26 日，史良部长向周恩来总理做了《关于彻底改造整顿各级人民法院的报告》的汇报，报告中详细列明了司法改革的具体意见及措施。中央司法部和各大区司法部接收和改造了旧法院，建立新的人民法院，为中华人民共和国的司法制度奠定了良好的基础。

1950 年 11 月 3 日，根据政务院关于将监狱、看守所、劳动改造队移交公

① 参见董开军：《司法行政学》，中国民主法制出版社 2007 年版，第 56~57 页。

② 15 项任务中有 12 项是有关法院司法行政工作的。

③ 参见张培田：《法与司法的演进及改革考论》，中国政法大学出版社 2002 年版，第 98 页。

安部的决定，司法部不再管理狱政工作。同年12月，司法部在移交了上述部门之后，第三司改为主管政策指导、调查研究等工作。1951年9月4日，中央人民政府公布了《中华人民共和国人民法院暂行组织规定》，由县级人民法院和中央及各大行政区、直辖市人民法院管辖公证及其他法令所规定的非讼事务，公证职能由法院行使。1954年9月21日，第一届全国人民代表大会第一次会议通过《中华人民共和国人民法院组织法》后，公证工作又移交回司法行政机关，开始正式筹建国家公证机关。1956年7月10日，司法部经国务院批准发布《司法部关于人民陪审员的名额、任期和产生办法的指示》，司法部负责人民陪审人员的名额、任期和产生。

在中华人民共和国成立后的前十个年头里，地方各级人民法院的思想建设、组织建设、业务建设和物资装备工作等司法行政事宜均由司法行政机关负责。虽然中华人民共和国成立初期仍处于探索阶段的司法行政工作亟待改进，但司法部作为司法行政机关的性质与地位无疑已被确立了下来，其负责法院司法行政事务的业务司即普通法院司和专门法院管理司始终处于相对稳定。显然，此时我国的司法行政制度也遵循审判与行政业务相分离的原则。

从1957年下半年开始，"反右派斗争"严重扩大化。1959年4月28日，在第二届全国人民代表大会第一次会议上，司法部与监察部同时被撤销。会后，由最高人民法院接管原司法部的工作。地方各级司法行政机构也随之被撤销，审判与司法行政业务合二为一。①

二、1959—1979年挫折停滞阶段

从司法部被撤销一直到1979年9月13日重新设立司法部的这二十年间，为了履行原司法部的各项职能，最初在最高人民法院设司法行政厅，各高级人民法院设司法行政处；后因国家经济困难，最高人民法院的司法行政厅先改为司法行政处，后又改为司法行政组。一些省和自治区的司法行政处几乎被取消。1963年以后，随着人民调解、公证工作的恢复与发展，地方各级人民法院所面临的这类事务日渐增多，最高人民法院又将司法行政组改为司法行政处，后再次升格为司法行政厅。② 1960—1961年间，由于"左"倾冒进和三年自然灾害的影响，中央政府着手精简政府机构以减轻负担。1961年，最高人民检察院原有业务单位全部撤销，检察工作须依靠公安机关方能顺利进行。

① 参见王公义：《我国司法行政体制的历史沿革》，载《中国司法》2004年第1期。
② 蔡诚：《当代中国的司法行政工作》，当代中国出版社1995年版，第52~53页。

1968年12月正式废除检察制度。① “文化大革命”中，公检法三机关都被列为“砸烂”对象，司法行政机关也如是。

三、1979—1982年恢复重建阶段

1979年6月，中共中央政法小组起草了《关于恢复司法部机构的建议》并报送中央，建议重新设立司法部。1979年7月1日，第五届全国人民代表大会第二次会议通过了新的《中华人民共和国人民法院组织法》。该法规定，“各级人民法院的司法行政工作由司法行政机关管理”，“各级人民法院的设置、人员编制和办公机构由司法行政机关另行规定”，司法行政机关的地位重新得到了法律的确认；9月13日，第五届全国人民代表大会常务委员会第十一次会议决定重新设立司法部，任命魏文伯为第二任司法部长。1982年通过的《宪法》，规定国务院有“领导和管理民政、公安、司法行政和监察等工作”的职权，从而在宪法中确立了司法行政机关的地位。

司法部重建后，中共中央和国务院于1979年10月20日发出了《关于迅速建立地方司法行政机关的通知》，要求各省、自治区、直辖市党委和革命委员会尽快建立相应的司法行政机关，负责管理该地区人民法院的设置、机构、编制；有关司法制度的建设；管理和培训司法干部；领导律师组织、公证机关的工作，组织开展法制宣传和法制教育活动；协同有关部门管理政法院校，培养各地司法专业人员，指导人民调解委员会等专项工作。②

1980年7月21日，国务院又批准了《司法部关于迅速建立省属市（地区）、县司法行政机构的请示报告》，要求各省属市、地区（自治州、盟）应设立司法局（处），各县（旗）应设立司法局（科），建立健全各级司法行政机关。③

1981年6月14日，中共中央批准中央政法委《京、津、沪、穗、汉五大城市治安座谈会纪要》关于“配齐司法助理员”的指示，以及1982年1月13日中共中央《关于加强政法工作的指示》中“有关农村、公社（乡）或集镇设置司法助理员”的精神，全国各地开始在农村区、乡、镇和城市街道设置了司法助理员。司法助理员是基层政权的司法行政工作人员，在乡、镇，街道

---

① 张培田：《法与司法的演进及改革考论》，中国政法大学出版社2002年版，第255、259页。

② 孙业群：《司法行政权的历史、现实与未来》，法律出版社2004年版，第58页。

③ 孙业群：《司法行政权的历史、现实与未来》，法律出版社2004年版，第58页。

办事处和县（区）司法局的领导和基层人民法院的指导下进行工作，主要担负管理调解委员会和法制宣传教育工作。①

当时司法部的主要职能是：管理各级人民法院的司法行政工作，负责人民法院的设置、人员编制、办公机构；管理和培训司法干部；协同有关部门管理政法院校，培养各类司法专业人员；管理律师公证工作；组织开展法制宣传和法制教育活动；编纂法律法令；协同科研单位进行法学研究，组织出版法律书刊和著作；有关司法外事活动。1980 年 4 月 14 日，在国务院批准下，司法部设立了法制局，负责法规的整理和汇编工作。1980 年 9 月 24 日，司法部、最高人民法院、最高人民检察院发出《关于成立第二政法干部学校的通知》，成立第二政法干部学校，旨在培养法院、检察院和司法行政干部。1981 年 5 月 12 日，司法部在国务院的批准下设立了外事局，负责全国的司法外事工作。在 1982 年以前，司法行政机构在社会主义民主法制建设中还担负着组织、宣传、教育和后勤保障等重要工作。②

四、1982 年后改革发展阶段

自 1982 年 6 月机构改革至今的二十多年间，司法行政机关职能虽然在几次机构改革中有所调整和变化，但大的格局并没有变化，处于稳步发展阶段。

1. 1982 年以来司法行政机关职能的调整

（1）1982 年，司法行政机关不再管理法院的司法行政工作。1982 年 8 月 6 日，司法部和最高人民法院通过《关于司法厅（局）主管的部分任务移交给高级人民法院主管的通知》，将“司法部主管的审批地方各级人民法院、各级专门法院的设置、变更、撤销、拟定人民法院的办公机构、人员编制，协同法院建立各项审判制度，任免助理审判员以及管理人民法院的物资装备（如囚车、枪支、司法人员服装等）、司法业务经费等有关事项，移交给最高人民法院管理。各省市（区）司法厅管理的同类工作移交给省市（区）高级人民法院管理”。

（2）1982 年，法律法规汇编工作由国务院法制办承担。

（3）1983 年，根据《国务院关于将公安部劳改局、劳教局及其编制划归

① 孙业群：《司法行政权的历史、现实与未来》，法律出版社 2004 年版，第 58~59 页。

② 参见董开军：《司法行政学》，中国民主法制出版社 2007 年版，第 61 页。

司法部的通知》，公安机关将劳动改造机关整建制地移交司法行政机关管理和领导。①

（4）1987 年，国务院批准司法部成立司法协助局，统一领导和管理中国与其他国家与地区的司法协助工作。

（5）1992 年，为加强社会治安综合治理，中共中央［1992］7 号文件规定，司法行政机关承担刑满释放、解除劳动教养人员的过渡性安置帮教工作。

（6）1994 年，随着《仲裁法》的颁布和实施，省、自治区、直辖市司法行政机关依法承担了仲裁登记管理职责。②

（7）1997 年，司法部成立了直属的法律援助中心，统一负责全国法律援助工作。

（8）2000 年，根据《国务院关于进一步调整国务院部门（单位）所属学校管理体制和布局结构的决定》，将司法部直接管理的中国政法大学、西南政法大学、华东政法大学、西北政法学院、中南政法学院划归教育部及有关省（市）管理。司法部只保留中央司法警官学院。

（9）2001 年，根据《中华人民共和国法官法》第 12 条、《中华人民共和国检察官法》第 13 条、《中华人民共和国律师法》第 6 条规定以及中央编办《关于司法部设立国家司法考试司的批复》，司法部增加了负责司法考试的职能，设立了司法考试司。

（10）2005 年，根据《全国人大常委会关于司法鉴定管理问题的决定》，赋予司法行政机关统一管理司法鉴定活动的职能。

（11）2010 年，经中央编办批准，司法部成立了社区矫正管理局。

2. 司法行政机关的机构设置

司法部是国务院主管司法行政机关的职能部门，是全国司法行政工作的最高管理机关。其内部机构设置如下：办公厅、政治部、监狱管理司、法制宣传司、律师公证工作指导司、法律援助工作司、司法鉴定管理局、基层工作指导司、国家司法考试司、法制司、司法协助与外事司、社区矫正管理局、计财装备司、机关党委、离退休干部局等。直属事业单位有：中华全国律师协会，中央司法警官学院，中国监狱学会，中国公证员协会，中华全国人民调解员协会，法制日报社与法律出版社，直属煤矿管理局，法律援助中心，预防犯罪研究所，司法鉴定科学技术研究所，中华全国法制新闻协会，中国法律援助基金

① 蔡诚：《当代中国的司法行政工作》，当代中国出版社 1995 年版，第 52~53 页。

② 梁德超：《司法行政两个体系理论与实践》，法律出版社 1997 年版，第 2 页。

会，司法协助交流中心等。①

第三节　我国司法行政制度的不足与完善

一、现行制度的几个问题

我国司法行政制度处于不断发展和变化过程中，但从总体说来，我国的司法行政制度还存在一些问题，其不足主要表现为司法行政定位不合理、司法行政制度未能实现其初衷、司法行政权分化导致的部门利益难以协调等。

（一）司法行政定位不合理

一般说来，司法行政权包括对检察机关和刑事侦查机关的领导。无论是侦查机关也好，还是检察机关也好，其行为均是司法活动的前奏，而这两个机关的行为毫无疑问带有行政权的色彩，故而司法行政机关往往拥有对检察机关和侦查机关的领导权。美国是一个十分具有典型意义的国家。当然，刑侦机关并不等于公安机关。实际上，我国的公安机关定位颇为不明确，它将大部分的警察均纳入管理范围。但是，刑警和交警、治安警察的性质是不同的，户籍警更与公共安全关系不大。从各国惯例来看，刑警原则上应归司法行政机关领导。而在我国，这一司法行政的重任却并不归于司法行政机关领导。同样，本应属于司法行政制度的检察制度在我国也不被视为司法行政制度的一部分，检察院被分立出来，成为与法院分庭抗礼的司法机关。我国学术界现在通用的“司法”概念属于设定性的定义，不但把通行的“司法”定义纳入其中，而且将审判以外的一些内容也纳入其中，造成了“司法”与“行政”界限的模糊，无助于认识检察权的特殊性。② 然而从性质上来说，检察院无论如何都不能被视为司法机关。我国检察院的职能实际上也颇为庞杂。例如对职务犯罪享有侦查权，对刑事案件享有公诉权，也有权针对民事诉讼提起抗诉，这些权力毫无疑问都只能说是行政权，而非司法权。只不过这些权力与司法活动密切相关，不是一般的行政权，故应视为司法行政权。由上可知，我国司法行政制度的定位并不清晰，对于司法制度和司法行政制度的认识较为混乱。

---

① 参见董开军：《司法行政学》，中国民主法制出版社 2007 年版，第 63 页。

② 参见张建伟：《刑事司法体制原理》，中国人民公安大学出版社 2002 年版，第 27 页。

（二）司法行政制度未能完全实现其初衷

司法行政制度的目的在于辅助司法，使得司法行为可以心无旁骛、无后顾之忧地展开，然而令人遗憾的是，我国的司法行政制度未能完全达成此一目的。中华人民共和国成立之后，我国的司法行政制度一度较为完善，尽管沿袭苏联法制的传统，将检察院单列为独立的司法机关，但从总体说来，凡是涉及法院的司法行政工作基本上都交给了司法行政机关。这种做法无疑是比较科学的。本来司法行政制度的产生即使得审判与行政两种业务相互分离，从而确保司法公正，因此，将法院的行政工作交给行政机关来处理才符合司法行政制度建立的宗旨。正是基于上述原因，一些国家往往都依循审判与行政业务相分离的原则，将法院行政事务交给特定机关处理。当然，由于各国体制有所不同，这些掌管法院司法行政事务的机关也有所不同，不过审判与行政相分离的原则均得以贯彻。反观我国，却不属于此种情况。我国法院和检察院自行管理行政事务，如我们现实中所见，法院自行设置了人事、行政、统计、财务、装备等机构，其中包括了大量非审判工作人员。如此一来，法院实际上成为了独立的利益群体，很难保障司法的中立性。此外，我国法院也未奉行审判与行政相分离的原则，并没有将法院内部的行政系统和审判系统分而治之，法院院长和其他一些领导人员实际上负担着极其繁重的行政事务，这在相当大程度上形成了法院内部本末倒置、行政事务之权重大于审判事务的状况。更为令人惊讶的是，法官的考核由上级法院把持，而法官之考核参照公务员的考核机制，设置了名目繁多的指标，例如上诉率、调解率、申诉率等。此种行政化的法官管理和考核机制，导致了法院内部严重的行政化。正如德国法学大师拉德布鲁赫所指出的："同一官署忽而忙于维护国家利益，忽而又将国家利益弃置一边，忙于维护正义，显然极不协。"① 相应地，司法行政机关却承担着较为边缘化的司法行政权，从根本上来说无法为法院提供方方面面的保障。这是我国司法行政制度的一个缺陷。

（三）司法行政权分化，部门利益难以协调

虽然各国的司法行政权配置模式有所不同，但司法行政机关享有大部分司法行政事务的管理权则是毋庸置疑的。然而在我国，司法行政权的配置却较为

---

① ［德］拉德布鲁赫：《法学导论》，米健、米林译，中国大百科全书出版社 1997 年版，第 89 页。

分散。如上文所言，司法行政制度中的主要部分之一——法院行政事务主要由法院自行处理。这就将司法行政权进行了第一步分化。尽管我国法院享有众多的行政权，例如法院内部的财政权、工作人员任免的人事权，然而，这些权力却受到政府相关部门的严格限制。如法院的经费主要由政府财政机关拨发，法院工作人员则被视为国家公务员，由人事部门统一管理。这也就是说，我国法院享有名义上的众多行政权，然而从实质上来说，法院主要被视为政府的一个地位较高的分支（同级法院院长要比同级政府部门首长的级别高半级）。实际上，政府内部掌握实权的财政、人事部门可以对法院产生重大影响，甚至在很大程度上掌握了法院的命脉。因此，法院的重大司法行政权实际上掌握在这些实权部门手中。就刑罚执行权配置而言，刑罚的执行分别由法院、司法行政机关、公安机关负责，执行主体呈现多元化格局，不仅导致执行成本高，难以进行统一规划和管理，还从根本上有悖于刑事诉讼法所规定的分工负责、互相配合、互相制约原则。

此外，即便是与法院内部行政无关的司法行政事项也往往政出多门。例如，法律服务业中企业法律顾问由商务部在管理；仲裁法规定仲裁登记由司法行政机关负责，但实质上是由政府法制部门在管理；《全国人大常委会关于司法鉴定管理问题的决定》出台后，公安、检察、安全、司法行政对司法鉴定各管一块，多头管理、分散管理的问题仍然存在。①

二、我国司法行政制度的改革

既然存在上述缺点，那么，司法行政制度就应当改革。但在我国，司法行政制度的改革首先应当从司法改革做起。正因为司法行政制度是辅助司法而生的，只有对司法有清醒的认识，才可能对司法行政有清醒的认识。

在我国，司法的性质尚没有完全厘定清楚，司法行政的性质自是混沌不明。检察权、侦查权原属司法行政权当无疑义，而在我国，这两种权力却没有被纳入司法行政权的视野。在法院，对司法权认知不清的情况也一样存在。由此导致的问题是，一方面，法院将大量行政职能揽于一身，致使行政职能超越司法职能俨然成为法院的主业；另一方面，法院的司法公正因形形色色行政职能浓烈而大打折扣。

十八届四中全会指出，公正是法治的生命线；司法公正对社会公正具有重要引领作用，司法不公对社会公正具有致命破坏作用；必须完善司法管理体制

① 参见董开军主编：《司法行政学》，中国民主法制出版社 2007 年版，第 71 页。

和司法权力运行机制，规范司法行为，加强对司法活动的监督，努力让人民群众在每一个司法案件中感受到公平正义。显然，优化司法职权配置，健全公安机关、检察机关、审判机关、司法行政机关各司其职，侦查权、检察权、审判权、执行权相互配合、相互制约的体制机制；完善司法体制，推动实行审判权与执行权相分离，统一刑罚执行体制，改革司法机关人财物管理体制，探索实行法院、检察院司法行政事务管理权和审判权、检察权相分离，已经显得刻不容缓。为此，司法行政制度改革应遵循以下原则：

第一，合法原则。上述关于司法制度和司法行政制度的改革必须有法律依据。例如，若司法行政制度的改革将编制法院预算的权力交由司法行政机关行使，则必须有法律依据，且应在法律中明确规定预算编制的程序，确保法院经费充足。再如，如果司法行政机关拥有对法官的部分任免权，则对法官的选任必须有法律之明确规定，而对法官职务的免除则须有法定理由。

第二，审判与行政事务相分离原则。这就是说，应将法院审判事务与司法行政事务相分离。其方式不外两种：一是将司法行政事务交给专门的司法行政机关，当然，这一专门机关不一定是司法部；二是在法院内专设行政系统，其与审判系统不得有任职、职能、管理方式上的交叉。

第三，司法行政职能相对集中原则。法院司法行政职能虽未必交由行政机关行使，但其他一些非属法院内部事务的司法行政事务则需要相对集中，避免政出多门、相互扯皮。为此，可将司法鉴定、法律顾问管理等较为分散的职能集中交由司法行政机关行使。在目前条件下，尚无法期望刑事警察和检察院由司法部领导，但司法警察、各种判决（含民事、行政、刑事）之执行人员应统一交由司法行政机关管理。

至于一些较为细节性的改革，例如监狱制度改革、律师制度改革等，在我国司法行政改革中也至关重要。本书下面各章将对此进行详细介绍。

第四章　司法行政组织

司法行政组织是国家司法行政工作的实践核心，总的来说，可分为司法行政机关、法院与检察院内设的司法行政机构。

第一节　司法行政机关

一、司法行政机关概述

（一）司法行政机关的定义

司法行政机关是指行政组织法的规定而设置的行使国家司法行政管理职能的国家机关。司法行政机关是行政机关，是司法行政活动的组织、领导与管理主体，也是国家机关的重要组成部分。司法行政机关通过履行其职能，落实党和政府有关司法行政的方针政策，维护相关法律法规的实施，实现司法行政的法治化，司法行政机关在整个司法行政制度及司法行政活动中处于核心地位。①

（二）司法行政机关的定位

1. 与社会组织、团体组织相比较，司法行政机关具有明显的国家属性。虽然社会组织与团体组织对国家政治、经济等领域的发展起着重要的影响和作用，但它们并不属于国家机关。

2. 司法行政机关行使国家司法行政职能，虽然立法机关、司法机关及其他行政机关作为国家机关行使国家权力，但权力的划分是明确的，相互之间不可僭越，司法行政机关拥有绝对的国家司法行政管理职能。

3. 司法行政机关是依宪法或行政组织法的规定设置的。宪法或行政组织

---

① 参见关保英：《司法行政法新论》，山东人民出版社 2011 年版，第 186 页。

法授权决定了司法行政机关区别于法律、法规授权的各种团体和组织。这也决定了司法行政机关固定的、基本的行政主体的地位。

二、司法行政机关的特点

相对于国家权力机关而言，司法行政机关是执行机关，而相对于行政相对人而言，司法行政机关是行政主体。双重身份地位决定着司法行政机关具有以下特点①：

1. 行使国家司法行政职权，管理国家司法行政事务是司法行政机关区别于其他国家机关，包括其他行政机关的实质特点。司法行政机关同其他行政机关均属执法范畴，然而二者却存在重要区别，前者是通过裁决法律争议和进行法律监督实现的，而后者则是通过对国家内政外交事务进行管理实现的。

2. 司法行政机关在组织体系上实行领导—从属制。司法行政事务管理对于速度和效率的要求较高，故在组织体系上实行领导—从属制，即上级领导下级，下级从属于上级并对上级负责，具有鲜明的行政色彩。

3. 司法行政机关在决策体制上一般实行首长负责制。不同于立法和司法活动，行政执法的急迫性往往要求在短时间内，有时甚至要在几小时、几分钟内对某一紧急的问题作出决定，另外司法行政机关由于组织体系和管理需要，必须明确权限和责任，故在决策体制上一般实行首长负责制。

4. 司法行政机关行使职能通常是主动的、经常的和不间断的。司法行政机关的管理职能包括保障国家安全、维护社会秩序与法制保障等，故其职能的履行必须是主动的、连续而不间断。

5. 司法行政机关经常、直接、广泛地与个人、组织打交道。同行政机关行使的各项职能类似，司法行政机关的各项活动也与个人、组织有着最密切的联系，为了实施管理，必须与个人、组织发生广泛的联系，但其联系通常只限于诉讼过程中。

三、司法行政机关的分类

根据职权管辖的地域范围、设立的依据和存在时间的不同以及管理客体和内容的不同等，司法行政机关在种类划分上也有所不同。

---

① 参见关保英：《司法行政法新论》，山东人民出版社 2011 年版，第 187~188 页。

（一）中央司法行政机关与地方司法行政机关

根据职权管辖的地域范围，司法行政机关可分为中央司法行政机关与地方司法行政机关。

1. 中央司法行政机关

司法部是主管全国司法行政工作的国务院组成部门，即中央司法行政机关。20世纪80年代，国务院在机构改革以后便确立了司法部的职责和构成。其主要任务是：在四项基本原则的指导下，通过司法行政工作，发展社会主义民主与法制，巩固人民民主专政，保障现代化建设的顺利进行。

现司法部内设职能司（局、厅）及其主要职责包括①：

（1）办公厅

拟定司法行政发展规划并监督落实；负责文电、会务、机要和档案等机关日常运转工作；负责信息、保密和信访工作；组织新闻发布工作；指导全国司法行政通信信息技术网络建设；负责司法行政系统科技项目开发的协调、申报工作；负责司法行政统计工作。

（2）政治部（含人事警务局、组织培训局）

指导司法行政系统队伍建设和思想作风、工作作风建设；负责机关和直属单位机构编制、劳动工资及相关人事工作；承担司法行政系统警务管理和警务督察工作；对协管干部进行考核并提出任免和交流意见；负责机关和司法行政系统干部教育培训工作；指导司法部直属院校工作。

（3）监狱管理局

监督检查有关罪犯改造工作的法律、法规和政策的执行情况，规划全国监狱的设置和布局，指导监狱刑罚执行、狱政管理和教育工作，掌握重要罪犯的关押改造情况，组织协调省际调犯工作，指导全国监狱的生产、基建、装备、财务和国有资产的保值增值，管理直属监狱，组织司法领域人权问题的研究。

（4）戒毒管理局

根据2008年施行的禁毒法和2011年实施的戒毒条例规定，司法行政戒毒系统承担强制隔离戒毒管理、戒毒康复管理、指导支持社区戒毒和社区康复职能。

（5）社区矫正管理局

① 司法部内设职能司（局、厅）及其主要职责介绍，主要源自中华人民共和国司法部网站。

根据2012年中央机构编制委员会《关于设立司法部社区矫正管理局的批复》，司法部社区矫正管理局具有以下工作职能：负责监督检查社区矫正法律法规和政策的执行工作；拟定全国社区矫正工作发展规划、管理制度和相关政策并组织实施；监督管理对社区服刑人员的刑罚执行、管理教育和帮扶工作；指导开展社区矫正社会工作和志愿服务。

（6）法制宣传司

拟定全民普法教育规划并组织实施，指导检查依法治理工作，指导法制宣传报道和对国（境）外的法制宣传工作。

（7）律师公证工作指导司

根据《国务院关于印发司法部主要职责内设机构和人员编制规定的通知》（国办发［2008］64号），司法部律师公证工作司的主要职能为：指导、监督律师、公证的法律法规和政策的执行工作；承担律师、律师事务所、公证机构、公证员的指导、监督工作；承办特许律师执业考核工作；审批和管理外国及港澳地区律师事务所驻华（内地）办事机构；承担律师事务所在国（境）外设立分支机构的指导、监督工作；承担企事业单位法律顾问的指导、监督工作；承办任命公证员的具体工作；承办委托港澳地区律师担任委托公证人的具体工作。

（8）法律援助工作司

根据《国务院关于印发司法部主要职责内设机构和人员编制规定的通知》，司法部法律援助工作司的主要职能为：指导、检查法律援助的法律法规和政策的执行工作；规划法律援助事业发展布局；承担法律援助机构、法律援助工作人员的监督管理工作；指导社会组织和志愿者开展法律援助工作。

（9）基层工作指导司

传达并贯彻落实部党组、部领导有关司法行政基层工作的决定、指示；拟订指导全国司法所、人民调解、帮教安置工作及司法行政系统人民陪审员工作的方针、政策，起草有关工作法规和规章，解释、批复工作中的法律、政策方面的问题；制订全国司法所、人民调解、帮教安置工作及司法行政系统人民陪审员工作的发展规划和年度计划并组织实施，指导、监督和检查各地贯彻执行情况；调查研究全国司法所、人民调解、帮教安置工作及司法行政系统人民陪审员工作发展状况、规律，制定加强和改进工作的意见措施，总结推广先进经验；制订全国司法所、人民调解、帮教安置工作及司法行政系统人民陪审员工作的培训计划，组织编写培训教材，开展示范培训并指导监督各地组织实施；组织全国司法所、人民调解、帮教安置工作及司法行政系统人民陪审员工作的新闻宣传和理论研究工作；完成部党组、部领导交办的涉及基层的其他工作。

(10) 国家司法考试司

研究制定国家司法考试的工作规则和规范；制定国家司法考试的工作规章制度；负责国家司法考试大纲编审；管理指导国家司法考试考务工作，对考试工作进行监督；指导开展国家司法考试的理论研究和国际交流；审查授予国家《法律职业资格证书》，对取得资格证书者进行管理；指导、规范有关培训工作；开展国家司法考试工作的信息化建设，指导地方司法行政机关组织国家司法考试工作。

(11) 司法鉴定管理局

拟订司法鉴定管理规定和技术规范并组织实施；主管全国司法鉴定人和司法鉴定机构的登记管理工作；负责国家级司法鉴定机构的遴选和管理工作；指导面向社会的司法鉴定资质管理、质量管理和司法鉴定人专业教育培训工作。

(12) 法制司

根据《国务院办公厅关于印发司法部主要职责内设机构和人员编制规定的通知》，司法部法制司具有以下工作职能：组织起草司法行政法律法规草案和部门规章；指导地方司法行政法制工作；指导司法行政系统执法监督工作；负责机关行政复议、应诉工作；指导仲裁机构登记管理工作。

(13) 司法协助外事司

参与有关国际司法协助条约草拟、谈判工作；承办被判刑人移管条约的缔结，承办国际司法协助条约和被判刑人移管条约执行的有关事宜；承办国(境)外司法机关处理的重要涉华案件司法协助事项；组织参与联合国预防犯罪和刑事司法领域的活动；组织参与有关司法领域的多边或双边交流与合作；管理机关和直属单位的外事工作；承担司法行政涉港澳台地区的具体事务；审核司法行政系统出国（境）项目。

(14) 计财装备司

计财装备工作的主要内容是：财务管理工作。负责司法部机关及直属单位的预算、决算编制、汇总，司法部机关预算的执行，对司法部所属单位的财务指导、监督工作。负责对地方各级司法行政机关的财务指导工作；基本建设工作。负责部机关及直属单位基本建设、维修改造项目及房地产的管理，负责协调国家发改委、财政部关于全国司法行政系统基本建设投资政策；装备管理工作。负责全国司法行政系统警车、人民警察服装、枪支弹药的管理指导工作，按照国家有关政策和规定制定具体的管理办法，对各级司法行政机关的警车、人民警察服装、枪支弹药管理进行检查指导；政府采购工作。根据政府采购法和财政部、国管局的政府采购工作规定，制定司法部政府采购管理办法，组织司法部机关的政府采购工作，对部直属单位的政府采购工作进行归口管理。

2. 地方司法行政机关

地方司法机关主管本辖区司法行政事务。其机构设立包括各省、自治区、直辖市的司法厅（局）；省属市、地区设司法局（处）和县设司法局（科）。地方司法机关主管省以下司法行政机关把司法行政工作扩展到地方上的各个层次，为司法行政真正成为一项独立的、自成体系的并且与其他司法机关相并列的运作系统提供了支撑。作为地方司法行政机关的延伸，在县以下的乡镇（街道）逐步建立了基层司法行政组织即司法所（科），并设置了司法助理员。①

（二）常设性司法行政机关与非常设性司法行政机关

根据司法行政机关是否依宪法或行政组织法设置和存在时间的长短，可以将司法行政机关分为常设性司法行政机关与非常设性司法行政机关。

常设性司法行政机关通常根据宪法或行政组织法由国家权力机关决定设置，有时也由人民政府根据行政组织法自行决定设置。

非常设性司法行政机关通常由权力机关或人民政府根据某一临时性任务或工作的需要设置。近年来，一些地方政府设立的联合性执法机构以及为完成某种特定任务、实施某种特定事项而设立的临时司法行政机构亦属于非常设性司法行政机关这一范畴。②

（三）职能性司法行政机关与专业性司法行政机关

根据司法行政机关管理的客体和内容，可以将司法行政机关分为职能性司法行政机关与专业性司法行政机关。

职能性司法行政机关管理的客体和内容是综合性的、跨部门、跨行业的；专业性司法行政机关管理的客体和内容是专门性、部门性、行业性的。过去我国由于实行计划经济体制，司法行政机关对管理对象干预过多过细，故专业性

① 程维荣：《当代中国司法行政制度》，学林出版社 2004 年版，第 16 页。

② 参见关保英：《司法行政法新论》，山东人民出版社 2011 年版，第 193 页。

司法行政机关设置过多。随着体制改革的深入，国家将逐步增加职能性司法行政机关，减少或以其他组织形式取代专业性司法行政机关。

四、司法行政机关的职权种类

司法行政机关为履行其职责，必须具有相应的职权。职权是职责的保障。根据宪法或行政组织法的有关规定，司法行政机关的主要职权一般有下述六项①：

（一）司法行政决策权

司法行政决策权包括司法行政立法权和司法行政命令权，司法行政机关可以制定规范和发布命令、禁令，编制和执行计划、规划，实现司法行政有效管理。

司法行政立法权是指司法行政机关制定司法行政法规和司法行政规章的权力。此项权力属行政立法权，因此必须根据法律行使，其立法内容不能与宪法、法律相抵触。

司法行政命令权是指司法行政机关向行政相对人发布命令，要求行政相对人作出某种行为或不作出某种行为的权力。司法行政命令的形式是多种多样的，其发布主体是一般司法行政机关。

（二）司法行政监管权

作为司法行政管理权的一种，其主要包括：（1）对律师事务所的监督；（2）对律师的监督；（3）对基层法律服务所和基层法律服务工作者的监督；（4）备案监督。

（三）司法行政内部管理权

司法行政内部管理权即司法行政机关对内的行政管理权，如内部调动、奖励、干部选拔任用、机关物资采购分配、机关财务支配、行政复议、法律援助的受理、监督和管理、公务员考核等，以及面向社会的国家司法考试报名、国家公务员招录等。

---

① 参见关保英：《司法行政法新论》，山东人民出版社2011年版，第193~201页。

（四）司法行政许可权

司法行政许可权是司法行政机关为实施管理而广泛使用的一种行政职权。司法行政许可，指在法律一般禁止的情况下，司法行政主体根据行政相对人的申请，通过颁发许可证或执照等形式，依法赋予特定的行政相对人从事某种活动或实施某种行为的权利或资格，是司法行政机关主要职权之一，其主要涉及：(1) 公证员执业审批；(2) 律师事务所设立审核登记；(3) 律师事务所分所设立审核登记；(4) 律师执业审核；(5) 司法鉴定机构设立登记；(6) 司法鉴定人执业登记；(7) 基层法律服务工作者执业核准；(8) 我国香港、澳门永久性居民中的中国居民申请在内地从事律师执业核准；(9) 我国香港、澳门律师担任内地律师事务所法律顾问核准；(10) 中国香港、澳门律师事务所与内地律师事务所联营核准；(11) 基层法律服务工作者执业核准等。

（五）司法行政制裁权

司法行政制裁权，广义上包含行政强制手段，在现代社会司法行政管理活动中，最典型的一种表现形式即是司法行政处罚，即司法行政机关对公民、法人和其他组织违反律师管理、法律服务管理以及其他司法行政管理秩序的行为，有权依法进行处罚。① 司法行政处罚的种类包括：警告、罚款、没收违法所得、停业、吊销执业证书、法律法规以及规章规定的其他处罚。

司法行政强制，也是司法行政制裁权的一种表现形式，即司法行政主体为实现管理目的，对不履行义务的相对人采取司法行政强制措施，迫使其履行义务的一种重要管理手段。

（六）司法行政处理权

司法行政处理权是指司法行政机关实施司法行政管理，对涉及特定行政相对人权利、义务的事项作出处理的权力。司法行政处理的范围很大，包括司法行政征收、司法行政给付等。司法行政机关大量职责的履行，是通过司法行政处理权的行使来实现的。因此，司法行政处理权是司法行政机关实施司法行政管理，履行司法行政职责中最经常、最广泛使用的司法行政职权之一。

---

① 程维荣：《当代中国司法行政制度》，学林出版社 2004 年版，第 26 页。

第二节 法院内设司法行政管理机构

一、法院司法行政权的历史流变

(一) 审判与司法行政的短暂分立阶段

1949年后，中央人民政府以原华北人民政府法院和司法部的组织机构和工作人员为基础，分别成立了最高人民法院和中央司法部。① 从两机关最初试行的组织条例所规定的机构框架来看，司法行政事务基本交由中央司法部负责处理，最高人民法院作为纯粹的审判组织存在。②此种审判与司法行政分立的模式在中央政权机构层面一直存续到1959年，但之后随着司法部被撤销而宣告瓦解。中华人民共和国成立伊始只有中央及各大行政区才设专门的司法行政机关（统称为“司法部”），而两级地方法院的司法行政则由省级法院掌管。③

1954年8月，各大行政区及大区的司法部被撤销，中央司法部发出《关于各省与中央直辖市审判机关与司法行政机关分立问题的意见》，要求各省逐步建立司法厅（局），主持本地司法行政工作。1954—1959年之间，在省级政权机构层面存在极短暂的审判与司法行政分立的机构设置和职权配置。基层法院（及此前的县级法院）则从未实行过审判与司法行政“分立”的制度。

(二) “合一制”的历史与发展

1959年4月，受“反右”斗争扩大化的影响，司法部被撤销，其所辖工

① 1949年10月，由晋察冀和晋冀鲁豫两个解放区合并而成的华北人民政府设“司法部”，管理法院设置及变更、司法人员之铨叙教育、法规编拟等司法行政事务。

② 《中央人民政府司法部试行组织条例》规定中央司法部设1厅3司1室，其中第一司主管司法机关的司法行政事务；《最高人民法院试行组织条例》规定最高人民法院设民事、刑事、行政三个审判庭和办公厅、督导处、编纂处等机构。这两个组织条例由中央人民政府委员会1949年12月20日批准。

③ 1954年《人民法院组织法》通过之前，地方仅设县、省两级法院，均为同级政府的组成部门，最高法院在各大行政区设分院、分庭，省级法院在本省内专区设分院或分庭，之后才逐渐改为基层、中级与高级三级法院，并在形式上不再隶属于同级政府。

作交由最高法院管理。① 在此前后，各地司法厅（局）也被撤销，受此影响的中国法院走上了审判与司法行政“合一制”的轨道。

司法部、厅（局）被撤销以后，法院接管了其掌管的司法行政事务。随着“文化大革命”的开始，各级法院先后由军管委（会）接管，法院组织及各项工作均遭到严重破坏。1972 年以后，各地法院逐渐结束军事管制，恢复组织机构建设，并沿袭了“文化大革命”前的做法。在重建审判职能部门的同时也设立司法行政机构。因其时司法行政机关尚未恢复，包括公证、律师、人民调解、法制宣传等广义上的司法行政工作也均由法院负责。②

1982 年 8 月，最高法院与司法部联合下发通知，要求司法部主管的与法院相关的司法行政工作移交最高法院管理，各省级司法厅（局）管理的同类工作移交各高级法院管理。于是，在中央和省级层面上审判与司法行政的“分立”又回归“合一”。

（三）“合一制”模糊的现状

1983 年 9 月，新修改的《法院组织法》将涉及司法行政机关的条文全部删去或修改，标志着从上到下的审判与司法行政“合一制”的正式确立。但是，新法没有任何有关法院行政管理的规定，因此严格说来是一部法院审判组织法。法院和司法行政机关对于司法行政事务的划分问题仅在 1995 年通过的《法官法》（“法官考评委员会”）中有所涉及，除此之外有关法院管理自身司法行政事务的立法规定付之阙如。严格来说法院的审判与司法行政“合一”并未获得法律的正式确认，而是一种非正式制度。③

二、法院内设的司法行政管理机构

（一）最高人民法院

最高人民法院的司法行政机构主要包括④：

① 蓝全普等：《当代中国的司法行政工作》，当代中国出版社 1995 年版，第 50~53 页。

② 参见陈杭平：《论中国法院的“合一制”——历史、实践和理论》，载《法制与社会发展》2011 年第 6 期。

③ 陈杭平：《论中国法院的“合一制”——历史、实践和理论》，载《法制与社会发展》2011 年第 6 期。

④ 最高人民法院的司法行政机构介绍，来源于中华人民共和国最高人民法院网站。

1. 办公厅

主要负责组织、协调、处理司法政务工作；负责院党组会和院长办公会等重要会议的组织安排及决定事项的督办；负责人大代表、政协委员以及最高人民法院特约监督员、特邀咨询员的联络工作，并督办全国人大代表建议和全国政协委员提案；承担《最高人民法院公报》编辑工作。

2. 政治部

主要负责最高人民法院机关及直属单位组织人事管理工作；制定法官和其他工作人员管理法规、条例、规章等；指导全国法院思想政治、表彰奖励和教育培训工作；协助做好各高级人民法院领导班子建设以及地方人民法院的机构编制工作；负责人民法院司法警察管理工作。

3. 研究室

主要负责起草司法解释及有关组织、协调、编纂等工作；参与立法活动，研究、征集对法律、法规、规章草案的意见；对下级人民法院和有关部门提出的法律适用问题进行答复；办理或协调办理涉港、澳、台地区法律事务；负责少年法庭、司法统计和综合性调查研究工作；负责指导性案例的编纂。

4. 审判管理办公室

主要负责最高人民法院受理案件的流程管理、质量评查，监督检查法定审限执行情况，督办重要案件，承担审判委员会事务管理、司法公开、审判经验总结等工作。

5. 监察室

对下级法院监察部门进行工作领导和业务指导；对最高人民法院机关及其内设机构、直属单位全体工作人员和高级人民法院院级领导干部执行国家法律法规、最高人民法院决定决议和法院工作纪律的情况进行监督检查；按照监察权限范围受理对法院工作人员违纪行为的控告举报，查办法院工作人员的违纪案件，受理法院工作人员不服政纪处分的申诉。

6. 外事局

主要负责组织人民法院与外国司法界、国际组织之间的司法交流活动；审查、办理国际司法协助案件；负责最高人民法院参与的国际司法协助条约、国际公约的谈判及相关工作；协调、组织最高人民法院同国外相关机构的司法项目合作；指导各级人民法院的外事工作。

7. 司法行政装备管理局

主要负责协同国家有关部门制定人民法院财务、装备、“两庭”建设管理政策；指导下级人民法院经费、装备等方面的管理工作；管理最高人民法院各项经费和国有资产；拟定并组织实施最高人民法院基本建设规划和计划；指导司法辅助工作。

8. 机关党委

主要负责最高人民法院机关和直属单位党组织的思想、组织、作风建设工作；监督党员的党风党纪，查处违反党纪事项；领导最高人民法院工、青、妇等群众组织。

9. 离退休干部局

主要负责本院离退休干部的安置、休养、医疗保健、生活服务等工作。

10. 新闻局

主要负责制定人民法院新闻宣传工作方针政策；负责最高人民法院新闻宣传工作；负责指导地方各级人民法院新闻宣传工作。

（二）地方法院的司法行政管理机构

一般来说，地方法院的司法行政管理机构主要有办公室、政治部、研究室、技术室、监察室、法官学院等。

第三节　检察院内设司法行政管理机构

一、检察院司法行政权概述

在我国的司法体系中，检察机关是一个非常特殊的机关，它以苏联检察制度为基础，以此确立了检察机关的一般监督职能和垂直领导体制。检察机关不仅是公诉机关，也是对最高国家行政机关以及地方国家机关进行监督的机关。由于其一般监督职能和独立领导体制的要求，检察机关必须享有独立管理其司法行政事务的权力，其司法行政事务管理权是最早从司法行政机关分离出来的。为保证检察机关一般监督职能的顺利实现，法律规定了检察机关的垂直领导机制，“排除地方通过任免程序来干扰检察院的工作”①。中华人民共和国成立初期，全国检察机关采用独立于全国行政体系之外的“一体化”设计。各级检察机关的人事问题由内部设立的人事处负责。虽然1979年检察机关恢

① 胡玉鸿：《司法公正的理论根基——经典作家分析视角》，社会科学出版社2006年版，第353页。

复重建时，废除了检察机关的一般监督职能和垂直领导体制，改为诉讼内的监督和双重领导体制。但是检察机关仍然具有很强的独立性，国家依然赋予检察机关独立管理其司法行政事务的权力，在一定程度上决定了检察机关自己管理其司法行政事务的体制。

二、检察院内设司法行政部门

（一）最高人民检察院

最高人民检察院的司法行政机构主要包括①：

1. 办公厅

协助院领导处理检察政务，组织协调院重要工作部署、重大决策的贯彻实施，组织安排机关重要会议和重大活动；负责文件起草；管理秘书事务；处理检察信息，编发内部刊物；处理机要文电；负责人民监督员制度试点工作；负责人大代表联络工作和特约检察员的联系工作；负责领导同志批办事项的督查工作；负责机关办公秩序管理和机关日常值班；负责档案管理、保密工作；对下级检察院的相关业务进行指导。下设检察长办公室（内设综合处、信息处）、秘书处、人民监督工作办公室（内设人民监督员工作处、人大代表联络处）、机要处、档案处、总值班室。

2. 政治部

政治部主要协同中央主管部门和省级党委负责全国检察机关党的建设和队伍建设工作。开展具有检察特点的思想政治工作；协同中央主管部门和省级党委负责省级检察院领导班子的考核、配备及后备干部的考察工作，办理有关任免手续；承担全国检察系统机构编制工作以及检察机关的专业技术职称、工资津贴和奖励工作，制定检察机关有关干部管理规定，并组织实施；负责对全国检察机关司法警察的管理、培训、考核工作的指导；负责最高人民检察院机关和直属事业单位的机构设置、人员编制和干部考核、任免、调配、奖励及劳动工资管理工作；负责最高人民检察院的宣传工作以及对全国检察机关宣传工作的指导；负责对检察报刊、杂志、出版审查工作的指导；负责对全国检察机关干部教育培训工作的指导；规划指导检察机关的培训基地建设及师资队伍建设工作；指导国家检察官学院及其分院、培训中心的工作；指导全国检察机关的

① 最高人民检察院的司法行政机构介绍，来源于中华人民共和国最高人民检察院网站。

干部人事管理工作。下设干部部、宣传部、教育培训部、办公室。

3. 法律政策研究室

负责调查研究国家公布的与检察工作有关的法律、法规、政策的执行情况，提出意见和建议；承办有关检察工作法律案的起草工作；承办涉及检察工作的司法协助协定、引渡条约等法律文本草案的起草、谈判工作；负责检察应用理论研究工作；对征求最高检意见的国家立法草案、行政法规草案研究提出意见；对检察工作适用法律问题提出司法解释意见；对各级人民检察院在贯彻执行党的路线、方针、政策中的情况进行调查研究，提出意见；负责检察工作法制建设的调研、规划；承办最高人民检察院检察委员会日常工作；负责对检察基础理论研究工作的指导；指导检察机关执法大检查；收集管理图书资料；编辑检察工作应用法律、法规文件和检察工作年鉴；负责最高人民检察院专家咨询委员会日常工作；负责最高人民检察院对台事务工作。下设办公室、法律应用研究处、法律专题研究处、法律资料研究处、检察委员会办公室、民事行政法律研究处、对台事务办公室、综合指导处。

4. 案件管理办公室

在案件管理中主要承担管理、服务、参谋、监督职能，具体职责为：统一负责案件受理、流转；统一负责办案流程监控；统一负责扣押、冻结款物的监管；统一负责以最高检名义制发的案件文书的监管；统一负责组织办案质量评查和检察业务考评；统一负责业务统计、分析；负责案件管理工作宏观指导；会同有关部门管理、完善全国检察机关统一业务应用系统；负责院领导交办的其他工作。下设案件综合管理处、案件流程管理处、案件质量管理处、案件统计信息管理处、业务信息化管理处 5 个处级机构。

5. 纪检组、监察室

负责对全国检察机关监察工作的指导；检查检察机关及其内设机构、直属事业单位在执行法律、法规和最高人民检察院、上级人民检察院的决定、规定中的问题；受理对检察人员违纪行为的控告、举报；按照干部管理权限查办检察人员的违纪案件；受理检察人员不服政纪处分的申诉。下设办公室、案件审理室、执法监察室、巡视办公室、检务监督室、党风廉政建设室。

6. 国际合作局

负责检察机关的对外交流和有关国际司法协助，指导全国检察机关开展国际交流的工作；负责全国其他地区的检察机关与香港、澳门特别行政区依法进行联系和相互协助的工作；负责全国检察机关涉外个案协查工作的管理；负责最高人民检察院与外国检察机关合作协议或议定书的文本起草、谈判及签订等对外协调、管理工作；编译有关资料，掌握有关国际司法动态。下设办公室、国际交流处、司法协助处、国际反贪局联合会秘书处、涉外条约法规处。

7. 计划财务装备局

负责对全国检察系统的计划财务装备工作的指导；制定检察机关财务装备中长期发展规划并组织实施；对中央计划、财政部门补助地方检察院的办案、装备及基本建设经费进行分配和管理；负责全国检察系统的检察技术装备、交通通信装备、武器弹药、服装的统筹计划和管理工作的指导；负责最高人民检察院机关和事业单位经费及基本建设、外事等各种经费的申请、核算和管理及各种装备物资的统一购置和分配。下设办公室、综合计划处、财务处、器材装备处、国有资产管理处、政府采购处、审计处。

8. 机关党委

机关党委主要负责最高人民检察院机关及直属事业单位党组织工作；负责本院机关党的思想、组织、作风建设；对党员、干部进行监督；领导本院工、青、妇、群众组织及统战工作。下设办公室、组织部、宣传部等机构。

9. 离退休干部局

贯彻党中央国务院有关离退休干部工作的方针、政策；组织离退休干部阅读、学习文件等活动；负责离退休干部的医疗保健、生活福利、休养、用车和文体活动等服务工作的安排；有组织、有领导地发挥离退休干部在社会主义两个文明建设中的作用；承担其他有关离退休干部的工作。下设办公室、一处、二处、三处。

10. 司法体制改革领导小组办公室

司法体制改革领导小组办公室是最高人民检察院司法体制改革领导小组的办事机构和按照机关内设机构管理的厅级非常设机构，主要承担检察机关推进司法体制和工作机制改革的综合调研、协调督办以及修改人民检察院组织法和刑事诉讼法的研究论证工作。下设三个处。

11. 新闻办公室

负责指导、协调和管理全国检察机关新闻宣传和舆论引导工作，制定新闻宣传和舆论引导工作制度；负责与新闻宣传主管部门及新闻媒体的沟通协调，组织实施院新闻发布会和重大新闻宣传报道活动；会同相关内设机构审核报道稿件，负责检察机关网络宣传宏观指导及最高检门户网、局域网、微博等宣传平台的内容管理；建立全国检察机关舆情监控、研判、调查处置及重大舆情快速反应机制，监测、报送涉检舆情信息；负责检察机关所属报刊的宏观管理及院所属报刊业务主管工作；承担领导交办的其他工作任务。下设新闻宣传处、网络宣传监管处、综合协调处。

（二）地方检察院内设的司法行政部门

一般来说，地方检察院内设的司法行政部门主要有：办公室、政治部、监察室、新闻处、干部教育培训处、检察发展研究中心、机关党委办公室、检察技术信息处、计划财务装备处、机关管理服务中心等。

第五章　司法人事管理

所谓“人事管理”，是指有关人事方面的计划、组织、指挥、协调和控制等一系列管理工作的总称，是现代组织管理中的重要组成部分。司法人事管理是司法行政机关为保证司法审判工作的顺利、有效进行，而对所属工作人员的任免、考核、培训、奖励以及惩戒和辞退等诸多管理监督制度。① 科学、合理的人事管理制度有助于调动工作人员的积极性，谋求其体力、心力以及智力的最适当的利用和最高程度的发挥，继而实现该组织效益的最大化。② 比较中外司法人事管理，对于完善我国现有管理体制的不足有极为重要的实践意义。

第一节　中国司法人事管理体制

一、中国司法人事管理体制的流变

我国的司法人事管理体制主要由法院人事管理和检察院人事管理两部分所构成。时至今日，随着《法官法》和《检察官法》的正式颁布与修改，我国已经形成了一个初步完善的司法人事管理体制。

（一）法院人事管理的起源与流变

1949 年，中华人民共和国成立，开创了人民司法制度及法官制度的新篇章。1949 年 9 月 29 日中国人民政治协商会议第一次全体会议通过的《共同纲领》第 17 条明确规定：“废除国民党反动政府的一切压迫人民的法律、法令和司法制度，制定保护人民的法律、法令，建立人民司法制度。”同时通过的《中央人民政府组织法》第 5 条规定：“组织最高人民法院，以为国家的最高

---

① 程维荣：《当代中国司法行政制度》，学林出版社 2004 年版，第 18 页。

② 赵曙明：《中国人力资源管理三十年的转变历程与展望》，载《南京社会科学》2009 年第 1 期。

审判机关。”1949 年 10 月 1 日，中央人民政府任命沈钧儒为最高人民法院院长。

1949 年 12 月，中央人民政府委员会批准了《最高人民法院试行组织条例》。根据该条例的规定，最高人民法院设院长 1 人，副院长 2~3 人，委员 13~21 人，统一由中央人民政府委员会任命。另外，该条例还规定，副院长和委员的人数，于必要时得由最高人民法院呈请中央人民政府委员会决定增减。最高人民法院设民事审判庭、刑事审判庭以及行政审判庭，于必要时，可设其他专门审判庭。每个审判庭设庭长 1 名，副庭长 2 名。

1950 年 7 月 20 日，政务院公布施行《人民法庭组织通则》，该通则规定，县（市）人民法庭及其分庭均设审判委员会，由审判长 1 人，副审判长 1 人，审判员若干人组成；县（市）人民法庭的正副审判长及半数审判员由县（市）人民政府遴选，其余半数审判员由县（市）各界人民代表会议或人民团体选举。分庭的正副审判长及半数审判员由县（市）人民政府遴选，其余半数由设立地区的人民代表会议或人民团体选举。正副审判长和审判员均由县（市）人民政府报请直属上级人民政府审核委任。

1951 年 9 月 4 日，中央人民政府公布《人民法院暂行组织条例》，规定各级人民法院为同级政府的组成部分，受其领导和监督。各级人民法院需设审判委员会。最高人民法院的院长、副院长和委员由中央人民政府委员会任免，而关于省级和县级人民法院的院长、副院长和审判员的任免却没有明文规定。一般情况是，院长和副院长由同级人民政府委员会任免，其余审判员则由党委任免，或由本院任免，或由同级人民政府人事部门任免。

1954 年 9 月 20 日，第一届全国人民代表大会第一次会议审议通过了我国第一部社会主义宪法，同时还制定了《人民法院组织法》。这两部法律的颁布实施，标志着我国人民司法制度及法官制度的建设进入了新的发展时期。《人民法院组织法》规定，各级人民法院均设审判委员会。地方各级人民法院的院长由地方各级人民代表大会选举，副院长、庭长、副庭长和审判员则由地方各级人民委员会任免；最高人民法院院长由全国人民代表大会选举，副院长、庭长、副庭长和审判员则由全国人大常委会任免。各级人民法院按照需要可以设助理审判员，地方各级法院的助理审判员由上一级司法行政机关任免，最高法的助理审判员则由司法部任免。并且，当时也已开始对审判人员进行业务培训，考核、奖励、工资以及福利和退休等其他管理则参照国家行政人员的规定进行。

“文化大革命”期间，公、检、法三机关均被“砸烂”，实行军管，并且审判人员的任免、考核、培训以及惩处等人事管理制度也基本停止执行。总而言之，在这一时期，我国的人民司法制度及法官制度遭到了严重的破坏。

1978年12月，十一届三中全会顺利召开，国家采取一系列措施，拨乱反正，使人民司法制度及法官制度得到了迅速恢复和全面发展。在这种形势下，最高人民法院与部分地方法院在审判人员管理上进行了一些有益的改革和探索，如法院的法官实行公开招考；法官的晋升通过考试和考核相结合的办法；试行审判人员上下交流、逐级选拔；成立全国法院干部业余法律大学和中国高级法官培训中心；进一步建立和健全干部的考核、奖惩等管理制度。

1995年2月，第八届全国人大常委会第十二次会议审议通过了《法官法》，标志着我国法官管理制度进入了一个新的发展阶段。该法对法官的职责、义务和权利、法官的条件、任免、法官的等级、考核、培训、奖励、惩戒以及工资福利保险制度和辞职退休、申诉控告等方面进行了比较全面的规定。2001年6月，第九届全国人大常委会第二十二次会议作出了《关于修改〈中华人民共和国法官法〉的决定》，规定“国家对初任法官、检察官和取得律师资格实行统一的司法考试制度”。之后，我国最高人民法院自身制定和颁布了一系列有关法官管理的文件，如《关于加强法官队伍职业化建设的若干意见》(2002年)、《关于人民陪审员选任、培训、考核工作的实施意见》(2003年)、《法官行为规范》(2005年)、《法官培训条例》(2006年修订)，等等。这些文件都为我国法院人事管理制度逐渐走向法治化的轨道作出了重大贡献。①

(二) 检察院人事管理制度的起源与流变

中华人民共和国检察制度的正式创建，源于1949年9月21日在北京召开的中国人民政治协商会议第一届全体会议。此次会议通过了两部重要文献，即《共同纲领》和《中央人民政府组织法》。该两部法律规定组建最高人民法院和最高人民检察署，分为国家的审判机关和检察机关。1949年10月1日，中央人民政府委员会第一次会议召开，会议选举并任命罗荣桓为中华人民共和国第一任最高人民检察署检察长，10月19日，在中央人民政府第三次会议上，

① 谭世贵：《中国法官制度研究》，法律出版社2009年版，第10~16页。

李六如、蓝公武被任命为最高人民检察署副检察长，罗瑞卿等 11 人被任命为委员。

1949 年 11 月 2 日，最高人民检察署举行了第二次检察委员会会议。会议拟定了《最高人民检察署试行组织条例（草案）》，并报中央人民政府审批。这是中华人民共和国第一部关于检察制度的单行法规，较为系统地规定了检察制度的基本内容，为全面建立中国检察制度提供了法律基础。其规定全国各级人民检察署均独立行使职权，在国家机构体系中实行垂直领导的体制；其还规定检察机关内部实行与检察委员会会议相结合的检察长负责制的领导体制。

1954 年 9 月 20 日，第一届全国人民代表大会审议通过了第一部《中华人民共和国宪法》。作为根本法，该法对检察机关的领导体制、组织规则进行了原则性规定。同时，《人民检察院组织法》也被审议通过，其在《宪法》规定的基础上，又对我国检察院的人事管理制度进行了较为详细的规定。比如，其调整了检察机关内部的领导体制，原来的“检察委员会会议”被改为“检察委员会”，主要负责处理检察工作中的重要问题，实行检察长领导下的民主集中制式的合议制；其规定了最高人民检察院检察长的任职期限，并要求各级检察机关向国家权力机关负责并向其报告工作情况；另外，其还增加了对检察人员任免、考核的规定。

1957—1966 年，是检察人事管理发展中的曲折时期。在“左”的思想干扰下，一批检察干部被错划为右派分子，依法进行的检察业务活动也遭受到错误的批判；1966 年，“文化大革命”开始，检察制度和检察机关受到了更为严重的破坏，1968 年 12 月，最高人民检察院、地方各级人民检察院以及军事检察院先后被撤销，检察人事管理工作更是无从谈起。①

1978 年，第五届全国人民代表大会第一次会议通过了 1978 年《宪法》。该法规定重设检察院，自此，我国检察制度获得重生。1979 年 7 月，第五届全国人民代表大会第二次会议修订通过了《人民检察院组织法》，为新时期人民检察院的人事管理工作明确了发展方向。其将上下级检察机关之间的监督关系更改为领导关系，从而重新确立了我国检察机关的双重领导体制；其还根据民主集中制的原则，规定检察长主持检察委员会的工作，而不同于 1954 年《人民检察院组织法》中由检察长领导检察委员会工作的做法。另外，其还对

---

① 姜伟：《中国检察制度》，北京大学出版社 2009 年版，第 25~32 页。

检察人员任免、考核以及奖励等方面也作了一些相应的调整和补充。

1995年，《检察官法》正式颁布实施，这是我国检察院人事管理工作发展过程中的一个重要节点。该法对检察官的职责、权利义务、条件以及任免、考核和奖惩都作了较为全面、详尽的规定。比如，其规定各级检察机关设立检察官考评委员会，是指导检察官管理工作的常设机构。2001年，《检察官法》修改，对检察官的条件、录用以及任免等管理工作进行了一定程度的调整，特别是统一司法考试取代了初任检察官考试，大大提高了检察官职业的准入门槛。总而言之，这一法律的制定和修改，使得我国检察官开始从一般的公务人员向司法官员这一特殊群体转变，从大众化管理开始向符合司法规律的专门化管理转变。①

二、中国司法人事管理体制的现状

我国司法人事管理体制由法院人事管理体制和检察院人事管理体制所组成，调整其的法律规范也大多散落在《宪法》、《法院组织法》、《检察院组织法》以及《法官法》和《检察官法》等多部法律之中。经过多年的发展和完善，我国业已形成了一个富有中国特色的司法人事管理体制。其现状大致如下：

（一）法院人事管理体制

法院人事管理，从狭义上讲，仅指对法官的任免、考核、培训、奖惩以及工资福利和退休等工作进行的管理；从广义上讲，则除狭义的范围外，还包括对法院其他人员，如人民陪审员、书记员以及司法警察等工作进行的管理。②本处主要是指狭义上的概念，亦即仅限于对法官的人事管理。其内容如下：

1. 法官的遴选机制

法官的遴选机制是法院人事管理体制的重要组成部分，是指规定法官资格、选任法官的行为准则。它主要包括两个方面：第一，法官的任职资格。首先是肯定性条件，如具有中国国籍、年满23岁、拥护中华人民共和国宪法、有良好的政治业务素质和良好的品行、身体健康以及法律专业学习经历和法律

① 何勤华：《检察制度史》，中国检察出版社2009年版，第420页。

② 沈志先：《法院管理》，法律出版社2013年版，第247页。

职业经历等①；其次是否定性条件，如不得曾经因犯罪受过刑事处罚、不得曾经被开除公职等。第二，法官的选任程序。主要存在三种类型，首先是初任法官的公开选拔。这种方式是采用严格考核的办法，按照德才兼备的标准，从通过国家统一司法考试取得资格，并且具备法官条件的人员中择优提出人选，一般需要经过公告、报名、资格审查、组织考试、考察、体检以及录用等多个程序。其次是法官的选举。根据我国《法官法》的相关规定，人民法院院长（在省、自治区内按地区设立的和在直辖市内设立的中级人民法院院长除外）采用选举的方式产生。其中，最高人民法院院长由全国人民代表大会选举，地方各级人民法院院长由地方各级人民代表大会选举，在民族自治地方设立的地方各级人民法院院长，由民族自治地方各级人民代表大会选举；再次是法官的任命。在省、自治区内按地区设立的和在直辖市内设立的中级人民法院院长以及各级人民法院的副院长、庭长、副庭长、审判员和和助理审判员一般采用任命的方式产生，大多是由本级法院院长提请同级人大常委会任命。但是，在省、自治区内按地区设立的和在直辖市内设立的中级人民法院院长，由省、自治区、直辖市人民代表大会常务委员会根据主任会议的提名决定任命，副院长、审判委员会委员、庭长、副庭长和审判员由高级人民法院院长提请省、自治区、直辖市的人民代表大会常务委员会任命。另外，人民法院的助理审判员则是由本院院长直接任命②。

2. 法官的考核机制

法官考核作为法官管理的一项重点工作，对确保法官依法、公正裁判具有重要意义。其由如下四个要素构成：第一，考核的主体。对法官的考核，一般由其所在的人民法院组织进行，具体来说，则是由各级人民法院内部所设立的

---

① 《法官法》第9条第6款规定："高等院校法律专业本科毕业或者高等院校非法律专业本科毕业具有法律专业知识，从事法律工作满2年，其中担任高级人民法院、最高人民法院法官，应当从事法律工作满3年；获得法律专业硕士学位、博士学位或者非法律专业硕士学位、博士学位具有法律专业知识，从事法律工作满1年，其中担任高级人民法院、最高人民法院法官，应当从事法律工作满2年。本法施行前的审判人员不具备前款第六项规定的条件的，应当接受培训，具体办法由最高人民法院制定。适用第一款第六项规定的学历条件确有困难的地方，经最高人民法院审核确定，在一定期限内，可以将担任法官的学历条件放宽为高等院校法律专业专科毕业。"

② 《法官法》第11条第7款规定："军事法院等专门人民法院院长、副院长、审判委员会委员、庭长、副庭长和审判员的任免办法，由全国人民代表大会常务委员会另行规定。"

法官考评委员会①来负责。《法官法》第48条规定："人民法院设法官考评委员会。法官考评委员会的职责是指导对法官的培训、考核、评议工作。"第二，考核的内容。根据《法官法》第23条的规定，对法官考核的内容主要包括审判工作实绩、思想品德、审判业务和法学理论水平、工作态度和审判作风几个方面，其中重点考核审判工作业绩。实际上，我国法官的考核内容是参照公务员的考核来设置的，主要从德、能、勤、绩四个方面展开。第三，考核的原则。《法官法》第22条规定："对法官的考核，应当客观公正，实行领导和群众相结合，平时考核和年度考核相结合。"从这一规定可以看出，在我国进行法官考核应当遵循三个基本原则，即客观公正原则、领导与群众相结合原则、平时考核与年度考核相结合原则。第四，考核的结果。对法官考核的结果分为优秀、称职、不称职三个等次，这些结果将会作为对法官奖惩、培训、免职、辞退以及调整等级和工资的依据。同时，考核结果要以书面形式通知本人，以方便其及时救济。

3. 法官的培训机制

法官作为一种专门从事司法裁判的职业，不仅要具备扎实的专业知识基础，也要具备丰富的社会生活经验。而这些知识和经验的获得，除了要在法学院校接受大量的专业学习外，还要通过长期的自我学习和后续培训。可以说，法官培训对于促进司法公正和司法效率有着最为直接的作用。② 我国《法官法》第九章专门规定了法官的培训制度，其基本内容如下：第一，培训的类型。根据《法官法》第26条的规定，我国的法官培训主要包括理论培训和业务培训两种类型，其中理论培训是指对法官专业知识的巩固、更新和补充，业务培训是指对法官审判业务技能的锻炼和提高。第二，培训的主体。一般情况下，我国法官的培训实行统一领导、统一规划、归口负责、分级实施的制度。换言之，最高人法院统一领导全国法官的培训工作，高级人民法院领导本辖区法官的培训工作。至于其具体的培训机构，根据《法官法》第27条的规定，我国法官培训的机构主要是隶属于最高人民法院的国家法官学院和国家法官学院在各省、自治区、直辖市的分院。第三，培训的效果。在培训结束后，经过培训机构的测评，如果成绩及表现合格，则由相关机构发放《合格证书》。法官在培训期间的学习成绩和鉴定，将会作为其任职、晋升的依据之一。

① 法官考评委员会的组成人员为5至9人。法官考评委员会主任由本院院长担任。

② 谭世贵：《中国法官制度研究》，法律出版社2009年版，第268~269页。

4. 法官的奖惩机制

奖惩作为人事管理的重要手段，被广泛地运用于行政、司法等公共部门和各类私营部门。它借助于人们普遍的荣誉心和羞耻心，激励工作人员积极向上、争先创优，避免违法或不当行为的出现。① 我国的《法官法》对法官的奖惩机制进行了较为明确的规定。在奖励方面，《法官法》第十章作了专门规定，其第29、30条以及第31条分别明确了对法官奖励的原则（对法官的奖励，实行精神鼓励和物质鼓励相结合的原则）、事由（在审理案件中秉公执法，成绩显著的；总结审判实践经验成果突出，对审判工作有指导作用的；对审判工作提出改革建议被采纳，效果显著的；保护国家、集体和人民利益，使其免受重大损失，事迹突出的……）和类型（嘉奖，记三等功、二等功、一等功，授予荣誉称号）；在惩处方面，《法官法》第十一章作了专门规定。其中，第32条规定了对法官惩处的事由，如散布有损国家声誉的言论，参加非法组织，参加旨在反对国家的集会、游行、示威等活动，参加罢工；贪污受贿；徇私枉法；刑讯逼供等。倘若法官的上述行为构成犯罪，则依法追究其刑事责任，反之，则给予其行政处分，处分类型包括警告、记过、记大过、降级、撤职以及开除六种。

5. 法官的退出机制

这里所指的“法官退出机制”是一种广义上的理解，是指法官与法院间的国家职务关系之解除。其可能是依据法律的规定而发生，也可能是由法官依据本人意愿而发生，主要包括法官辞职、辞退以及退休三种制度：第一，辞职。法官辞职是个人行为，是法官根据自己的实际情况，权衡利弊后向所在法院提出的自愿行为。每一名法官都有辞职的权利，以选择更适合自己的其他岗位或者职业。但是，根据我国《法官法》第39条的规定，法官辞职必须具备两个要件：一则由本人书面提出，二则依照法律规定的程序批准。第二，辞退。法官辞退是公权力行为，是法院依照法律规定的条件和程序，对不适合在法院工作的法官，按照管理权限报经有关任免机关审批的一种行为。根据我国《法官法》第40条的规定，辞退法官的事由主要有如下几个：在年度考核中，连续2年确定为不称职的；不胜任现职工作，又不接受另行安排的；因审判机构调整或者缩减编制员额需要调整工作，本人拒绝合理安排的；旷工或者无正当理由逾假不归连续超过15天，或者一年内累计超过30天的；不履行法官义务，经教育仍不改正的。第三，退休。法官退休是指法官工作达到一定年限，

① 关培兰：《组织行为学》，中国人民大学出版社2003年版，第119页。

符合法律规定的年龄和条件，而离开工作岗位，继续享受一定待遇的制度，是遵循人的生理发展规律，保持法官队伍的生机与活力的重要措施。我国《法官法》第十四章仅对法官退休制度进行了极为简略的规定，并没有建立专门的法官退休制度，法官退休一直是适用《公务员法》中有关公务员退休制度的规定。

（二）检察院人事管理体制

同法院人事管理一样，检察院人事管理也可从狭义和广义两个角度来理解。在狭义上，其仅指对检察官的任免、考核、培训、奖惩以及退休等工作进行的管理；从广义上讲，则除检察官外，还包括对检察院其他人员进行的管理。本处主要是指狭义上的概念，亦即仅限于对检察官的人事管理。其内容如下：

1. 检察官的遴选机制

检察官的遴选机制是检察院人事管理体制的重要组成部分，是指规定检察官资格、选任检察官的行为准则。它主要包括两个方面：第一，检察官的任职资格。在许多国家，检察官的资质要求都与法官相同，我国当然也不例外。首先是肯定性条件，如具有中国籍，年满 23 岁，拥护宪法，有良好的政治、业务素质和良好的品行，身体健康以及法律专业学习经历和法律职业经历等①；其次是否定性条件，如不得曾经因犯罪受过刑事处罚、不得曾经被开除公职等。第二，检察官的选任程序。主要存在三种类型，首先是初任检察官的公开选拔。这种方式是采用严格考核的办法，按照德才兼备的标准，从通过国家统一司法考试取得资格，并且具备检察官条件的人员中择优提出人选，一般需要经过公告、报名、资格审查、组织考试、考察、体检以及录用等多个程序。其次是检察官的选举。根据我国《检察官法》的相关规定，人民检察院检察长

① 我国《检察官法》第 10 条第 6 款规定："高等院校法律专业本科毕业或者高等院校非法律专业本科毕业具有法律专业知识，从事法律工作满 2 年，其中担任省、自治区、直辖市人民检察院、最高人民检察院检察官，应当从事法律工作满 3 年；获得法律专业硕士学位、博士学位或者非法律专业硕士学位、博士学位具有法律专业知识，从事法律工作满 1 年，其中担任省、自治区、直辖市人民检察院、最高人民检察院检察官，应当从事法律工作满 2 年。本法施行前的检察人员不具备前款第六项规定的条件的，应当接受培训，具体办法由最高人民检察院制定。适用第一款第六项规定的学历条件确有困难的地方，经最高人民检察院审核确定，在一定期限内，可以将担任检察官的学历条件放宽为高等院校法律专业专科毕业。"

（在省、自治区内按地区设立的和在直辖市内设立的人民检察院分院检察长除外）采用选举的方式产生。其中，最高人民检察院检察长由全国人民代表大会选举，地方各级人民检察院检察长由地方各级人民代表大会选举，在民族自治地方设立的地方各级人民检察院检察长，由民族自治地方各级人民代表大会选举。需要注意的是，地方各级人民检察院检察长的任命，还须报上一级人民检察院检察长提请该级人民代表大会常务委员会批准；再次是检察官的任命。在省、自治区内按地区设立的和在直辖市内设立的人民检察院分院检察长以及各级人民检察院的副检察长、检察委员会委员和检察员一般采用任命的方式产生，大多是由本级人民检察院检察长提请同级人大常委会任命。但是，在省、自治区内按地区设立的和在直辖市内设立的人民检察院分院检察长、副检察长、检察委员会委员和检察员是由省、自治区、直辖市人民检察院检察长提请本级人民代表大会常务委员会任免。另外，人民检察院的助理检察员则是由本院检察长直接任免①。

2. 检察官的考核机制

《检察官法》第八章对检察官的考核制度作了较为全面的规定，其主要由如下四个要素构成：第一，考核的主体。对检察官的考核，一般由其所在的人民检察院组织进行，具体来说，则是由各级人民检察院内部所设立的检察官考评委员会②来负责。第二，考核的内容。根据《检察官法》第26条的规定，对检察官考核的内容主要包括检察工作实绩、思想品德、检察业务和法学理论水平、工作态度和工作作风，其中重点考核检察工作实绩。实际上，我国检察官的考核内容也是参照公务员的考核来设置的，主要从德、能、勤、绩四个方面展开。第三，考核的原则。《检察官法》第25条规定："对检察官的考核，应当客观公正，实行领导和群众相结合，平时考核和年度考核相结合。"从这一规定可以看出，在我国进行检察官考核应当遵循三个基本原则，即客观公正原则、领导与群众相结合原则、平时考核与年度考核相结合原则。第四，考核的结果。对检察官考核的结果分为优秀、称职、不称职三个等次，这些结果将会作为对检察官奖惩、培训、免职、辞退以及调整等级和工资的依据。同时，考核结果要以书面形式通知本人，以方便其及时救济。

① 《检察官法》第12条第7款规定："军事检察院等专门人民检察院检察长、副检察长、检察委员会委员和检察员的任免办法，由全国人民代表大会常务委员会另行规定。"

② 检察官考评委员会的组成人员为5至9人。检察官考评委员会主任由本院检察长担任。

3. 检察官的培训机制

检察官培训是对检察官进行任职前及任职后的专门教育和训练活动，其属于更新理论知识和提高职业技能的继续教育，目的在于以检查工作要求为中心，全面提升检察官的综合素质和执法能力，以保障检察官依法公正履行职责。① 我国《检察官法》第九章专门规定了检察官培训制度，其基本内容如下：第一，培训的类型。根据《检察官法》第29条的规定，我国的检察官培训主要包括理论培训和业务培训两种类型，其中理论培训是指对检察官专业知识的巩固、更新和补充，业务培训是指对检察官业务技能的锻炼和提高。第二，培训的主体。一般情况下，我国检察官培训同法官培训一样，实行统一领导、统一规划、归口负责、分级实施的制度。换言之，就是最高人民检察院统一领导全国检察官的培训工作，省级人民检察院领导本辖区检察官的培训工作。至于其具体的培训机构，根据《检察官法》第30条的规定，我国检察官培训的机构主要是国家检察官院校和其他检察官培训机构。第三，培训的效果。在培训结束后，经过培训机构的测评，如果成绩及表现合格，则由相关机构发放《合格证书》。检察官在培训期间的学习成绩和鉴定，将会作为其任职、晋升的依据之一。

4. 检察官的奖惩机制

检察官的奖惩机制，是指国家或者检察机关根据《检察官法》和其他相关法律的规定，对在检察工作中表现突出，有特殊贡献，或行为违法、不当的检察官所给予的一种物质、精神上的奖励或惩处。我国的《检察官法》对检察官的奖惩机制进行了较为明确的规定。在奖励方面，《检察官法》第十章作了专门规定，其第32、33条以及第34条分别明确了对检察官奖励的原则（对检察官的奖励，实行精神鼓励和物质鼓励相结合的原则）、事由（在检查工作中秉公执法，成绩显著的；提出检察建议或者对检察工作提出改革建议被采纳，效果显著的；保护国家、集体和人民利益，使其免受重大损失，事迹突出的……）和类型（嘉奖，记三等功、二等功、一等功，授予荣誉称号）；在惩处方面，《检察官法》第十一章作了专门规定。其中，第35条规定了对检察官惩处的事由，如散布有损国家声誉的言论，参加非法组织，参加旨在反对国家的集会、游行、示威等活动，参加罢工；贪污受贿；徇私枉法；刑讯逼供等。倘若检察官的上述行为构成犯罪，则依法追究其刑事责任，反之，则给予

① 姜伟：《中国检察制度》，北京大学出版社2009年版，第170页。

其行政处分，处分类型包括警告、记过、记大过、降级、撤职以及开除六种。①

5. 检察官的退出机制

这里所指的“检察官退出机制”也是一种广义上的理解，是指检察官与检察院间的国家职务关系之解除。其可能是依据法律的规定而发生，也可能是由检察官依据本人意愿而发生，主要包括检察官辞职、辞退以及退休三种制度：第一，辞职。检察官辞职是个人行为，是检察官根据自己的实际情况，权衡利弊后向所在检察院提出的自愿行为。每一名检察官都有辞职的权利，以选择更适合自己的其他岗位或者职业。但是，根据我国《检察官法》第42条的规定，检察官辞职也必须具备两个要件：一则由本人书面提出，二则依照法律规定的程序批准。第二，辞退。检察官辞退是公权力行为，是检察院依照法律规定的条件和程序，对不适合在检察院工作的法官，按照管理权限报经有关任免机关审批的一种行为。根据我国《检察官法》第43条的规定，辞退法官的事由主要有如下几个：在年度考核中，连续2年确定为不称职的；不胜任现职工作，又不接受另行安排的；因检察机构调整或者缩减编制员额需要调整工作，本人拒绝合理安排的；旷工或者无正当理由逾假不归连续超过15天，或者一年内累计超过30天的；不履行检察官义务，经教育仍不改正的。第三，退休。检察官退休是指检察官工作达到一定年限，符合法律规定的年龄和条件，而离开工作岗位，继续享受一定待遇的制度，其是遵循人的生理发展规律，保持检察官队伍的生机与活力的重要措施。由于我国《检察官法》第十四章仅对检察官退休制度进行了极为简略的规定，并没有建立专门的检察官退休制度。因此，我国检察官的退休一直是适用《公务员法》中有关公务员退休制度之规定。②

第二节　域外司法人事管理体制

司法制度属于历史性、政策性的制度形式，其产生与发展具有变动性和适应性的特征，不同的历史背景和社会环境会形成不同的司法制度。具体到司法人事管理体制而言，不同法系乃至不同的国家都会呈现出不一样的特征。

---

① 范愉：《司法制度概论》，中国人民大学出版社2004年版，第174页。

② 于萍：《检察官管理制度教程》，中国检察出版社2007年版，第202~209页。

一、域外司法人事管理体制简介

（一）大陆法系国家

1. 法国

法国是大陆法系的诞生地，对现代法律文化及司法体制的产生和发展作出了许多重要的贡献。

法院人事管理体制。（1）在遴选机制上，法国各级法院的法官除必须通过政府统一组织的考试外，还必须进入国立法官学院进行为期 31 个月的专业培训。另外，他们均采取任命的方式产生。国家设有最高司法委员会，由共和国总统或司法部长任主席，成员包括 5 名法官、1 名检察官和 4 名司法系统外的代表。一般情况下，最高法院法官和上诉法院院长由最高司法委员会提出，总统任命，其他法官则由最高司法委员会提出，司法部长任命①。（2）在培训机制上，法国设立专门的培训组织负责，即国家法官学院，只不过培训类型比较多样，主要包括基础教育、继续教育和法律文化传播教育这三种类型，三者既相互独立又相互渗透，构成了科学、完整的法官培训体系。（3）在考核、奖惩以及退出机制上，法国的法官得到了较高程度的保障。其经过任命后，即成为终身的荣誉和职务，任何人无权影响和取消其法官身份。另外，法官的考核和奖惩主要由司法委员会统一负责。司法委员会负责监督法官的遵纪守法情况，法官的违纪犯法也由司法委员会来惩戒，这些设置都有效防止了外界力量对法官的干扰和侵害。②

检察人事管理体制。在总体上，法国实行司法团体一体化的原则，换言之，就是法官、检察官在遴选和培训机制上是采取统一的标准和体系的，两者只是在考核和惩处机制上有所差异，这主要源于它们的性质和功能的不同。比如，法国检察官的纪律惩戒权一般主要由司法部长行使，但检察长在某些时候也有权对其下级检察官的违纪行为进行警告处分。③

---

① 行政法院系列除最高行政法院的法官由司法部任命外，其余的法官则直接由政府任命。

② 周道鸾主编：《外国法院组织与法官制度》，人民法院出版社 2000 年版，第 103～125 页。

③ 甄贞：《检察制度比较研究》，法律出版社 2010 年版，第 26～34 页。

2. 德国

德国是大陆法系另一代表性国家之一，其的司法人事管理体制也呈现出些许不同的特征，具体而言：

法院人事管理体制。（1）在遴选机制上，德国法官的任职资格和程序相当严格，除一些共通性的条件外，其一般还要通过两次国家考试，才可能得到司法的选拔和任命，成为一名见习法官。候选人被任命后，会被分配到地区法院，然后经过3年的试用期，如果能够得到所在法院院长出具的证明，证实其具备合格的法官素质，才会最终被任命为终身法官。（2）在考核和奖惩机制上，德国设置专门的法官考核职能部门，考核由资历高深的法官或法院院长主持。另外，德国还采取法官职务法庭，单独就法官纪律、惩戒及其他事项进行裁判，并以法院名义宣告。（3）在培训机制上，德国主要分为任职培训和续职培训两类。前者主要针对见习法官，培训主体为各地区法院或州地方法院，后者主要针对终身法官，培训主体为德国司法官学院，其每年都会举办100多个培训班。续职培训一般脱产进行，经费由国家统一承担。（4）在退出机制上，德国同法官一样，法官原则上均为终身职务，只有达到法定退休年龄才能退休。①

检察人事管理体制。总体而言，德国的检察体系是按照科层制来设立的，具有很强的行政性。这就造成其检察官并不具备像法官那样人身和事务上的独立性。另外，德国并无专门的检察官法，关于其身份、权利义务以及考核和奖惩的相关规定一般散见于公务员法、法院组织法以及法官法之中。检察官的任职条件规定于法官法和法院组织法中，同法官基本相同，相反，检察官的考核与奖惩却大多规定在公务员法中，同法官有着一定的差异。

（二）英美法系国家

1. 美国

作为一个年轻的国家，美国的法律制度和司法体制主要源于英国，但又形成了其独特的体系和鲜明的特色，并成为世界许多国家争相借鉴的对象。在司法人事管理体制上，其内容大致如下：

法院人事管理体制。（1）在遴选机制上，在美国担任一名法官，无须参加任何考试，也少有正式成文的择录标准，但这并不意味着法官的遴选是随意的。以联邦法院为例，担任法官原则上要获得美国大学法学院的博士学位，并

① 周泽民：《国外法官管理制度观察》，人民法院出版社2012年版，第264~281页。

从事律师工作若干年。然后，由总统提名，再提交美国律师协会的“联邦法官评审常委会”进行评审，并经参议员投票表决批准，最终由总统任命，才会成为一名初任法官。（2）在培训机制上，美国法官的培训内容既广泛，又有重点，针对性、实践性、应用性很强。除一些全国性的培训机构和组织外，各州还有各自的法官培训中心，一些大学院校也设立法官培训机构。不同的培训对象，不同层次的培训班，均有不同的培训内容。总之，美国在法官培训上很舍得投入。（3）在考核和奖惩机制上，由于法官具有崇高的法律地位和社会地位，非经法定程序，法官不被免职，也不受其他形式的惩戒。依据《法官行为规范》，美国联邦法院及各州法院通常设立了各种形式的法官惩戒委员会，专门负责对法官法庭上和法庭外的各项活动实行纪律约束和制裁措施。（4）在退出机制上，在联邦法院系统，宪法第3条明确规定，法官只要在任职期间品行良好，即终身任职。他们被免职的唯一路径就是弹劾。弹劾一般由联邦众议院提出，参议员进行审判，然后全体参议员投票表决。

检察人事管理体制。美国的检察系统属于政府行政部门，即司法部。联邦检察长和联邦（地区）检察官由总统经过参议院提议并同意后任命，联邦检察长又是司法部的行政首脑（即司法部部长）。美国联邦政府现有93名联邦检察官，分别分布在美国的94个司法区①。美国各州检察长、州检察官的设立和职责一般由各州宪法予以规定，但绝大多数州检察官系当地居民选举产生。所以，相对来说，州检察官比联邦检察官享有更多的独立性。另外，美国还设立有美国检察官协会（NDAG），是美国50个州和8个独立司法辖区检察长的荣誉性集体组织。美国检察官协会虽为非盈利性组织，但法律承认其为政府机构。协会的活动范围广泛，具体包括法律协助、跨州协调出版刊物以及参与联邦立法，等等。②

2. 英国

英国是英美法系的发源地，其法律制度具有独特的历史传统和发展道路，并随后在世界范围得到广泛传播，产生巨大的影响：

法院人事管理体制。（1）在遴选机制上，普通的英国人要想成为一名法

① 其中，关岛和北马里亚纳群岛两个司法区共同设立一名联邦检察官。联邦检察官是其所在司法区的联邦执法首脑，在联邦检察官手册的指导下开展工作。每个联邦检察官对应一个联邦检察官办公室。

② 何家弘：《中美检察制度比较研究》（英文版），中国检察出版社1995年版，第118~200页。

官，首先必须是一名合格的律师。而成为律师需要经过如下几个程序，即获得法学学士学位，然后由个人申请，并经考试到英国律师公会所属的四大法学院之一学习一年，获得律师学位，再经过一年见习后成为一名正式律师。英国的法官采取任命制，大法官、上议院常设上诉议员①以及高等法院法官由首相征求大法官意见后提名或同意，女王任命，其他法官则都是由女王根据大法官的建议作出任命。其中，大法官兼有立法、行政和司法三种职能，他既是上议院议长，又是内阁成员，还是全国司法部门的首脑。（2）在培训机制上，英国同美国相似，培训的目标相当明确，就是增加学生理论知识的应用性和社会实践经验。（3）在法官的保障机制上，英国法官终身任职，其在英国具有崇高的地位和威望，能进入这个队伍本身就是一种荣誉和对其事业的肯定。另外，英国对法官还实行高薪制；在奖惩和退出机制上，英国法官只要行为端正，职位就受到法律保护，任何人不得随意干涉。只有在其违反正当行为原则并在上下两院的共同要求下才能由女王予以免职。但自有法律规定以来，还没有法官被免过职。英国法官的任职年龄被限制在 75 岁以下。

检察人事管理体制。1986 年，英国组建皇家检控署，独立于政府、警察以及法院，主要负责审查警察提交起诉的案件，并为提起公诉和出庭支持公诉做准备。皇家检控署由总检察长、副总检察长、检察长、副检察长、首席执行官以及检察官和助理检察官所组成。其中，总检察长和副总检察长由首相从本党的下院议员中提名任命。英国所有的检察官都必须具有律师资格，总检察长还是律师界的领袖和最高法律官员之一。英国制定的有《皇家检察官准则》，是英国检察官开展工作以及对检察官进行管理的重要规范依据。② 另外，英国的检察官的待遇普遍高于一般公务员，这给予了检察官依法、有效履行职责很大的物质保障。③

二、域外司法人事管理体制的特点

在具体的制度设计和安排上，尽管大陆法系国家和英美法系国家的司法人事管理也存在着些许的差异，但是两者还是有很多共通性的东西，而正是这才造就了上述各国引以为傲的司法人事管理体制，继而为它们司法工作的顺利、有效开展提供了良好的制度保障。具体而言，它们的共通性特点主要有如下

---

① 又称法律议员，负责审理上诉案件。

② 甄贞：《检察制度比较研究》，法律出版社 2010 年版，第 62~110 页。

③ 李洪朗：《英国检察制度评介》，载《法学评论》2000 年第 1 期。

几个：

（一）司法人事管理的法治化

任何事件都必须依法而行，将此原则适用于政府时，它要求政府都必须能够证实自己所做的事情是有法律授权的。在全面推进依法治国的新形势下，这点显得尤为重要。司法人事管理的内容比较广泛，其涉及法官、检察官的遴选、考核、培训以及奖惩和退出等多个方面，如果其脱离了法治轨道，或者法治化的程度不高，主观性和随意性较强，将会严重影响司法人事管理的效率和质量，使司法人事管理陷入主观化和人际化的窠臼，继而影响司法权的顺利运作。因此，从法治国家建设和司法运作的基本规律来看，司法人事管理必须实现法治化。

法治化是美国、法国等西方发达国家司法人事管理的一个重要特征，也正因为此，这些国家的司法人事管理工作才能走向规范化和科学化，继而为司法权的顺利、有效运作提供最基本的保障。比如，在美国，制定有专门的《法官行为规范》。该部法律对法官的行为操守、法官的惩戒主体、惩戒程序和惩戒缘由都进行了较为详细的规定，抽象性、空洞性的条款较少，具有很强的操作性，这就为实现法官奖惩制度的法治化提供了重要保证；在日本，其制定的有专门的《日本裁判所法》，其对判事（即法官）的任职资格、遴选程序、考核机制以及奖惩机制等法院人事管理中的多方面内容都作了细致的规定，其法院人事管理体制也因此而走在了亚洲各国的前列，值得借鉴。

（二）司法人事管理的独立化

司法人事管理原则上属于一种行政制度，带有明显的管理色彩，其应当具有行政的一些特性和规律，如积极性、效率性与科层性，等等。但是，司法人事管理在本质上又是因司法而生，其是为了保障司法活动正常运转而设立的制度。因此，司法人事管理必然具有一定的辅助性，其必须做到对司法权的支持与服务，符合司法权运作的一般规律。① 实现司法人事管理的独立化，实属必要。

从域外的一些国家来看，无论是大陆法系国家，还是英美法系国家，其司法人事管理体制基本都实现了独立化，这对确保司法公正无疑具有极大的意义。比如，许多国家都设有专门的法官遴选机构，实现了人员遴选上的独立

---

① 谭世贵、梁三利：《法院管理模式研究》，法律出版社2010年版，第131～133页。

化。美国的“联邦法官评审常委会”对总统提出的联邦法院法官候选人进行评审，有些州法院法官的遴选也有专门的机构参与；德国设有“司法遴选委员会”，对联邦普通法院法官的候选人进行初步筛选；法国还设有“最高司法委员会”，提出关于任命最高法院法官和上诉法院院长的建议案，或者就司法部长关于任命其他法官的建议案提出意见。这些专门机构不仅专业性较强，通常吸引法官自身的参与，而且层次还比较高，能够很好地摆脱行政部门及相关利益者的干预。①

（三）司法人事管理的科学化

司法是一个具有高度技术性和专业性的活动，因此，法官、检察官的改革应当走向职业化和专业化，以实现法律效果的最优，而这种职业化和专业化是一种以法学专业知识为基础的理性，其必须通过专门的、系统的法律职业教育才可能获得。但是，司法同时也是一个必须具备经验性和情理性的活动，过度注重法官、检察官的职业化和专业化，有可能会使司法改革走向悖论，造成法官、检察官日渐趋于精英化和贵族化，司法活动成为一个脱离大众、远离生活的封闭场所。那么，这个由精英和贵族在其垄断市场中所炮制出来的司法裁判，固然逻辑严密，看起来很美，但却可能徒具形骸，无法服众和执行。②有鉴于此，司法人事管理必须遵循这一规律，走向科学化，以实现法律效果和社会效果的统一。

具体到各大陆法系和英美法系国家而言，其司法人事管理基本都遵循了上述这一规律。比如，美、英、德、法、日五国都把法律专业知识、法律职业经验和职业伦理作为其法官遴选的最重要考核指标。特别是美、英两国，在遴选本国法官时，非常重视候选人是否具有丰富的社会经验和社会阅历，它们主要着眼于从律师中选任，期望借助于律师丰富的社会经验和阅历，在其选任成为法官后，能够更加公正、高效地完成工作任务。在这一方面，大陆法系国家虽然并没有像英美法系那样要求在成为法官前，必须具有一定的律师从业经历，但是，它们也大多要求在成为正式法官前，必须具备一定期限的见习期或实

① 参见王琦：《国外法官遴选制度的考察与借鉴——以美、英、德、法、日五国法官遴选制度为中心》，载《法学论坛》2010年第5期。

② 江国华：《常识与理性（八）：司法理性之逻辑与悖论》，载《政法论丛》2012年第3期。

习期。①

第三节　中国司法人事管理体制的改革

目前，我国的司法人事管理体制还存在着诸多不合理的地方。在实践中，也存在一些问题，我国司法人事管理体制亟待改革。

一、中国司法人事管理体制的弊端

（一）司法人事管理的行政化

我国现行法学理论和相关规定都把法院和检察院界定为“司法机关”，但作为司法机关的运作方式和体制结构却与行政机关相同，尤其是法官、检察官的管理，完全是参照公务员序列来进行的，这就是司法人事管理行政化问题的由来。

首先是设置上的行政化。在我国，司法机关工作人员和行政机关工作人员一样，都有相应的行政级别。以法院为例，新的《法官法》将法官分为十二个等级，如副科级审判员、正科级审判员、副处级审判员，等等。不同级别法官的工资、福利等都要跟行政级别相连。另外，各级法院人事管理的方式也都是按标准的行政机关模式来设计的。如院长之下有数名副院长、庭长、副庭长，按照行政层级下设若干业务庭室和综合处室，院长与数名副院长分管各庭室和部门的工作，以此在法院内部形成了金字塔式的权力层级结构，法官也因此被人为三六九划分，从而无可避免地产生了法官与领导之间、下级领导与上级领导之间事实上的领导与支配关系，领导在很大程度上决定着法官的升迁与任用，事实上形成了法官对领导、下级领导对上级领导的人身依附关系，而人身的依附必然导致意志的屈从，造成法官的人格缺陷，不利于法官职业意识的养成，不利于法官独立行使审判权。

其次是考核上的行政化。主要体现在两个方面，即考核程序的行政化和考核标准的行政化。当前，各个法院、检察院在进行法官、检察官考核时，一般都采用与普通公务员年终考核相同的程序，即在同级人民政府人事部门的统一安排下，由各级法院、检察院的政治部具体组织实施，每年年底时发放国家机关工作人员考核评鉴表。其分三个程序，首先由法官、检察官个人进行填写，

---

① 谭世贵：《中国法官制度研究》，法律出版社 2009 年版，第 268~269 页。

然后由所在庭室的负责人填写，最后由法官考评委员会、检察官考评委员会按各部门人数比例分配优秀、称职、不称职等次进行集中评议。考核标准行政化则主要是指在法官、检察官考核时所采用的考核表与普通公务员年终考核表并无多大差异，不能体现法官、检察官职业的特殊性，无法全面客观地体现法官职业道德、职业技能等项目，也就不能真正实现对法官、检察官进行考核的最初目的。①

（二）司法人事管理的不科学化

司法工作人员是一类特殊的群体，对其的管理必须遵循客观规律，走向科学化。唯有如此，方可激发队伍活力，实现人尽其才、人尽其用。然而，目前我国法官、检察官的任职资格和人员分类管理，与科学化的要求还有一定差距。

首先是资格规定上的不科学。主要表现在以下三个方面：其一，法律专业学习资历要求过低。我国《法官法》和《检察官法》对法官和检察官的任职资格中学历的规定主要是“高等院校法律专业本科毕业或者高等院校非法律专业本科毕业具有法律专业知识”。从这条规定来看，其明显有失科学，尤其是允许高等院校非法律专业本科毕业具有法律专业知识的人，在一定条件下可以担任法官和检察官的规定，非常不利于法官、检察官队伍的精英化。因为，法官、检察官是职业化的专业人员，其必须具有深刻的法律知识和独特的法律思维。这些都只能通过系统的、专门的法律专业学习和训练才能获得，而那些非法律专业的学生显然不符合。其二，对担任高级以上法院法官的法律职业经验要求太低。以法官为例，我国《法官法》规定：“获得法律专业硕士学位、博士学位或者非法律专业硕士学位、博士学位具有法律专业知识，从事法律工作满1年，其中担任高级人民法院、最高人民法院法官，应当从事法律工作满2年。”法律职业经验通常必须通过法律工作年限体现出来，从域外来看，要想担任法官，尤其是高级法院的法官，也必须具有相当长年限的法律工作经验。其三，职业培训资历要求欠缺。在我国，无论是《法官法》，还是《检察官法》，都未对法官、检察官任职所需要的职业培训资历作出明确规定。2006年最高人民法院颁布《法官培训条例》，明确规定拟任法官的人员须接受预备法官培训，培训考试合格的，方可任用。但是，我国目前推行的这种制度，主要是针对那些已经经过遴选程序被录用的人员进行的一次岗前培训，是遴选后

① 谭世贵：《中国法官制度研究》，法律出版社2009年版，第252页。

的培训，而非遴选前的培训，其效果必定会大打折扣，难以实现其本质功能。①

其次是人员管理上的不科学。人民法院是我国的审判机关，人民检察院是我国的法律监督机关，法院人事管理应当以审判工作为中心，以确保法官群体能够正常履行审判职责，检察人事管理应当以法律监督工作为中心，以确保检察官群体能够正常履行法律监督职责。以法官为例，法官适应现代法治的要求，以专业化和职业化为背景，在法律素养、实践能力、人文精神和人格品质等方面具有高度的卓越性，对社会发展产生积极影响，并因此而获得社会的高度评价与尊重，具有法律保障下的优厚地位。② 法院的司法行政人员应当服务于审判这一工作重心，对其的管理理应同法官区分开来。目前所进行的员额制改革固然是充分考虑到了以上因素，试图对审判人员和司法行政人员采用不同的行政人事管理方式，对法官、法官助理、书记员、法警以及技术人员进行合理的划分，不再用同一套行政级别，这虽然在一定程度上凸显出法官这一群体的特殊性，即职业化和专业化，然而在实践中却又出现了新的问题，诸如案件与法官数量间的失衡、业务人员与行政人员间衔接模式的转变所导致的管理体系上的相互掣肘与碎片化现象，这些新问题都在一定程度上制约着审判功能的高效发挥，也与司法改革的初衷相背，亟待解决。

二、中国司法人事管理制度改革的建议

深化人事管理制度改革是党的十八大提出的一项重要任务。于司法机关而言，如何建立一套符合司法规律的选人、用人以及评价机制，是当前所面临的首要任务，对保障司法公正和司法权威具有很大意义。根据近年来我国司法机关的改革纲要和改革实践，我国人事管理制度改革应当主要集中在如下几个方面：

（一）完善法官、检察官的遴选机制

法官、检察官的职业化建设是一个长期的过程，其基础和关键是建立科学、严谨的遴选机制。遴选机制的意义在于摒弃法官、检察官职业准入的随意性和大众化，严格法官、检察官队伍的“入口”。③ 其含义有三：

① 谭世贵：《中国法官制度研究》，法律出版社 2009 年版，第 80 页。

② 谭兵、王志胜：《试论我国法官的精英化》，载《现代法学》2004 年第 2 期。

③ 沈志先：《法院管理》，法律出版社 2013 年版，第 285 页。

1. 明确规定法官、检察官任职资格中的学历为全日制大学法律专业本科

法官、检察官是一类特殊的职业群体。基于这种特殊性，大学法律专业通常设计了一整套教学计划和方案，有针对性地进行了教育和训练。这不仅使学生获得了较为丰富的法律知识，更为重要的是使其初步掌握了法官、检察官的职业技能，形成了至为关键的职业思维，而这些内容都是非法律专业学习和训练难以达到和获取的，其需要在特定的环境和氛围中潜移默化地修炼和养成。

2. 成立专门的法官、检察官遴选机构

从域外国家经验来看，成立专门的法官、检察官遴选委员会，能够有效防止法院、检察院遭受来自地方政府的干预，对确保司法公正具有重要意义。在我国，应当设立专门的法官、检察官遴选委员会。以法官为例，应分别设立“最高人民法院法官遴选委员会”和“省、自治区、直辖市法官遴选委员会”，分别负责最高人民法院和各省、自治区、直辖市所辖区域的法官遴选工作。至于遴选委员会的成员组成，应当具有广泛的代表性，既有经验丰富的法官代表，又有律师和法学学者等社会人士代表。遴选委员会主要是从专业角度提出法官人选，然后由组织人事、纪检监察部门在政治素养、廉洁自律等方面考察把关，最终再由人大依照法律规定的程序任免。①

3. 摒弃法官、检察官晋升的行政化模式，建立法官、检察官职务逐级晋升制度

法官、检察官职务晋升的行政化模式是我国现行法官、检察官职务晋升中的一大弊病。这样的晋升模式对专业性很强的法官、检察官来说，显然违背了司法制度的运行规律，是极不科学的。因此，建议今后法官、检察官不再套用行政级别，也不再按照《公务员法》进行管理，而是设立单独的司法管理序列，建立法官、检察官职务逐级晋升制度。以法官为例，法官的职务晋升应当是一种能够促进法官不断自我提高并成为优秀法官，同时也使优秀法官能够得到晋升的机制。为此，我国应建立从上级法院从下级法院中择优选拔法官的制度。换言之，在上一审级法院的法官职位出现空缺时，由符合条件者申请填补，逐级往上晋升，直至最高人民法院。这样也就有利于我国法官真正实现职业化。②

4. 拓宽法官、检察官的来源和渠道，建立和完善从社会优秀法律人才中

---

① 石少侠：《对健全司法官遴选制度的几点思考》，载《法制与社会发展》2014年第6期。

② 谭世贵：《中国法官制度研究》，法律出版社2009年版，第311~312页。

选任法官、检察官的制度

在坚持法官、检察官任职资格条件的前提下，应当积极扩大法官、检察官遴选的来源和渠道，特别是要逐步建立和完善从社会优秀法律人才中选任法官、检察官的制度。以法官为例，近年来，各地法院在这方面已经开展了一些探索和实践，并取得了一些进展，如山东、陕西等地开始尝试从法律院校的学者和优秀律师等高层次法律人才中选拔法官，在人民法院中出现了专家法官、学者法官和教授法官。但这种办法在实践中也遇到了很多困难，主要是法官的工作任务繁重，工作压力大，社会上其他法律工作者往往难以在短期内适应。这些都是我们今后需要完善的方面。

（二）建立司法工作人员分类管理制度

司法工作人员分类管理制度的建立，是深化我国司法人事管理体制改革的重要内容，是司法机关实行科学管理、合理配置资源、完善工作机制的迫切需要，对加强司法机关人事机制建设，推进审判、检察事业发展具有重要意义。概而言之，司法工作人员分类管理制度的内容主要有如下几个方面：

1. 划分人员类别，确定各类人员员额比例

司法工作人员是指各级人民法院和人民检察院纳入中央财政专项编制，履行审判、审判辅助以及司法行政职能，由国家财政负担工资福利的工作人员。一般而言，不同的工作人员会扮演不同角色，发挥不同的作用。实行分类管理的目的就是为了根据司法机关工作的需要以及不同岗位的职业特点，进行针对性的管理和业务建设。① 如此，才能实现“人尽其才、人尽其用”。以法院为例，根据不同的职业特点，可以将法院工作人员划分为法官、审判辅助人员和司法行政人员三大类。其中，审判辅助人员包括执行员、法官助理、司法警察、司法技术人员，等等。各类人员依照法律法规和其他相关规定履行自身相应的职责。另外，在划分人员类别后，还要按照与工作任务相适应的原则，在政法专项编制限额内，综合考虑法官、审判辅助人员、司法行政人员的岗位职责、工作任务量等因素，确定各人员类别的员额比例。

2. 实施分类管理，建立各类人员交流机制

以法院为例，法官、审判辅助人员以及司法行政人员具有不同的职业特点，应当进行分类管理，这样方可使他们各自的专业技能得到最大程度的发

① 王立：《法院人员分类管理制度的路径与期许》，载《中国党政干部论坛》2015年第1期。

挥。具体而言，法官的任免、考核、等级以及奖惩和工资福利等，要按照《法官法》及有关规定来管理；审判辅助人员中，司法警察可以按照《警察法》和《人民法院司法警察暂行条例》进行管理，而其他辅助人员，即执行员、法官助理、书记员以及司法技术人员则可根据其职位特点和管理的需要，由最高人民法院抓紧出台相关规范进行管理；司法行政人员则完全可以按照《公务员法》进行管理。当然，我们对上述三类人员进行分类管理，并不意味着他们之间的交流和沟通完全被阻塞和禁止。相反，根据工作的需要，可以建立法官、审判辅助人员以及司法行政院的相互交流机制，但这种交流必须是有限度、有条件的。易言之，就是交流应当具备拟任职位所要求的资格条件，在员额比例和职位数额限制内按照相关规定的程序和方式进行。①

① 参见沈志先：《法院管理》，法律出版社 2013 年版，第 288 页。

第六章　司法财务管理

经费保障是人民法院履行法定审判职责和实现自身科学发展的重要物质基础，也是维护法律权威和法制统一的必然要求。司法财务管理制度作为保障司法机关各项工作正常开展的重要手段，应当适应社会和形势发展的需要。梳理和借鉴域外司法财务管理制度，对于完善我国现有制度的不足、克服经费严重不足、司法权力地方化倾向等具有重要的实践意义。

第一节　中国司法财务管理体制

一、中国司法财务管理体制的起源与流变

（一）法院财务管理体制的起源与流变

从我国法院财务管理的历史及关于法院经费管理的各项规定来看，法院财务管理体制的流变与诉讼费用管理体制的变迁是紧密联系的。一直以来，中国关于法院财务管理的相关规定，主要集中在对法院诉讼费用的管理上。

从1949年到1984年，我国处于诉讼无偿时期。① 1984年，最高人民法院依据《民事诉讼法（试行）》颁布了第一个《民事诉讼收费办法（试行）》，1985年9月20日，最高人民法院、财政部印发《关于法院业务费开支范围的规定的通知》，用以规范法院内部的财务管理。1989年，最高人民法院颁布了《人民法院诉讼收费办法》代替了《民事诉讼收费办法（试行）》。为了配合《人民法院诉讼收费办法》的实施，最高人民法院联合财政部颁布了《关于加强诉讼费用管理的暂行规定》。《关于加强诉讼费用管理的暂行规定》第1条规定："考虑到目前财政困难，拨给法院的业务经费还不能完全满足审判工作

① 参见王亚新：《社会变革中的民事诉讼》，中国法制出版社2001年版，第181页；参见柴发邦：《民事诉讼法学新编》，法律出版社1992年版，第280~281页。

的需要，法院依法收取的诉讼费用暂不上交财政，以弥补法院业务经费的不足。”该暂行规定规定了各级人民法院收取的诉讼费用暂不上交财政，可按比例上交高级人民法院，由高级人民法院统筹后用于购置业务设备和困难地区的经费补助。

1996年1月16日，财政部、最高人民法院联合发布《人民法院诉讼费用暂行管理办法》，自1996年1月1日起实行。《人民法院诉讼费用暂行管理办法》（以下简称《暂行管理办法》）标志着我国法院经费保障体制进入新的阶段，其第9条规定：“诉讼费用实行‘收支两条线管理’，收取的诉讼费用扣除该案必要的办案费用支出后，应按期将结余及时上交同级财政专户，由财政部门按核定的数额拨付，并与预算内资金结合使用。具体办法由各高级人民法院与同级财政部门商定。”第10条规定：“诉讼费用要纳入各级人民法院的单位预算，统一核算和使用管理。”

1999年7月22日，财政部、最高人民法院联合发布《人民法院诉讼费用暂行管理办法》，自1999年10月1日起施行。原《人民法院诉讼费用暂行管理办法》和《关于最高人民法院集中部分诉讼费用的实施办法》同时废止，标志着我国法院经费管理体制又进入一个新的阶段。该办法在诉讼费用的收取、诉讼费用的管理和使用、诉讼费用的监督和检查等方面都作出了明确的规定。①

2001年11月28日，财政部、最高人民法院发布《人民法院财务管理暂行办法》，自2002年1月1日起施行。该办法对人民法院的预算管理、收入管理、支出管理、资产管理等作出了规定。

2006年12月9日，国务院第159次常务会议通过的《诉讼费用交纳办法》公布，自2007年4月1日起施行。该法同时取消了法院对诉讼费的管理权，改由价格主管部门、财政部门按照收费管理的职责分工，对诉讼费用进行管理和监督。案件受理费、申请费全额上缴财政，纳入预算，实行“收支两条线”管理。

（二）检察院财务管理体制的起源与流变

检察院的财务管理体制与检察系统的领导体制密切相关，检察系统的财务管理体制随着检察系统领导体制的变化而变化。伴随着检察体制的变革，检察系统的财务体制在各个时期也不尽相同。

---

① 参见韩波：《论我国诉讼费用管理制度的变迁与改革》，载《司法改革论评》2002年第2期。

第一个时期：1949—1951 年，这一时期检察系统实行的是严格的垂直领导体制，各级检察机关的经费统一由中央财政通过最高人民检察署统一拨付，完全与地方脱钩。

第二个时期：1951—1954 年，这一时期检察系统实行的是双重领导体制，检察机关作为政府组成部分，其经费由地方政府预算拨款予以保障。

第三个时期：1954—1957 年，这一时期检察系统实行的是垂直领导体制，相应地，检察经费由中央财政通过最高人民检察院、省级人民检察院和地市级人民检察院层层划拨。

第四个时期：1957—1978 年，由于右倾扩大化和“文化大革命”的影响，检察机关大多交由地方革委会领导，办案工作基本陷入瘫痪状态，所需经费由地方政府予以保障。

第五个时期：1978—2006 年，地方各级检察机关的经费列入同级政府财政预算。

二、中国司法财务管理体制的现状

（一）中国司法财务管理体制概况

1. 中国司法机关经费保障体制

作为司法系统的财政基础，我国司法机关的经费保障来源有三大块：（1）各级财政拨款，地方政府及其财政部门负责批拨本地方法院、检察院的人员工资、津贴、办案经费、基础设施建设经费；（2）各司法机关上缴费用的返款，法院的诉讼费、罚没款和检察院的罚没款上缴同级财政，再由财政统筹后根据法院、检察院的开支情况按照一定的比例进行返还；（3）中央政法补助专款和省级政法补助专款。

某些财政特别困难的市、县，中央财政安排了专项补助资金解决这些地方法院、检察院经费不足的问题；省级财政部门按照中央补助法院、检察院办案专款的一定比例安排了省级专项资金，共同帮助解决本省法院、检察院办案经费不足的问题。以法院为例，“自 2007 年起，中央财政每年都将数十亿元的专项转移支付资金直接拨付到省级财政，然后再不同程度地分配给各个下级法院作为办案办公经费使用”。① 但办案专款只能用于法院、检察院办案经费支出，

① 王亚新：《司法成本与司法效率——中国法院的财政保障与法官激励》，载《法学家》2010 年第 4 期。

不能用于弥补日常开支和基本建设支出。可见，我国法院、检察院的财政权主要掌握在地方政府的财政部门手中，从人员工资到办公经费的支出、基础设施的建设都主要取决于同级政府财政预算，受制于同级政府财政部门。

2. 中国司法机关财务监管体制

目前对司法机关的财务主要是通过同级政府审计部门进行审计的方式进行监管。同级政府审计部门对司法机关的财务审计主要表现在以下几个方面：(1) 对财政预算拨入经费进行审计，对司法机关的预决算、经费使用范围、开支标准等进行审计，审计司法机关有无虚假编制预决算、扩大开支范围、提高开支标准等问题；(2) 对罚没款、收缴的赃款赃物进行审计，审计赃物的拍卖是否合法，罚没款、赃物是否足额、及时上缴等；(3) 对固定资产、基础设施建设进行审计，审计其申报、批准、资金添置、预决算等是否合法合规；(4) 对各项收费进行审计，审计诉讼费、执行费等的收取是否合法合规。

除了由专门的财务监督机关进行监管以外，对于发现的问题，还可以通过向纪委监察部门举报、由新闻媒体报道、曝光等方式对司法机关的财务进行监督。

(二) 中国司法财务管理体制存在的问题

1. 司法经费得不到有效保障

(1) 对司法机关的经费投入不足。按照我国现行财政体制，省级以下法院、检察院经费被要求由地方财政承担，地方财政收入占全国财政收入的比例不足50%（这一比例还逐年下降），而地方财政承担的司法经费占全国司法经费的比例却接近95%，且地方财政对当地司法机关的投入也远远不够。“2009年全国法院基建工程欠债高达96.88亿元，欠债法院有1839个，占法院总数的55%”。① 中央财政承担的司法经费中，绝大多数都被用于中央司法机关，通过转移支付用于补贴地方司法机关的比例非常低。“仅占中央财政承担司法经费的8.5%；如果由全国3100多个基层人民法院（不考虑高级人民法院和中级人民法院）平分，每个法院只能分到27.19万元；如果由全国30多万法院工作人员平分，每人仅能分到2800多元，仅够大约1个月的工资。”②

(2) 司法经费的划拨标准欠缺法律依据。司法经费包括人员经费、行政

① 参见唐虎梅：《全国法院经费保障体制改革情况调研报告》，载《人民司法》2011年第17期。

② 参见陈永生：《司法经费与司法公正》，载《中外法学》2009年第3期。

经费、办案经费、装备经费以及基础设施经费等不同项目。对司法经费不同项目的拨付标准，我国相关法律、法规几乎未作规定。1998 年 12 月 18 日，中共中央办公厅、国务院办公厅转发的《财政部关于政法机关不再从事经商活动和实行“收支两条线”管理后财政经费保障的若干意见》，虽规定政法机关行政经费应按照高于当地一般行政机关一倍以上的标准予以安排，但对其他费用的拨付标准，则几乎未作规定。并且就行政经费而言，该意见规定的也只是一个原则性标准，因为行政机关的行政经费各地通常并无统一的标准，因而该意见的规定实际上很难操作。

2. 司法经费地方差异较大

我国各地经济发展很不平衡，地方财政收入差距很大，特别是不发达地区的基层法院更是面临着诸多难以克服的困难。在一些贫困地区和经济不发达地区，地方财政本身就比较困难，划拨给“两院”的经费当然较少，而在经济发达地区，地方财政相对充足，划拨给“两院”的经费相对充裕。况且，不仅不同省、市、自治区司法经费保障极不平衡，同一省、市、自治区内，不同县、市由于经济发展状况存在很大差距，司法经费保障也很不平衡。①

3. “以收定支”现象仍然存在

由于现行政法经费保障体制存在先天性缺陷，使得中央三令五申的“收支两条线”规定缺乏保障机制，收支挂钩、以收定支现象在一些地方仍然存在。法院的诉讼费、罚没款和检察院的罚没款上缴同级财政作为自身的补助经费的现象仍存在。有的地方财政“以收定支、收支挂钩”，将经费预算与司法机关的罚没款挂钩，没有科学合理地按照预算内外资金结合使用原则统筹核定，有少数地方司法机关的罚没款甚至成为了办案经费的重要来源。

三、中国现行司法财务管理体制的弊端

充足的司法经费是实现司法公正的前提，对司法队伍的保障极其重要，但在实践中我们却时刻面临着迫切需要解决的问题。

（一）现行司法财务管理体制阻碍了司法机关的持续发展

由于“两院”的经费完全来源于地方财政，地方财政的好坏直接关系着

① 参见陈文兴：《我国司法经费保障体制的弊端与完善》，载《人民检察》2007 年第 13 期。

“两院”的经费能否得到保障。经济不发达地区“两院”的经费不足，人员经费都得不到保障，更谈不上通信设施、计算机网络建设、交通工具等基础设施建设，直接影响了办案质量和未来发展。同为地方司法机关，在职的“两院”人员中，不同的财政保障决定了不同的经费划拨情况，由于物质待遇捉襟见肘，一些干警生活质量处于低水平状态，经济负担沉重，心理压力加剧，没有财力和精力继续学习，业务水平不能得到提高；部分干警工作热情低落，使得经济不发达地区的法院、检察院办案人员严重不足。而在每年法检人员招考中，有些经济落后地区的部分职位甚至达不到开考比例。目前，地方司法机关的分级经费保障体制造成了各地经费保障极不平衡，不利于吸引人才以及司法机关的持续发展。①

（二）现行司法财务管理体制影响地方司法机关工作的正常开展

地方财政手握当地司法机关的财政大权，对经费的划拨有很大的随意性，再加上繁琐的审批程序，有时会出现经费划拨不到位，保障不及时、经费短缺等情况，给司法机关的工作带来不便。一些财政困难的地区，连基本工资都难以保证，办案经费更无从谈起。在某些特殊和紧急情况下，对于地方司法机关的部分办案经费，地方财政基本不予安排预算，即使预算，也只安排少量资金，与实际工作需求相差甚远，法院、检察院外出办案，有的甚至让办案人自已先垫支。大要案、交办案件费用、突出性专项工作等经费没有建立保障机制，在一定程度上影响了这些地方司法机关的办案能力和办案质量。

（三）现行司法财务管理体制不利于法制统一

地方法院、检察院的经费由地方财政支出，不利于保障法律在全国范围内统一实施。财政困难地区的“两院”甚至连起码的办案经费都难以得到保障，经费投入的不足使得检察院对法律监督的实施造成很大的负面影响，法院在司法过程中有时不得不屈服于地方而维护地方利益，成为地方的“保护伞”，损害了法律的严肃性，不利于社会主义法制的统一。②

---

① 邵毅超：《域外司法财务管理体制对我国的启示》，载《天水行政学院学报》2015年第10期。

② 陈永生：《司法经费与司法公正》，载《中外法学》2009年第5期。

第二节　域外司法财务管理体制

一、域外司法财务管理体制简介

（一）美国的司法财务管理体制

美国《1948年司法法》规定，联邦法院的经费事务由联邦司法委员会主管，联邦法院行政事务管理局是联邦司法委员会的下设机构，负责联邦法院部分的司法行政工作，其中就包括管理联邦法院的经费预算。《反经费短缺法案》也规定，联邦法院的拨款和经费由联邦法院行政管理局局长负责调配。“虽美国各州法院的司法行政没有联邦法院系统的司法行政管理组织和机构，但也接近于联邦法院的司法行政运行模式。”①

美国检察机关的经费保障体制与法院系统的不太一样。美国检察机关分联邦检察系统和地方检察系统，其中联邦检察系统的经费由联邦政府统一负担，地方检察系统经费由所属的州、县或市镇地方政府承担。此外，联邦政府也会根据实际情况对州以及地方司法部门的执法活动进行一定补助。

（二）欧洲的司法财务管理体制

1. 英国的司法财务管理体制

英国虽然国家结构属联邦制，行政管理体制分中央、郡、区（镇）三级，（刑事）法院分四级（治安法院、刑事法院、高等法院、上诉法院），但全国法院经费均由中央政府负责。英国没有传统意义上的司法部，法院经费由2003年中央政府成立的宪法事务部统一负责，宪法事务部充当司法部的作用。宪法事务部的下设机构——皇家法院司全面负责法院预算。皇家法院司在英格兰和威尔士7个地区设有分支机构：西北区、东北区、中部、威尔士和柴郡、东南区、西南区和伦敦区。皇家法院司作出预算后提交议会批准，再由财政部拨付给皇家法院司，皇家法院司再经其设在各个司法行政区的专门管理机构拨付。值得一提的是，英国民事法院的经费是案件当事人交纳的案件诉讼费，中央财政对于民事法院的经费一般不下拨经费。英国检察机关实行上下级垂直领

---

① 周玉：《域外法院经费体制的现状与启示》，http：//court.gmw.cn/html/article/201305/15/128356.shtml，2016年4月13日访问。

导，在中央设总检察长和皇家检察院，在英格兰和威尔士下设42个郡检察院，自成体系，统一行使公诉权，不对地方政府负责。在这种体系下，英国检察系统实行财政独立，检察机关的经费调配，全部由上级负责。英国的司法经费在财政支出中占较高比例，以2004年为例，“法院、检察院、警察、监狱经费占中央政府全部支出的8.3%，相对于2003年增长了6%”。①

2. 德国的司法财务管理体制

在德国，联邦法院、联邦检察院的经费由联邦司法部管理。以联邦法院为例，每年年初，先由联邦各法院提出经费预算报送司法部，司法部审查后与财政部会商，再报请联邦议会批准。联邦议会批准后，联邦财政部就可将预算经费直接划拨给联邦司法部，由司法部交由法院司法行政人员（由联邦司法部管理）具体负责联邦法院的财务管理和资产购置及设备管理等工作。州法院、州检察院的经费全部由州司法部管理，不受州以下地方政府管理。同样以州法院为例，也是在每年年初，先由州高等法院提出州三级法院的预算方案，报州司法部，经州议会审核通过后交州政府严格执行。德国在司法经费上的投入主要集中在州一级，“州法院的支出约占州预算的3.5%。经济相对富裕的巴伐利亚州，法院、检察院、警察、监狱的司法支出占州公共支出的19.3%，相对贫穷的柏林州占11.6%”。② 此外，联邦最高法院和各专门法院自行提出预算送司法部，经联邦议会审核通过后交联邦政府执行，法院诉讼费等收入全部上交财政，实行严格的收支两条线。

3. 法国的司法财务管理体制

在法国，两院系统所需经费由中央财政统一保障，司法部统一管理。以法院系统为例，各基层法院向上诉法院提出每年所需经费预算，上诉法院汇总后报司法部，司法部批准后，由上诉法院执行预算。最高法院和上诉法院也是先向司法部提出经费预算，司法部审查后与财政部会商再报议会批准。议会通过后，国家财政部将预算经费直接划拨给司法部，再由司法部严格按照议会批准的预算方案将经费划拨给最高法院和上诉法院。在经费的使用管理上，“最高法院的日常财务工作由司法部管理的司法行政人员具体负责，上诉法院及其司法管辖区的各基层法院的经费由司法部长授权上诉法院院长和总检察长共同管

① 贾新怡、唐虎梅：《借鉴有益经验构建符合我国国情的司法经费保障机制》，载《财政研究》2006年第4期。

② 参见刘晶晶：《我国检察机关经费保障体制改革研究》，湖南师范大学2011年硕士学位论文，第23页。

理（此即法国上诉法院司法行政管理工作的“双首长制”）”。①

（三）日本的司法财务管理体制

日本国会领导下成立了最高法院事务总局，负责专门的司法行政事务，其中包括对法院经费的管理。日本《裁判所法》第83条明确规定：“裁判所的经费是独立的，应计入国家预算内。”《财政法》规定：法院财政实行独立预算制度，每年由最高法院院长提出概算报告书，送交内阁汇总编入国家预算。因此，法院经费由最高法院事务部总局负责预算，它们的预算直接呈交国会，经国会批准后实施，不受其他主体的干预。同样，日本各级检察厅在体制上虽然属政府序列，但检察经费由中央预算安排。可见，日本的司法财务由中央统一管理。

二、域外司法财务管理体制的特点

（一）司法经费基本不受地方政府控制

纵观世界各国的司法财务现状，绝大多数国家司法机关实行财政独立，经费独立预算，完全摆脱了地方政府的控制和影响。通常的做法是由最高司法机关独立编制全国各级司法机关经费的总预算，由行政机关汇总，交由立法机关审议批准，最后再由最高司法机关根据预算在全国司法系统内部统一分配使用。② 美国由联邦司法委员会预算法院经费；日本由最高法院事务部总局预算法院经费，检察经费也由中央统一预算；德国和法国由司法部提出法院、检察院经费的预算；英国则由中央政府成立的宪法事务部预算法院经费，检察机关的经费则由上级机关负责。可见，在这些国家，司法机关的经费预决算、核发和拨款等都是司法机关的管理事务，与其他政府部门的预算相分离。

（二）司法经费有相关立法保障

司法经费纳入国家预算，有宪法和相关法律的保障，任何单位和部门都不得干扰和限制已是常态。如：美国《反经费短缺法案》规定，联邦法院的拨

---

① 参见梁三利：《法院管理模式研究》，南京理工大学2008年博士学位论文，第51页。

② 参见刘作翔：《法理学视野中的司法问题》，上海人民出版社2003年版，第264页。

款和经费由联邦法院行政管理局局长负责调配。日本《财政法》则规定了法院财政实行独立预算制度，纳入国家总预算。德国《司法行政法典》规定了法院经费管理事务主要是由联邦司法部和州司法部负责。法国《司法行政法典》规定，法国的司法活动经费由司法部统一管理。这些国家司法经费来源于国家预算、来源于中央的司法财务管理体系中，又有相应的法律保障，使得他们的司法经费能够得到有效保障。

（三）各国财政对司法机关的经费投入较为充足

充足的司法经费是公正司法的物质支撑。为保证司法公正，西方各国财政对司法机关的经费投入较为充足。如前文所述，美国对联邦检察官的经费投入在联邦政府财政预算中占较高比例，各州财政预算也非常重视对司法经费的投入，如：加利福尼亚州法院系统 2004 年预算达 26 亿美元，人均年支出达 13 万美元，远远高于其他机关。英国 2004 年法院、检察院、警察、监狱经费占中央政府全部支出的 8.3%。德国州法院的支出约占州预算的 3.5%，经济相对富裕州对司法机关的经费投入占州公共支出的比重更高。“巴西法院经费更高，法院预算占全国预算总额的 3.7%。”① 秘鲁宪法第 238 条规定：“司法权力机构的预算不少于中央政府日常开支预算的 2%。”② 哥斯达黎加宪法第 177 条规定：“司法机构的预算额不得少于经济年度日常收入预算的 6%”。③

第三节　中国司法财务管理体制的改革与完善

鉴于我国现存司法财务管理体制的一些问题，应当适时进行改革，逐步完善现有不足。

一、改革与完善我国司法财务管理体制的必要性

（一）改革司法财务管理体制是实现司法公正的必要前提

“自然公正的第一个原则是：任何人都不得在与自己有关的案件中担任法

① 贾新怡、唐虎梅：《借鉴有益经验构建符合我国国情的司法经费保障机制》，载《财政研究》2006 年第 4 期。

② 姜士林等：《世界宪法全书》，青岛出版社 1997 年版，第 1432 页。

③ 姜士林等：《世界宪法全书》，青岛出版社 1997 年版，第 1514 页。

官。如果负有司法职责的人与审判程序的结果有着利害关系，那么他必定会被认为有偏袒一方的嫌疑。”① 司法公正的实现需要司法机关能保持应有的中立，这就要求司法权不受行政权的控制，司法机关与案件当事人没有利害关系，法院与对立的两方是一个“等腰三角形”的关系，法官能不偏不倚地公正裁判。

在当前体制下，地方司法机关的财政完全受制于地方行政，尤其是在行政机关成为案件当事人的情况下，法院常常会考虑到自身利益而很难保持中立。因此，使司法机关摆脱地方行政机关对其财务的控制是保证司法机关严格依照法律办案，不受行政机关影响和制约的重要因素。在司法财务管理体制改革中，需要建立一种新的经费预算掌控机制，使司法机关不再受制于地方政府，有超脱的法律地位。因此，改革当前司法财务管理体制，使司法机关摆脱地方行政的经济控制，真正做到在行政机关作为当事人的案件中与案件当事人没有利害关系，法官完全凭自己的理性和良心裁判案件。

（二）改革司法财务管理体制是提高司法效益的有效途径

司法活动中，人力、财力、物力和时间都计算在司法成本之内，以尽量少的时间消耗和物质投入，实现更大意义上的公正已成为现代司法效益的理想表征。司法机关财政不再受制于地方政府，省去了繁琐的审批、划拨程序，避免了行政机关为了自身利益而出现的人为干扰，司法机关的办案经费能够得到及时的保障，司法资源得到优化配置，节约了司法成本，有利于提高司法效益，最终保障司法公正。

二、改革与完善中国司法财务管理体制的建议

改革司法财务管理体制，加强司法经费保障，是推动司法机关全面协调可持续发展的重要保障，是深化司法改革的必经之路。为了推进中国特色社会主义司法制度的自我完善和发展，建设公正高效权威的社会主义司法制度，我国需要建立更加科学的司法经费保障体制，重塑更加合理的司法财务管理制度。②

---

① ［英］彼得·斯坦、约翰·香德：《西方社会的法律价值》，王献平译，中国法制出版社 2004 年版，第 112 页。

② 邵毅超：《域外司法财务管理体制对我国的启示》，载《天水行政学院学报》2015 年第 10 期。

（一）司法财务管理体制改革的路径选择

1. 司法财务制度改革路径选择的两种思路

随着司法改革如火如荼地进行，理论界和实务界都已经认识到司法财务管理体制改革的迫切性，并对改革提出了一系列建议。在财务管理改革方面，应实行垂直管理当无异议，分歧主要在于是由中央统一管理司法财政，还是由中央和省两级管理。

中央统一管理司法财务事宜的思路为：在司法财务管理体制上，实行“两院”经费单列。“两院”的经费应列入国家财政预算，经全国人大批准后由国务院统一划拨给最高人民法院和最高人民检察院，最高人民法院和最高人民检察院分配核拨到各高级人民法院和省检察院，再由各高级法院和省检察院直接分配到地方各级法院、检察院。

中央和省两级管理的思路为：中央司法机关经费由中央财政负担，由最高人民法院、最高人民检察院商国家财政部分别编制预算，报全国人大通过后执行。地方各级司法机关的经费统一由省级财政负担，县、市级财政将现在实际负担的本级司法机关的经费上缴省级财政。高级法院和省检察院商省财政部门，分别编制全省、市、自治区法院系统和检察院系统的预算，报省、市、自治区人大通过后执行。

2. 对两种改革思路的分析

（1）第一种思路，其初衷是好的，这种管理体制避免了司法经费由地方财政管理，减少了地方对司法权行使的影响和制约，司法机关的经费有了中央财政的保障，有利于保证法治的统一。但在当前情况下，其合理性和可行性都是值得商榷的。尽管有的学者对法院经费由中央财政统筹的可行性进行了定量分析，① 但仅以法院为例，目前我国法官和法院干警的人数已超过三十万，法院的数量也以千计，对于这样一个人数众多、机构庞大的体系，中央财政能否全面承担其经费支出，无从结论。从物的调拨、配备管理的角度上看，任何法院都是设在一定行政区域内的法院，各地法院在基本建设项目的申请、报批、核准以及物资调配上脱离了地方政府从行政角度的规划、领导以及财政支持，完全交由没有建设项目审批权以及物资调拨、支配权的最高人民法院来统管，是否可以在现有的基础上改善各地法院的硬件设施和物资配备，是令人怀疑

① 参见陈永生：《司法经费与司法公正》，载《中外法学》2009 年第 3 期。

的。① 此举会大幅增加中央财政的负担。

（2）我们认为，第二种思路，更加切合实际。一国司法经费保障体制，要以本国的财政体制为基础，要符合本国司法体制的要求和司法工作的客观规律。地方各级司法机关的经费统一由省级财政负担，既不至于加重中央财政的负担，又可使各级司法机关的办案经费、基础设施、物资装备、人员工资福利等方面有充分的物质保障，而且不受同级行政机关的制约；特别是对于经济不发达地区而言，不会因地方财政的拮据而影响其各项拨款；同时，又使得地方司法机关财务去行政化，有利于公正司法。

（二）司法财务管理体制改革路径的具体实施

1. 司法经费立法保障之完善

司法的经费保障关系到司法公正的实现、公民权益的维护，因此，相关立法应尽快完善。对此可适当借鉴西方国家的一些经验与教训，使得司法财务管理的改革与完善有法可依。

2. 基本经费的预算、划拨

司法财务管理实行省级统管之后，在经费预算和审查标准上，需要兼顾一般性与特殊性相区别的合理分配方式。对于办公场所和基础设施所需的经费，可以根据需求程度综合考虑。在干警工资经费的拨付上，应按照具体的工资表金额拨付；对于相应的补贴、奖金等经费，需兼顾地区与职级间的不同，差异拨付；通过科学合理的经费预算与划拨机制，确保依法行使司法权，缩小不同地区之间收入的巨大差异，克服为收钱办案的弊端。

3. 收缴分离与收支脱钩

地方各级人民法院的诉讼费和罚没款、检察院的罚没款必须全额上缴省财政，由省财政统筹。应由省财政直接划拨经费给各高级人民法院和省检察院，各高级人民法院和省检察院根据不同地区人口、案件数量，经济发展状况科学设置资金下拨标准，下拨给本省的各法院、检察院。坚持收缴分离、收支脱钩，杜绝利益因素影响办案，维护司法正义。

4. 发挥中央专项补助的平衡作用

作为统筹大局的中央财政，需要适当地调控地方财政所不能满足的司法经费需求。全国各省的经济发展是很不平衡的，在经济欠发达省份，其财政对于司法经费欠缺充分的保障，仍需中央加大对司法部门的专项补助力度，尤其是

① 梁三利：《法院管理模式研究》，南京理工大学 2008 年博士学位论文。

对贫困地区基层司法机关的专项经费补助。同时，加大中央财政对地方司法机关的专项补助，切实解决基层司法部门的突出问题，也可对各省级司法机关在本省各级司法机关的经费安排上起到一定的政策导向作用。

5. 健全财务监管机制

监管机制在任何情况下都是必不可少的，司法机关经费的预算、审批、下拨、使用等都需要一整套健全的监管机制发挥作用。新的财政制度催生新的监管机制，省级财政统管下司法机关财务的监管也应相应完善，可实行上级监督下级的模式。充分发挥纪检监察与审计的作用，避免出现监管失职，预防腐败的发生。

6. 建立专门的司法财务管理人员队伍

新的司法财务制度实行后，为了应对财务管理工作大量集中到省级司法机关，首先，要加强财务管理工作信息化建设，从技术手段上应对大量数据的冲击；其次，提高现有计财人员应用信息化软硬件的能力，以适应新的工作需要；最后，相应地增配专门的计财装备和具有专业知识的行政管理人员，以弥补原有人员技术上的不足。①

① 参见邵毅超：《域外司法财务管理体制对我国的启示》，载《天水行政学院学报》2015年第5期。

第七章　法律职业考试

从整个法律职业体系来看，法律职业考试具有选拔和构建法律共同体的重要功能。一般意义上而言，司法考试制度涉及法律职业制度和法学教育制度两个方面的内容，虽然由于历史传统、文化背景和经济条件的不同，各国的法律职业考试制度存在一些差异，但共同点都在于把通过考试作为取得法官、检察官或律师的条件之一。

第一节　司法考试制度概说

一、国外司法考试概述

（一）大陆法系国家

1. 法国的司法考试制度

在法国，律师和法官的遴选各自拥有不同的考核模式，而非统一的司法职业考试。

申请律师资格者必须具有法学硕士学位，首先需要参加并通过律师资格入学考试，之后需要在律师职业培训中心集训1年并通过考试获得律师资格考试合格证书，然后进入到实习阶段。当结束为期2年的实习以后，申请人才能最终获得律师执业证。

申请法官考试者须具备大学教育背景，法国的法官也是通过考试选拔的，不过与律师资格考试有所不同。考试合格者进入国家法官学院接受两个阶段共31个月的专门培训。第一阶段学习结束后，学员会根据阶段考试成绩分配到不同的法院和岗位实习，实习结束以后，这些人基本上就在所在的法院和岗位上正式开始工作了。①

---

① 周道鸾：《外国法院组织与法官制度》，人民法院出版社2000年版，第107页。

2. 德国的司法考试制度

德国的法学教育目标很明确，就是通过两次国家考试，用培养法官的标准来培养各类法律职业者。德国《法官法》第 5 条规定，只有在大学完成法学专业学习并通过第一次国家考试，然后完成见习服务并通过第二次国家考试，才能取得法官资格。如果要成为一名检察官、律师或公证人员，首先必须取得法官资格。《法官法》第 122 条第 1 款规定，只有依照该法第 5 条至第 7 条的规定取得了法官资格，才能被任命为检察官。《联邦律师法》第 4 条和《联邦公证员法》第 5 条也规定，要取得律师和公证员资格，必须首先取得法官资格。这些规定确定了德国法学教育的基本模式，即德国的法学教育被划分为大学学习和见习服务两个阶段，而两个阶段结束的标志分别是通过第一次和第二次国家司法考试。①

（二）英美法系国家的律师资格考试

1. 美国的律师资格考试制度

美国高等学校的法律教育属于职业教育，特别是 J. D. （法学博士）的课程内容就是为报考律师设计的，但是法学院不负责学生报考律师的具体事宜。美国没有全国性的律师资格考试，律师资格的授予和管理是各个州的事情，由各个州的律师资格考试委员会负责。每年报考律师资格的人很多，通过率也很高（约 4 万人），这其中有不少人通过了几个州的律师资格考试。每个州的律师协会还要对本州考试合格者的精神状况和道德品质进行审查，审查通过之后，由州最高法院颁发在本州通行的律师执业证书。②

在美国，担任各级法院法官必须具备三个条件：一是美国公民；二是在美国大学法学院毕业，并获得法学博士专业学位（J. D）；三是通过严格的律师资格考试，并从事律师执业若干年。③

在美国，各州几乎普遍要求检察官必须具备法学博士或硕士等较高的学历和丰富的司法实践经验，这些人一般都是资深律师或精通法律的人士。在美

① 参见周菁：《两大法系司法考试制度之比较与借鉴》，载《广东行政学院学报》2002 年第 6 期。

② 参见胡家祥：《为司法考试正名——兼析两大法系国家法官、检察官、律师的遴选制度》，载《上海交通大学学报（哲学社会科学版）》2007 年第 1 期。

③ 参见丁相顺：《司法考试制度模式比较与中国司法考试的制度创新》，载《法律适用》2002 年第 4 期。

国，除了少部分法官和检察官是从法学教授中任命之外，绝大多数都是从资深律师中产生的。

2. 英国的律师资格考试制度

英国的法律职业考试同美国一样，实际上是律师资格考试，法官和检察官一般都是从律师中产生的。英国的律师分为出庭律师（barrister）和事务律师（solicitor）。出庭律师的考试与培训主要由四大律师学院承担。到律师学院来参加培训的人，首先需要获得英国高校法学学士学位，即“L. L. B”，学员们在完成了培训课程和参加过规定数量的模拟法庭辩论后，再到律师事务所实习一年以上，然后通过律师资格考试才能获得出庭律师资格。事务律师的培训和考试工作主要由事务律师协会负责，培训的课程为法律实践课程，申请事务律师资格并不要求必须具有法律专业的文凭。①

普通法系国家的一个重要特点就是法官造法，这意味着法官的素质要比律师高得多。英国的法官几乎都是从出庭律师中选任的，一般来说，有 10 年以上执业经验的律师才有可能担任高等法院的法官；高等法院的法官或有 15 年以上执业经验的律师才有可能担任上诉法院的法官；在其他法院有 2 年以上工作经验或 15 年以上执业经验的律师才有可能任命为大法官。②

（三）韩国和日本的司法考试制度

1. 韩国的司法考试制度

在韩国，通过司法考试是每一个想要成为检察官、法官和律师的公民必须具备的条件。2007 年 7 月，韩国国会通过了《法学专门大学院法》，该法案规定引进“法律研究生院制度”，将司法考试提升至“研究生教育”阶段，今后任何人不论本科学历为何，都必须在完成法学研究生教育后，才能报考司法考试。韩国司法考试分为三个阶段进行，采取“分次淘汰制”，即只有通过前一次考试合格者，才有资格参加下一次考试。在韩国，公民通过了司法考试后，必须到司法研修院进行为期 2 年的司法业务培训。只有完成进修课程并通过司法研修院组织的毕业考试后，才能成为真正的司法官。司法研修院毕业考试合格者最终选择司法职业的依据和标准主要有三：一看本人的志向和愿望；二看

① 参见胡家祥：《为司法考试正名——兼析两大法系国家法官、检察官、律师的遴选制度》，载《上海交通大学学报（哲学社会科学版）》2007 年第 1 期。

② 参见丁相顺：《司法考试制度模式比较与中国司法考试的制度创新》，载《法律适用》2002 年第 4 期。

司法研修毕业考试成绩的优劣；三看当初司法考试的最终合格成绩的高低。①

2. 日本的司法考试制度

日本称法官、检察官、律师为三法曹，通过统一的司法考试选拔法官、检察官、律师，并要求通过司法考试合格人员参加统一的司法培训。在现行制度下，司法考试制度是建立法律职业共同体的第一个环节，也是选拔司法专业人员的关键。日本现行司法考试制度包括两次考试。日本司法考试制度的主要任务是选拔法制精英，因此司法考试的合格率一直很低。日本就是通过这样严格的司法考试制度建立了一个人数少、社会地位高的法律家集团，并通过这样一个精英型的法律家集团来作为解决社会纠纷的最后底线。②

二、我国司法考试制度概况

我国目前实行的国家统一司法考试，同其他许多司法改革措施一样，借鉴了西方发达国家司法制度和原则，其经历了从律师资格考试独存到律师资格考试、初任法官资格考试和初任检察官资格考试并存，再到统一司法考试三个阶段。

1986 年第一次律师资格考试的报名范围仅限于正在申请律师资格的专业或兼职律师工作人员以及法学教学、研究人员中符合做律师工作的人员；1988 年举行第二次律师资格考试时，司法部决定扩大报考人员的范围，规定具有选举权和被选举权并具有大专以上学历的中华人民共和国公民均可报名参加考试；1994 年，司法部允许经过中华人民共和国法律培训的中国港澳台地区居民和外国公民参加律师资格考试；1996 年颁布的《律师法》第 6 条第 1 款规定："国家实行律师资格全国统一考试制度。具有高等院校法学专科以上学历或者同等专业水平，以及高等院校其他专业本科以上学历的人员，经律师资格考试合格的，由国务院司法行政部门授予律师资格。"我国的律师资格考试全部以笔试的形式进行，但考卷的题型和内容则经历了许多变化。1986 年、1988 年和 1990 年的三次律师资格考试，由于还处于摸索阶段，因而在形式和内容上没有一个统一的标准，题型有选择题、名词解释、判断正误、简答题、案例分析和文书写作等，内容上则集中于宪法、民法、刑法和诉讼法。从

① 参见赴韩国考察团：《韩国司法考试和司法官遴选制度概况》，载《国家检察官学院学报》2002 年 4 月第 10 卷第 2 期。

② 参见丁相顺：《司法考试制度模式比较与中国司法考试的制度创新》，载《法律适用》2002 年第 4 期。

1992 年开始，考试确定为四场，在两天内完成，每场的答题时间为三个小时。从 1996 年起，考试内容划分为五个单元，包括法学综合知识、律师制度与律师事务、律师执业道德和执业纪律，以刑法、民法为主体的实体法知识，以经济法为主体的实体法知识，以刑事诉讼法、民事诉讼法、行政诉讼法和仲裁制度为主体的程序法知识加上外语（英语、俄语或日语），开始采用部分标准化试题，分为单项选择和多项选择题；非标准化试题分为判断正误题、简答题、案例分析和法律文书写作等。1997 年取消了简答题，1998 年又取消了判断正误题。从 1998 年开始，律师资格考试的题型固定为单项选择题、多项选择题、案例分析和法律文书写作四类，考试的科目包括法理学、宪法、行政法与行政诉讼法、外语、国际法、国际私法、国际经济法、律师法和律师制度、民法、民事诉讼法、刑法、刑事诉讼法、商法、经济法、合同法。为了保证律师资格考试的顺利进行，司法部设立中国律师资格考试中心，具体负责考试的组织和管理工作。①

1995 年以前，我国没有设立通过考试途径选任法官、检察官的制度，法官、检察官由法院院长、检察院检察长提名报同级人大常委会任命。1995 年《法官法》、《检察官法》对初任法官、初任检察官的资格作了限定。其中，《法官法》第 12 条第 1 款规定：初任审判员、助理审判员采用公开考试、严格考核的办法，按照德才兼备的标准，从具备法官条件的人员中择优提出人选。《检察官法》第 13 条第 1 款规定：初任检察官、助理检察员采用公开考试、严格考核的办法，按照德才兼备的标准，从具备检察官条件的人员中择优提出人选。根据规定，法院和检察院系统开始分别实行初任法官、初任检察官资格考试制度，只有通过考试者才能被提请相应级别的人大常委会任命为法官、检察官。法院系统于 1995 年、1997 年和 1999 年进行了三次初任法官资格考试，检察院系统也举行了三次初任检察官资格考试，共计有七万余人通过考试取得了相应的司法职务任职资格。

为了进一步提高法官、检察官的素质，维护司法公正与权威，2001 年修订后的《法官法》和《检察官法》明确规定：国家对初任法官、初任检察官和取得律师资格实行统一的司法考试制度，国务院司法行政部门会同最高人民法院、最高人民检察院共同制定司法考试实施办法，由国务院司法行政部门负责实施。同年，律师法也做了同样的修订。至此，我国的司法考试制度的内容及形式确定至今。

---

① 参见谭世贵主编：《中国司法制度》，法律出版社 2008 年版，第 60~67 页。

从2002年开始，国家司法考试每年举行一次，实行全国统一命题，命题范围以司法部制定并公布的《国家司法考试大纲》为准。根据《国家司法考试实施办法（试行）》的规定，国家司法考试的内容包括：理论法学、应用法学、现行法律规定、法律实务和法律职业道德。据此，参照教育部法学专业主干课程的设置，从2006年起，国家司法考试的科目为：法理学、法制史、宪法、行政法与行政诉讼法、刑法、刑事诉讼法、民法、民事诉讼法、商法、经济法、国际法、国际私法、国际经济法、司法制度与法律职业道德，共四个科目。国家统一司法考试采用闭卷笔试的方式，分两天进行，全国统一评卷，司法部公布成绩。通过名额及合格成绩由司法部商最高人民法院和最高人民检察院后公布。通过国家统一司法考试的人员由司法部颁发《法律职业资格证书》。国家统一司法考试由国家司法考试司负责，外称国家司法考试办公室，同时司法部国家司法考试中心作为一个独立的事业单位承担国家司法考试过程中的具体考务工作和司法部交办的其他工作。此外，司法部还专门设立了国家司法考试命题委员会，这是根据国家司法考试题库建设和命题工作的需要，聘请专家学者参加，以研究和承担国家司法考试命题为主要任务而建立的非常设机构。命题委员会的组成人员由政法院校、科研单位、法律实务部门等单位推荐，经审核确定。

第二节　中西司法考试制度比较研究

"不知别国语言者，对自己的语言便也一无所知。"德国著名的比较法学家海因·克茨将歌德的这句话用在了法律上，"即使一位法律家，也只有具备有关外国法律制度的知识，方能正确地理解本国的法律"。① 对比德国、法国、日本、韩国、美国、英国与我国司法考试制度，可理解与把握各国不同历史文化与法治传统下法律职业考试制度的异同。

一、考试门槛

司法考试制度的起点在于考试的门槛，即什么人可以参加司法考试。我国对参加考试人员提出的要求是符合《法官法》、《检察官法》、《律师法》规定的学历和专业条件。而《法官法》第9条第6款、《检察官法》第10条第6

① ［德］K. 茨威格、H. 克茨：《比较法总论》，潘汉典、米健、高鸿钧、贺卫方译，法律出版社2004年版，中译本序。

款、《律师法》第6条的规定均为“高等院校法律专业本科毕业或者高等院校非法律专业本科毕业具有法律专业知识”。也就是说，我国司法考试制度对参考者学历的要求为本科，专业不限。那么，我们再来了解其他国家的要求。在德国，报考人员要通过至少4年的大学法学教育，并经过三次实习，才能参加第一次司法考试。第一次国家司法考试的主要目的在于检测考生是否达到作为预备法律工作者的资格。① 日本的司法考试资格取得，也是要求接受大学本科法学专业的4年教育。② 在法国，必须根据不同的职业需要进行不同的培训，法官资格考试和律师资格考试是相互独立的。法国绝大部分的法官是由国立法官学院培养的。这一学院的招生方式主要有两种：一是面向学生的考试；二是面向公务员的考试。进入学院学习的学生必须先取得法学学士学位，然后通过法官学院的考试便可以接受法官学院的培训；而取得律师资格需要通过独立的考试和培训。首先申请人要取得法学硕士学位，然后参加进入律师学院的考试，进入律师学院培训，培训结束后，参加学院组织的结业考试。③ 在韩国，以往只要是韩国公民就可以报名参加全国统一司法考试。但是，根据韩国法务部新规定，从2004年起，只有获得TOEFL考试530分以上的韩国公民，才有资格报考全国统一司法考试；从2006年起，只有具备大学法学学分35分以上的韩国公民，才有资格报考全国统一司法考试。④ 至于英美法系国家，其法律职业是以律师为基础，检察官是受雇于国家的律师，而法官也从律师中选任，因此其司法考试也就是律师资格考试。由于美国是一个联邦制国家，因此其律师考试是由各州分别进行的，对考试者的资格要求也各自相异。但无论各州如何变通，法学院的专业教育是必不可少的，是其他任何教育、任何专业训练所无法取代的，一般只有自法学院毕业，取得法律博士学位（J. D）后才能参加律师考试。纽约州更是只允许ABA认证（American Bar Association approved）的法学院的毕业生参加考试（全美只有183所法学院获得这一认证）。在英国，不同的律师有不同的资格取得和授予程序。首先是高级律师（或出庭律师）资格的授予。在英国高级律师资格要求极为严格，必须是在四大律师学

① 参见周菁：《两大法系司法考试制度之比较与借鉴》，载《广东行政学院学报》2002年第6期。

② 参见棚濑孝雄：《日本的法学教育及其改革》，载《法律适用》2002年第5期。

③ 参见周菁：《两大法系司法考试制度之比较与借鉴》，载《广东行政学院学报》2002年第6期。

④ 参见赴韩国考察团：《韩国司法考试和司法官遴选制度概况》，载《国家检察官学院学报》2002年4月第10卷第2期。

院入学，参加一定数量的晚餐会，并按照规定参加考试，才能被自己所在的法学院授予律师资格。之后，在英国国内执业的律师事务所见习1年，才能担任高级律师。其次是初级律师（或事务律师）资格的授予。在英国，要成为初级律师，必须成为律师协会的进修生，并在从事实际业务的初级律师的指导下进修业务以及在有关的法律学校接受培训以及参加初级律师考试合格。①

通过以上比较可见，除我国之外，其他国家对于参加司法考试者的法学背景均有不同程度的要求，我国将司法考试参考的要求放宽到非法学专业本科毕业生，门槛应当提高。

二、司法考试的内容

我国《国家司法考试实施办法》第7条规定："国家司法考试主要测试应试人员所应具备的法律专业知识和从事法律职业的能力。国家司法考试的内容包括：理论法学、应用法学、现行法律规定、法律实务和法律职业道德。"具体包括民商法、刑法、诉讼法、经济法、宪法与行政法、国际法、法理学、法制史、法律职业道德与司法实务，考试题型为总分600分，其中选择题450分，剩下的150分为案例分析与论述题。

在法国，由于律师资格与法官资格的取得需要在不同的专门学院进行培训，因此考试的形式是学院的结业考试。律师学院的结业考试主要包括如下内容：（1）用4小时的时间起草一份起诉书状或答辩状、法律文书或法律咨询意见；（2）准备3小时之后，就某一有关民事、商事、社会、刑事或共同体法的问题进行15分钟左右的口头答辩；（3）口头回答有关国内法和共同体法中律师职业的法律和惯例，以及有关律师行为规则的问题；（4）与主考人交谈20分钟，讨论考生在学习结束时撰写的学习报告。②

在德国，获得司法从业资格需要参加两次国家司法考试。第一次国家司法考试的主要目的在于检测考生是否达到作为预备法律工作者的资格。考试采用书面和口头两种方式进行，通过书面考试之后，才能申请口头考试。只有书面考试和口头考试都合格才能取得第一次国家法律考试合格证书。通过第一次司法考试之后，至少需要2年的见习期，在这期间他们还必须接受综合性的训

① 参见周菁：《两大法系司法考试制度之比较与借鉴》，载《广东行政学院学报》2002年第6期。

② 参见周菁：《两大法系司法考试制度之比较与借鉴》，载《广东行政学院学报》2002年第6期。

练，训练合格之后才能参加第二次考试。第二次司法考试最终决定通过第一次司法考试的考生是否具备担任法官、检察官、律师或者高级公务员的知识水平、综合能力和个人品格。考试中涉及的内容包括法律相关科目、法学方法以及与法律相关的哲学、历史、社会学问题。①

日本也存在两次司法考试，第一次考试主要是为了判断应试者是否具有参加第二次考试的素养和是否具有一般学历的预备考试。考试没有资格限制，任何人都可以参加，其难易相当于日本大学毕业所具备的知识程度。考生在通过第一次考试之后可以参加第二次司法考试，这才是我们通常意义上的司法考试。第二次考试以法律科目为中心，目的是判断希望成为法官、检察官或者律师的人是否具备相关的法律知识和能力，考试采取简答式和论文式的笔试方法以及口试方法进行。简答式考试要求考生对民法、刑法、宪法三个学科的60道题作出回答，合格后有资格参加论文式考试，论文式考试包括宪法、民法、商法、刑法、刑事诉讼法、民事诉讼法六个学科，是整个考试中最难的部分，最后一关口试则包括宪法、民法、刑法、刑事诉讼法、民事诉讼法五个学科。②

韩国的司法考试则包括了三次考试。第一次考试的应试科目，包括两部分：一是必考科目，包括宪法、民法和刑法三科；二是选择科目，包括社会科学（如韩国史、文化史、经济学等）、法学（综合）和外语（如英语、德语、俄语、日语、汉语），其中各选一科。另外，从2004年起，取消外语科的选择，但同时规定只有获得TOEFL考试530分以上者，才有资格报考司法考试。第二次考试的应试科目，包括宪法、民法、刑法、行政法、商法、民事诉讼法和刑事诉讼法共七科。第三次考试的应试科目，包括国家观、使命感和法律素养等。③

英国由于采用传统的律师学院和律师协会培养律师的模式，因此考试也是学院与协会内部的考试，内容主要是强调司法实务的实践。在美国，每一个州都有自己的律师考试、报考条件和通过标准。获得某个州的执照通常只能在该

① 参见丁相顺：《司法考试制度模式比较与中国司法考试的制度创新》，载《法律适用》2002年第4期。

② 参见丁相顺：《司法考试制度模式比较与中国司法考试的制度创新》，载《法律适用》2002年第4期。

③ 赴韩国考察团：《韩国司法考试和司法官遴选制度概况》，载《国家检察官学院学报》2002年4月第10卷第2期。

州执业，跨州执业要另行申请，没有全国统一的司法考试。至于各州单独命题的部分则主要包括合同法、不动产法、家庭法、侵权法、公司法、州宪法、州刑法、刑事诉讼法、州民法、民事诉讼法等法律。①

从以上各国的对比不难看出，除德国和韩国外，其他国家的司法考试内容基本相同，而在考试形式上则只有中国和美国采取以选择题为主的一次面试模式，其他国家都设置了选择题、写作题、案例分析题，笔试与面试相结合的方式。

三、司法考试与法官资格获得的关系

我国现行《法官法》规定：初任法官采用严格考核的办法，按照德才兼备的标准，从通过国家统一司法考试取得资格，并且具备法官条件的人员中择优提出人选。除了通过司法考试这一要求以外，还要求“高等院校法律专业本科毕业或者高等院校非法律专业本科毕业具有法律专业知识，从事法律工作满 2 年，其中担任高级人民法院、最高人民法院法官，应当从事法律工作满 3 年；获得法律专业硕士学位、博士学位或者非法律专业硕士学位、博士学位具有法律专业知识，从事法律工作满 1 年，其中担任高级人民法院、最高人民法院法官，应当从事法律工作满 2 年”。十八届四中全会指出，完善法律职业准入制度，健全国家统一法律职业资格考试制度，建立法律职业人员统一职前培训制度；建立从符合条件的律师、法学专家中招录法官、检察官制度，健全从政法专业毕业生中招录人才的规范便捷机制；建立法官、检察官逐级遴选制度，初任法官、检察官由高级人民法院、省级人民检察院统一招录，一律在基层法院、检察院任职，上级人民法院、人民检察院的法官、检察官一般从下一级人民法院、人民检察院的优秀法官、检察官中遴选。在法国，如果要成为法官，在取得法学学士学位之后通过法官学院入学考试进入法官学院学习，通过法官学院的结业考试之后便获得法官资格。② 德国在通过考试之后可以直接获得从事司法职业的资格，根据自己的选择从事司法职业，不过也并非没有专门的培训阶段，而是通过第一次司法考试之后至少需要 2 年的见习期，在这期间

① 参见吕宫思：《美国律考百里挑一吗——关于美国律师资格考试制度的考察报告》，载《中国律师》2000 年第 8 期。

② 参见周菁：《两大法系司法考试制度之比较与借鉴》，载《广东行政学院学报》2002 年第 6 期。

必须接受综合性的训练，训练合格之后才能参加第二次考试。① 可以认为，这两个国家采取的都是考前进行职业培训的方式，而日本和韩国采取的考后职业培训则与我国现行模式更为接近。在韩国，公民即使通过了司法考试，也不能立即成为真正的司法官，更不能立即执行检察官、法官或者律师的职务，而必须到司法研修院进行为期 2 年的司法业务培训。只有完成进修课程并通过司法研修院组织的毕业考试后，才能成为真正的司法官。而在英美法系国家，法官来自于律师，因此在司法考试通过之后首先都从事律师工作，工作出色者才有可能成为法官。从 12 世纪起，英国便依惯例从高级律师中任命法官，其中就任领薪治安法官必须有 7 年以上初级律师的资历；记录法官必须有 10 年以上高级律师或者初级律师的资历；巡回法官必须有从业 10 年以上高级律师的资历或任 5 年以上记录法官的资历；高等法院法官必须具有从业 10 年以上高级律师的资历且必须 50 岁以上；上诉法官必须具有高等法院法官或者从业 15 年以上高级律师的资历。② 在美国，联邦法官来自于总统的任命，各州的地方法官有的是由州长任命，有的是由州议会选举，还有的由任命委员会选拔。因此，从理论上来讲，没有担任过律师还是可以成为法官的，但在事实上这种情形几乎不可能出现。正如波斯纳所指出的："我们或许正在向欧洲的职业法官体系（career judiciary）前进，尽管目前我们还没有哪个法官的法律生涯是从担任法官开始的。"③。

四、司法考试通过率

我国司法考试第一年的通过率在 7%左右，而第二年、第三年分别为 10.18%和 11.22%，后逐年上升。韩国的司法考试每年在全国范围内通常有 2 万左右参考人报名参加，但是能够最终通过司法考试的合格者是很少的，一般仅占本年度参考人总数的 1.5%~4%。在 20 世纪 60 年代平均每年只有 30~50 人成为合格者，70 年代平均每年只有 70~150 人成为合格者，80 年代平均每年只有 300 人左右成为合格者，到 90 年代后期平均每年有 500 人以上成为合

① 参见周菁：《两大法系司法考试制度之比较与借鉴》，载《广东行政学院学报》2002 年第 6 期。

② 参见张建伟：《刑事司法体制原理》，中国人民公安大学出版社 2002 年版，第 294 页。

③ ［美］波斯纳：《联邦法院：挑战与改革》，邓海平译，中国政法大学出版社 2002 年版，第 23 页。

格者。日本采取定额通过制，到1997年为止固定为500人，后来用5年时间逐步增加到700人，合格率2%左右。不过，目前日本已经提出改革方案，争取将通过率提高到10%左右。① 美国的律师考试由各州律师协会决定本州的录取线和录取名额。一般来说，各州的录取率虽有不同，但多在50%上下。如纽约州的录取率为60%以上，还有一些州达到70%以上。② 至于英国、德国、法国三国的具体通过率目前尚未收集到准确数据，但相对而言，英国和美国一样较高，而德法两国则更类似于韩日。可见，我国的通过率基本上反映出大陆法系国家的一般做法，与韩国和日本相比则要更高一些。

五、比较后发现的问题

在美国，统计表明，1980年被任命为联邦法官的律师在被任命前的平均收入是131000美元，是下级联邦法院法官薪水的两倍多，因此，总体而言，至少在大都市，联邦法官不是从私人开业律师中的佼佼者而是其中的平庸之辈中选择的。③ 但问题又在于，美国的律师考试通过率高达50%~70%甚至更高，并且只有法学院学生才能够参加考试，因此整个法律人职业群体几乎都是律师，司法考试并不塑造权威；而我国司法考试通过率则只有10%左右，这样一来，在激烈的考试中脱颖而出的就更具有德国、日本那样的"精英"色彩。在建立统一的司法考试制度之前我国也已经有了比较成熟的律师考试制度，现在我们又推出了国家统一司法考试。而在通过率与我国相类似甚至更低的德国、日本、韩国，法官才是法律人所追求的最佳职业，这就使得他们设置了难度极大的考试制度让通过考试成为法官者受到全社会的普遍敬仰。④ 这样一来，我国这种模仿大陆法系国家建立起来的为塑造法官权威的精英主义考试模式与事实上法律职业以律师为主导的现实就发生了冲突。而从另一个方面来看，由于我国目前允许非法学专业学生报考，许多从来没有进入过法学院的学生通过几个月的突击复习或者专门考试培训机构的培训就能够通过司法考试，

---

① 参见棚濑孝雄：《日本的法学教育及其改革》，载《法律适用》2002年第5期。

② 参见吕宫思：《美国律考百里挑一吗——关于美国律师资格考试制度的考察报告》，载《中国律师》2000年第8期。

③ 参见［美］波斯纳：《联邦法院：挑战与改革》，邓海平译，中国政法大学出版社2002年版，第33页。

④ 在日本，许多法学专业的毕业生从政或去企业工作，这些都不需要通过司法考试，因此考试主要是为了成为作为社会精英的法官。而在我国，如果法学专业学生没有通过司法考试的话，求职会受到很大影响，哪怕所从事的工作对于法律素质要求并不高。

这样不仅不能使通过者之间形成一个共同体，甚至反而导致了一种对法学教育的轻视。这除了涉及司法考试的资格之外，还涉及司法考试的内容与法学教育的关系，目前我国以选择题为主的考试方式接近于美国，更适合外专业学生通过强记式的学习通过，然而美国却并不允许非法学专业学生参加考试。并且，只通过一次考试并且是以客观题为主的考试要设置很低的通过率，还要有效考察参加考试者的法律职业素质，对于出题人来说也并非易事。于是，对于司法考试的内容设计来说，就有可能导致法学院教育与之脱节，这样一来，或者使得法学院屈服于司法考试的压力而展开应试教育，或者使得出现日本式的大学教育与考试辅导班教育的“双学校”制，总之都是一种未必能够选拔出真正具有法律职业素质的学生而仅仅是选拔善于应付目前这种考试的学生。①

第三节　中国司法考试制度之改革路径

我国确立国家统一司法考试制度，目的是为了确保我国法律职业的专业化和同质化，同时推进我国法学教育的发展。也就是说，司法考试制度的完善与否直接关系到国家是否能够最大限度地选拔出优秀的法律人才，这关系到法律职业共同体素质的优劣，也关系到法治国家的前景。因此，改革与完善我国的司法考试制度，应全面考虑到国家法学教育的背景，将法学教育与法律职业结合起来把握。

2015年12月20日，中共中央办公厅、国务院办公厅印发了《关于完善国家统一法律职业资格制度的意见》(下称《意见》)，决定以“国家统一法律职业资格考试”取代“司法考试”，当然这不仅仅是一个简单的更名。《意见》贯彻落实党的十八大和十八届三中、四中全会精神，提出了完善国家统一法律职业资格制度的目标任务和重要举措，对于推进法治工作队伍正规化、专业化、职业化，为建设社会主义法治国家提供人才保障具有重要意义。

一、司法考试制度改革的基本原则

正在推进的司法考试制度改革是一次较为彻底，并且着眼全局的决策。本次改革同时明确了以下基本原则，总结起来可以概括为四个方面：

1. 方向正确性

---

① 参见周菁：《两大法系司法考试制度之比较与借鉴》，载《广东行政学院学报》2002年第6期。

改革必须坚持党的领导，贯彻中国特色社会主义法治理论，按照政治过硬、业务过硬、责任过硬、纪律过硬、作风过硬的要求，选拔培养社会主义法律职业人才。

2. 整体规划性

加强顶层设计，注重整体谋划，确保国家统一法律职业资格制度各项改革措施的系统性、整体性和协同性。

3. 遵循规律性

遵循法治工作队伍形成规律，遵循法律职业人才特殊的职业素养、职业能力、职业操守要求，按照法治工作队伍建设正规化、专业化、职业化标准，科学设计和实施国家统一法律职业资格制度，提高法律职业人才选拔、培养的科学性和公信力。

4. 积极稳妥性

实行老人老办法、新人新办法，只对新进法律职业岗位人员实行考试和职前培训，促进新旧制度妥善对接。

二、法律职业人员的范围

《意见》对于法律职业人员进行了明确的规定，即具有共同的政治素质、业务能力、职业伦理和从业资格要求，专门从事立法、执法、司法、法律服务和法律教育研究等工作的职业群体。担任法官、检察官、律师、公证员、法律顾问、仲裁员（法律类）及政府部门中从事行政处罚决定审核、行政复议、行政裁决的人员，应当取得国家统一法律职业资格。国家鼓励从事法律法规起草的立法工作者、其他行政执法人员、法学教育研究工作者等，参加国家统一法律职业资格考试，取得职业资格。

以上规定明确了法律职业人员共同体的范围，将现有法律工作者与经国家统一法律职业资格考试后取得此资格的人员从制度上实现了完美对接的可能，同时有助于塑造同质化的法律职业共同体。

三、关于司法考试的准入门槛的重大修改

《意见》中关于法律职业范围和取得法律职业资格的条件作了较为详细的说明，取得国家统一的法律职业资格必须同时具备下列条件：（1）拥护中华人民共和国宪法，具有良好的政治、业务素质和道德品行；（2）具备全日制普通高等学校法学类本科学历并获得学士及以上学位，或者全日制普通高等学校非法学类本科及以上学历并获得法律硕士、法学硕士及以上学位或获得其他

相应学位从事法律工作 3 年以上；（3）参加国家统一法律职业资格考试并获得通过，法律法规另有规定的除外。

从以上内容可以看出，《意见》分别从思想政治、专业学历条件和取得法律职业资格三个方面，明确了法律职业的准入条件。

这样的做法，不仅能够最大限度地保证法律职业人都具有大致相同的法学教育背景，从而为塑造同质化和精英化的法律职业共同体提供有利的条件，而且充分尊重了高等法律院校的教育职能，最大限度地平衡了“广泛性与公平性”和“精英化与同质化”的矛盾。

此项举措符合多数域外国家司法考试的做法，即参加考试的人员须受过正统的法律教育的人，“专业性”被视为极其重要的条件，换句话说，非受过正统法律教育的人不得报考司法考试。① 这并不是对非法律专业的歧视，而是从国家法治发展的长远来看，因为法治的实现并不是简单的考试能够决定的，而需要思想上的认同。思想的认同是通过长期的专业培养养成的一种素质，并非几个月的攻读能实现的。因为，公正是司法的灵魂和生命，司法的公正性有赖于法律职业共同体的努力，法律职业共同体的实质在于从事法律职业人员必须有共同的法律信仰、法律素养、法律思维和法律伦理道德，这些只有在长期而浓厚的专业学习与训练的氛围中才能逐步养成。因此，从国家法治发展稳定性的角度来看，未来的司法考试应当适当提高准入门槛。

四、有关司法考试的内容

法律人需要什么素质？不外乎法律业务、人文精神、职业伦理和社会常识等方面。② 总结我国法律院校对学生进行的是通识教育，学生少有机会接触活生生的法律实践，而法律实践要求法律职业人首先应当具备良好的职业素质，这是通识教育与实践要求之间存在的矛盾。国家统一司法考试是调和这一矛盾的契机，但是仅仅在司法考试中加大法律实务试题是不能解决这一问题的。原因在于，我国法学类学生基本是从高中毕业阶段招收的，这一阶段的学生人生

---

① 参见李红海：《统一司法考试与合格法律人才的培养及选拔》，载《中国法学》2012 年第 4 期。

② 参见王晨光：《保障法官素质的标准和方法：法官资格考核与培训》，载《法律科学》2001 年第 5 期；参见张建伟：《统一司法资格考试：观察与省思》，载《政法论坛》2011 年第 1 期；参见姚建宗：《国家统一考试与我国司法官遴选：基本认识与框架设计思路》，载《法制与社会发展》2002 年第 2 期。

阅历和知识结构都属于形成时期，因此法学本科阶段只能适应通识教育，但是，司法考试又不能一味地迎合法学教育，那么只能转变司法考试的方式，也就是说司法考试不能“仅此一役”。我国目前采取的一次考试的方法并不科学，无法准确测试出考生的能力，具有很大的偶然性，无法准确测试出一个人的真正水平；在题型上，客观题过多尽管能够提高判卷效率，但在测评考生运用法律的能力方面存在明显缺陷，客观题为主的题型模式十分有利于非法律专业考生；笔试无法测试考生的语言表达能力和仪表、气质等方面的素质。

因此，《意见》中关于法律职业资格考试在内容增加中国特色社会主义法治理论，着重考查宪法法律知识、法治思维和法治能力，以案例分析、法律方法检验考生在法律适用和事实认定等方面的法治实践水平。加大法律职业伦理的考查力度，使法律职业道德成为法律职业人员入职的重要条件。考试以案例题为主，每年更新相当比例的案例，大幅度提高案例题的分值。

五、建立职前培训制度

司法考试的宗旨是通过加强法律职业人管理，保障法律职业人员依法履行职责，其根本目标是保证司法公正。为了实现上述目标，需要建立准法律职业人特别是初任法官、初任检察官和初任律师的职业培训制度。职业培训是培养法律从从业者的职业认同感和共同的价值取向的重要环节，应当与高等院校法学教育相衔接，使法学学历教育成为法律职业培训的前置环节。

《意见》中拟建立法律职业人员统一职前培训制度。国家法律职业资格主管部门会同法治实务部门制定法律职业入职前培训的统一标准和相关规范。实行“先选后训”培训模式，培训合格者方可准予从事法律职业。改革后，将建立法律职业资格档案管理和信息发布制度以及法律职业资格暂停、吊销制度。对违反宪法法律、妨害司法公正、违背职业伦理道德的获得法律职业资格人员，实行告诫或暂停、吊销法律职业资格等惩戒制度，对被终身禁止从事法律职业的人员，及时依法吊销法律职业资格证书，并向社会公布。

六、协同推进相关改革

与司法相关的制度改革与变更，不单单是局部的完善，此举乃是牵一发而动全身的整体式改革，在依法治国的背景下，改革必须有相应的法律依据配套，因此国家应推进法律法规的制定与修订工程，确保改革工作于法有据。另外，相关各部门间应强化协调与配合，共同推进国家统一法律职业资格制度的改革。同时做好与国家统一法律职业资格制度相应的教育衔接。

研究建立国家统一法律职业资格考试制度与行政执法人员持证上岗和资格管理制度衔接机制，推广一些地方和部门对取得法律职业资格人员简化或免予相应等级执法资格考试的做法。落实国家统一法律职业资格考试制度和培训经费等各项保障措施，加强国家统一法律职业资格考试和培训基础设施建设，合理充实人员力量，提高工作的保障水平。

第八章　监狱管理制度

监狱是一类复杂而特殊的社会机构，它是对被宣告有罪并被判处刑罚的犯罪人员执行刑罚的设施或场所。① 在历史上，不同时期的监狱有不同的名称。1994 年 12 月 29 日颁布的《中华人民共和国监狱法》（以下简称《监狱法》）不再用“劳动改造机关”的称呼，而是将原来的监狱、劳动改造管教队等劳动改造机关统一称为监狱。②《监狱法》第 2 条第 1 款规定，“监狱是国家的刑罚执行机关”。监狱是针对关押服刑人员的，集惩罚、教育改造功能于一体的特殊机构，监狱由人员、设施、制度、活动四大要素组成。监狱制度是我国司法制度的重要组成部分，其中监狱管理制度又是监狱制度的核心内容。监狱管理制度的内涵非常丰富，它包括狱政管理、警务管理、劳动管理、技术管理、卫生管理、安全管理等很多内容。本章重点介绍监狱行刑管理制度、监狱狱政管理制度。

在我国，广义上的监狱分为已决犯监狱（狭义上的监狱）和未决犯监狱（看守所）两种，前者由司法部门管理，后者由公安部门管理。在管理方面，虽然看守所在执行短期监禁刑（拘役和剩余刑期在 3 个月以下有期徒刑）部分与监狱是一致的，但本章所称的监狱仅仅是从狭义上对其进行把握的。

第一节　监狱行刑管理制度

监狱行刑管理制度是对监狱执行刑罚活动进行管理的各种实体性和程序性制度的总称。监狱的基本职责是惩罚和改造犯罪人，在我国，监狱又是对罪犯进行改造教育的主体场所，加强监狱行刑管理，有利于改善行刑质量、提高行刑效率，最终有利于刑罚目的的实现。

---

① 王云海：《监狱行刑的法理》，中国人民大学出版社 2010 年版，第 1 页。

② 杨永明主编：《监狱简论》，化学工业出版社 2010 年版，第 1 页。

一、收监

收监，是指监狱将人民法院交付执行的符合法定条件、法律手续完备的罪犯接收进入监狱，开始执行生效法律文书确定的相关刑罚的活动，同时也是监狱对罪犯执行刑罚的开始。根据收监对象的不同，可以将收监分为新犯收监和特殊收监两种。其中，新犯收监是指将生效判决确定的罪犯直接由看守所押送到监狱服刑的情况；特殊收监，则是指将暂予监外执行、假释考验期内因违反相关监督管理规定，或以非法手段骗取保外就医、假释，以及脱逃捕回等罪犯重新收押的情况。

（一）收监的范围

收监的范围，即收监的对象问题。在我国，虽然监狱是犯罪人服刑，参加劳动，接受教育改造的主要场所，但并不是唯一场所，法律对在监狱内服刑的罪犯的范围具有明确规定。

《监狱法》第 2 条规定："监狱是国家的刑罚执行机关。依照刑法和刑事诉讼法的规定，被判处死刑缓期二年执行、无期徒刑、有期徒刑的罪犯，在监狱内执行刑罚。"修订前的《监狱法》第 15 条第 2 款规定："罪犯在被交付执行刑罚前，剩余刑期在 1 年以下的，由看守所代为执行。"为了和修订后的《刑事诉讼法》第 253 条①相衔接，2012 年 10 月 26 日十一届全国人大常委会第二十九次会议将该款修订为"罪犯在被交付执行刑罚前，剩余刑期在 3 个月以下的，由看守所代为执行"。《监狱法》第 15 条新的表述就变为："人民法院对被判处死刑缓期二年执行、无期徒刑、有期徒刑的罪犯，应当将执行通知书、判决书送达羁押该罪犯的公安机关，公安机关应当自收到执行通知书、判决书之日起 1 个月内将该罪犯送交监狱执行刑罚。罪犯在被交付执行刑罚前，剩余刑期在 3 个月以下的，由看守所代为执行。"

因此，收监的范围或对象主要有以下三种人：（1）被判处死刑缓期二年执行的罪犯；（2）被判处无期徒刑的罪犯；（3）被判处有期徒刑，剩余刑期

① 《刑事诉讼法》第 253 条第 1、2 款规定："罪犯被交付执行刑罚的时候，应当由交付执行的人民法院在判决生效后 10 日以内将有关的法律文书送达公安机关、监狱或者其他执行机关。对被判处死刑缓期二年执行、无期徒刑、有期徒刑的罪犯，由公安机关依法将该罪犯送交监狱执行刑罚。对被判处有期徒刑的罪犯，在被交付执行刑罚前，剩余刑期在 3 个月以下的，由看守所代为执行。对被判处拘役的罪犯，由公安机关执行。"

在3个月以上的罪犯。

（二）收监的程序

1. 收监验证

收监验证包括对押解人员的证件即相关材料进行验证以及对法定法律文书进行验证两个方面。

收监验证，首先需要验证押解人员的证件是否真实有效，押解对象是否属于本监狱的收押范围。其次才是验证法定法律文书。《监狱法》第16条规定："罪犯被交付执行刑罚时，交付执行的人民法院应当将人民检察院的起诉书副本、人民法院的判决书、执行通知书、结案登记表同时送达监狱。监狱没有收到上述文件的，不得收监；上述文件不齐全或者记载有误的，作出生效判决的人民法院应当及时补充齐全或者作出更正；对其中可能导致错误收监的，不予收监。"因此，需要验证的法定法律文书有以下四种：（1）人民检察院的起诉书副本；（2）人民法院的判决书；（3）人民法院的执行通知书；（4）人民法院的结案登记表。以上法律文书必须同时具备，缺一不可。①

2. 收监检查

收监检查包括对罪犯的身体检查和对罪犯人身和所携物品的检查。对罪犯的身体检查和对罪犯人身进行的检查，由于都是针对罪犯的"身"进行的，看似不好区分。实际上，前者针对的是罪犯身体主要器官的各种功能是否正常、是否患有传染性疾病等，类似于日常生活中所说的"体检"、"查体"；而后者主要是针对罪犯是否随身携带、隐藏了某些物品。

《监狱法》第17条规定："罪犯被交付执行刑罚，符合本法第十六条规定的，应当予以收监。罪犯收监后，监狱应当对其进行身体检查。经检查，对于具有暂予监外执行情形的，监狱可以提出书面意见，报省级以上监狱管理机关批准。"第18条规定："罪犯收监，应当严格检查其人身和所携带的物品。非生活必需品，由监狱代为保管或者征得罪犯同意退回其家属，违禁品予以没收。女犯由女性人民警察检查。"第19条规定："罪犯不得携带子女在监内服刑。"

3. 入监登记

对于符合以上条件的罪犯，应当要求其填写《罪犯入监登记表》，粘贴一寸近期免冠照片，以便掌握罪犯的姓名、年龄、家庭住址、文化程度和主要社

---

① 吴宗宪：《监狱学导论》，法律出版社2012年版，第326页。

会关系等基本内容，建立罪犯档案，进行改造分流，采取有针对性的教育管理措施。

4. 通知家属

《监狱法》第20条规定："罪犯收监后，监狱应当通知罪犯家属。通知书应当自收监之日起5日内发出。"这是对罪犯人权保障以及家属知情权的尊重，可以更好地争得罪犯家庭对国家改造罪犯的配合与支持。

监狱收押外国籍罪犯，应当依照我国缔结的相关公约的具体规定，尽快通知罪犯户籍所属国的驻华使（领）馆。

二、暂予监外执行

暂予监外执行，是指被判处无期徒刑、有期徒刑、拘役的罪犯，本应在监狱或其他执行场所内服刑，但由于出现了法律规定的某些特殊情况，不适宜在这些场所执行刑罚，暂时采用的一种刑罚变通执行方法。①

《刑事诉讼法》第254条第5款规定，在交付执行前，暂予监外执行由交付执行的人民法院决定；在交付执行后，暂予监外执行由监狱或者看守所提出书面意见，报省级以上监狱管理机关或者设区的市一级以上公安机关批准。因此，暂予监外执行广义上分两种：一是由人民法院决定的，适用于交付监狱执行之前；二是由监狱报请省、自治区、直辖市监狱管理局批准，适用于监狱内服刑的罪犯。本书关注的是第二种情况。

（一）暂予监外执行的条件

1. 普通罪犯暂予监外执行的条件

根据我国刑事诉讼法和监狱法等立法的规定：普通罪犯暂予监外执行的基本条件如下：

通常指罪犯身心状态与健康方面的条件，也有论著将其称为"前提条件"。② 当罪犯符合患有严重疾病、怀孕或者哺乳自己的婴儿、生活不能自理这三种条件之一的，可以准许罪犯暂予监外执行。

根据《犯罪保外就医执行办法》第3条的规定，下列罪犯不准保外就医：第一，被判处死刑缓期二年执行的罪犯在死刑缓期执行期间；第二，罪行严重，民愤很大的；第三，为逃避惩罚在监狱内自伤自残的。

① 杨殿升：《监狱法学》，北京大学出版社2000年版，第99页。

② 吴宗宪：《刑事执行法学》，中国人民大学出版社2007年版，第158页。

对于累犯、惯犯等危险性较大的罪犯，要从严控制；对于未成年犯、老残犯①、女犯，可以适当放宽。

从有关规定和司法实践来看，暂予监外执行方面的执行条件主要有两个方面：保证人和社区监督机关。其中保证人是保证暂予监外执行的罪犯遵守法律规定的人，其负有监督责任。社区矫正机关担负着社区监督机关的管理监督责任。

2. 特殊罪犯暂予监外执行的条件

在监狱中，还有一些情况特殊的特别罪犯，对于他们使用暂予监外执行时，应当在使用条件方面进行特殊的考虑。

死亡危险罪犯是指身患可能引起死亡的极其严重疾病的罪犯。但如果被判处无期徒刑的罪犯患有这类疾病依旧不能准予保外就医。②

（二）暂予监外执行的程序

暂予监外执行，由监狱提出书面意见，报省、自治区、直辖市监狱管理机关批准。批准机关应当将批准的暂予监外执行决定通知公安机关和原判人民法院，并抄送人民检察院。人民检察院认为对罪犯适用暂予监外执行不当的，应当自接到通知之日起 1 个月内将书面意见递交批准暂予监外执行的机关，批准暂予监外执行的机关接到人民检察院的书面意见后，应当立即对该决定进行重新核查。具体而言，暂予监外执行的程序可以分为以下几个步骤：

第一，由罪犯所在监狱监区或分监区区务会讨论通过，报狱政科讨论并邀请驻监狱的检察院（组）人员列席参加，初审同意后，进行病残鉴定。

第二，由省级人民政府指定的医院开具证明文件。证明文件应由医院业务院长签字，加盖公章，并附化验单、照片等有关病历档案。

第三，对于符合暂予监外执行情形的，监狱应当填写《罪犯保外就医征求意见书》，征求罪犯家属所在地公安机关意见（在办理省内保外就医或暂予监外执行罪犯时，不需要征求公安机关的意见），并与罪犯家属联系，办理取保手续。取保人和被保人应当在《罪犯保外就医取保书》上签名或者盖章。

第四，对需要保外就医的罪犯，由监狱填写《罪犯保外就医审批表》，连同《罪犯保外就医征求意见书》、有关病残鉴定和当地公安机关意见，报省、自治区、直辖市监狱局审批。同时将上述副本送给担负检察任务的派出机构。

---

① 老残犯是指老年犯和残疾犯的合称。

② 吴宗宪：《监狱学导论》，法律出版社 2012 年版，第 334 页。

监狱局批准同意保外就医的，应将《罪犯保外就医审批表》副本3份送交报请审批单位。

第五，对批准保外就医的罪犯，监狱应当办理出监手续，发给《罪犯保外就医证明书》，并对罪犯进行遵纪守法和接受公安机关监督的教育，同时，应将《罪犯保外就医审批表》、《保外就医罪犯出监所鉴定表》、人民法院判决书复印件或者抄件，及时送达罪犯家属所在地的县级公安机关和人民检察院。

第六，暂予监外执行罪犯一律由监狱押解至居住地司法所，使司法所见人见档。

（三）暂予监外执行的考察监督

对暂予监外执行的罪犯，依法实行社区矫正，由社区矫正机构负责执行。原关押监狱应当及时将罪犯在监内改造情况通报负责执行的社区矫正机构。

根据《社区矫正实施办法》规定，暂予监外执行的罪犯应接受以下监督考察：定期向司法所报告遵纪守法、接受监督管理、参加教育学习、社区服务和社会活动的情况；发生居所变化、工作变动、家庭重大变故以及接触对其矫正产生不利影响人员的，及时报告。保外就医的社区矫正人员还应当每个月向司法所报告本人身体情况，每3个月向司法所提交病情复查情况。未经批准不得离开所居住的市、县（旗）；未经批准不得变更居住的县（市、区、旗）；参加公共道德、法律常识、时事政策等教育学习活动；每月参加教育学习时间不少于8小时。有劳动能力的应当参加社区服务，修复社会关系，培养社会责任感、集体观念和纪律意识；每月参加社区服务时间不少于8小时。接受有针对性的个别教育和心理辅导，矫正违法犯罪心理，提高适应社会能力。接受职业培训和就业指导。有下列情形之一的，县级司法行政机关应当给予警告，并出具书面决定：未按规定时间报到的；违反关于报告、会客、外出、居住地变更规定的；不按规定参加教育学习、社区服务等活动，经教育仍不改正的；保外就医的社区矫正人员无正当理由不按时提交病情复查情况，或者未经批准进行就医以外的社会活动且经教育仍不改正的；违反人民法院禁止令，情节轻微的；其他违反监督管理规定的。

（四）暂予监外执行的终止

《社区矫正实施办法》规定，暂予监外执行的社区矫正人员有下列情形之一的，由居住地县级司法行政机关向批准、决定机关提出收监执行的建议书并附相关证明材料，批准、决定机关应当自收到之日起15日内依法作出决定：

发现不符合暂予监外执行条件的；未经司法行政机关批准擅自离开居住的市、县（旗），经警告拒不改正，或者拒不报告行踪，脱离监管的；因违反监督管理规定受到治安管理处罚，仍不改正的；受到司法行政机关两次警告，仍不改正的；保外就医期间不按规定提交病情复查情况，经警告拒不改正的；暂予监外执行的情形消失后，刑期未满的；保证人丧失保证条件或者因不履行义务被取消保证人资格，又不能在规定期限内提出新的保证人的；其他违反有关法律、行政法规和监督管理规定，情节严重的。司法行政机关的收监执行建议书和决定机关的决定书，应当同时抄送社区矫正人员居住地同级人民检察院和公安机关。人民法院裁定撤销对暂予监外执行罪犯决定收监执行的，居住地县级司法行政机关应当及时将罪犯送交监狱，公安机关予以协助。监狱管理机关对暂予监外执行罪犯决定收监执行的，监狱应当立即赴羁押地将罪犯收监执行。

《刑事诉讼法》第257条规定，对暂予监外执行的罪犯，有下列情形之一的，应当及时收监：发现不符合暂予监外执行条件的；严重违反有关暂予监外执行监督管理规定的；暂予监外执行的情形消失后，罪犯刑期未满的。对于人民法院决定暂予监外执行的罪犯应当予以收监的，由人民法院作出决定，将有关的法律文书送达公安机关、监狱或者其他执行机关。不符合暂予监外执行条件的罪犯通过贿赂等非法手段被暂予监外执行的，在监外执行的期间不计入执行刑期。罪犯在暂予监外执行期间脱逃的，脱逃的期间不计入执行刑期。罪犯在暂予监外执行期间死亡的，执行机关应当及时通知监狱或者看守所。

三、罪犯的申诉、控告和检举

我国《宪法》第41条第1款规定，“中华人民共和国公民对于任何国家机关和国家工作人员，有提出批评和建议的权利；对于任何国家机关和国家工作人员的违法失职行为，有向有关国家机关提出申诉、控告或者检举的权利，但是不得捏造或者歪曲事实进行诬告陷害。”监狱内的罪犯同样享有此项权利。《监狱法》第21条至第24条也专门对于罪犯申诉、控告和检举的事宜作出了相关规定。

（一）对罪犯提出的申诉的处理

1. 罪犯申诉

罪犯申诉是指罪犯在服刑期间对已经生效的刑事裁判不服而向司法机关提

出的撤销或者变更原判刑罚的请求。① 但此申诉不能停止判决、裁定的执行。

2. 对罪犯申诉的处理

(1) 监狱及时转递罪犯的申诉。罪犯对生效的判决不服的，可以提出申诉。对于罪犯的申诉，人民检察院或者人民法院应当及时处理。罪犯的申诉材料，监狱应当及时转递，不得扣压。

(2) 监狱认为判决可能错误的提请处理。监狱在执行刑罚过程中，根据罪犯的申诉，认为判决可能错误的，应当提请人民检察院或者人民法院处理，人民检察院或者人民法院应当自收到监狱提请处理意见书之日起6个月内将处理结果通知监狱。

(3) 对罪犯在刑罚执行期间提出申诉的，要依法保护其申诉权利。对罪犯申诉应当具体情况具体分析，不应当一概认为是不认罪服法。

(二) 对罪犯提出的控告、检举的处理

1. 罪犯控告、检举

罪犯控告，是指罪犯在服刑期间向有关机关揭发、控诉有关人员违法犯罪行为，以维护自身合法权益的行为。罪犯的控告可以针对监狱机关及其工作人员，也可以针对其他机关和公民。罪犯检举，是指罪犯在服刑期间揭发、举报监内外各种违法犯罪活动的线索和事实，并要求予以处理的行为。②

2. 对罪犯控告、检举的处理

对于罪犯提出的控告、检举，监狱应当根据职责和管辖范围，分情况作出处理。属于监狱管辖的，由监狱的纪检、监察或者管教部门及时处理。属于公安机关、人民检察院等其他机关管辖的，应当及时转递罪犯的控告、检举材料，不得扣压。公安机关或者人民检察院应当将处理结果通知监狱。

四、减刑、假释

根据《中华人民共和国刑法》（以下简称《刑法》）第78条的规定，减刑是指被判处管制、拘役、有期徒刑、无期徒刑的罪犯，在执行期间，如果认真遵守监规，接受教育改造，确有悔改表现的，或者有立功表现的，可以依法对其减轻原判刑罚的制度。此处所指的减刑，是一种狭义的减刑，通常限于针

① 吴宗宪：《监狱学导论》，法律出版社2012年版，第340页。

② 杨殿升：《监狱法学》，北京大学出版社2000年版，第98页。

对监禁刑的减刑制度。[1] 既可以是刑种的减轻即由较重的刑罚减为较轻的刑罚(限于由无期徒刑减为有期徒刑)，也可以是刑期的缩短即由较长的刑期减为较短的刑期。

根据《刑法》第 81 条的规定，假释是指被判处有期徒刑的犯罪分子，执行原判刑期 1/2 以上，被判处无期徒刑的犯罪分子，实际执行 13 年以上，如果认真遵守监规，接受教育改造，确有悔改表现，没有再犯罪危险的，可以附条件将其提前释放的制度。

我国的减刑制度是一项具有明显中国特色的刑罚执行制度。“在外国的刑事立法中，除个别国家外，没有像我国这样的减刑制度的规定。”[2] 然而假释制度则是一项国际性的行刑制度。

（一）减刑、假释的适用条件

被判处管制、拘役、有期徒刑、无期徒刑的犯罪分子，在执行期间，如果认真遵守监规，接受教育改造，确有悔改表现的，或者有立功表现的，可以减刑；有下列重大立功表现之一的，应当减刑：（1）阻止他人重大犯罪活动的；（2）检举监狱内外重大犯罪活动，经查证属实的；（3）协助司法机关抓捕其他重大犯罪嫌疑人（包括同案犯）的；（4）有发明创造或者重大技术革新的；（5）在日常生产、生活中舍己救人的；（6）在抗御自然灾害或者排除重大事故中，有突出表现的；（7）对国家和社会有其他重大贡献的。

被判处有期徒刑的犯罪分子，执行原判刑期 1/2 以上，被判处无期徒刑的犯罪分子，实际执行 13 年以上，如果认真遵守监规，接受教育改造，确有悔改表现，没有再犯罪的危险的，可以假释。如果有特殊情况，经最高人民法院核准，可以不受上述执行刑期的限制。对累犯以及因故意杀人、强奸、抢劫、绑架、放火、爆炸、投放危险物质或者有组织的暴力性犯罪被判处 10 年以上有期徒刑、无期徒刑的犯罪分子，不得假释。对犯罪分子决定假释时，应当考虑其假释后对所居住社区的影响。

《监狱法》第 34 条规定，对不符合法律规定的减刑、假释条件的罪犯，不得以任何理由将其减刑、假释。人民检察院认为人民法院减刑、假释的裁定不当，应当依照刑事诉讼法规定的期间向人民法院提出书面纠正意见。对于人民检察院提出书面纠正意见的案件，人民法院应当重新审理。

---

[1] 吴宗宪：《监狱学导论》，法律出版社 2012 年版，第 345 页。

[2] 高铭暄、马克昌：《刑法学》，中国法制出版社 2007 年版，第 350 页。

（二）监狱的提请

监狱提请减刑、假释，应当根据法律规定的条件和程序进行，遵循公开、公平、公正的原则，实行集体评议、首长负责的工作制度。

被判处有期徒刑的罪犯的减刑、假释，由监狱提出建议，提请罪犯服刑地的中级人民法院裁定。被判处死刑缓期二年执行的罪犯的减刑，被判处无期徒刑的罪犯的减刑、假释，由监狱提出建议，经省、自治区、直辖市监狱管理局审核同意后，提请罪犯服刑地的高级人民法院裁定。

监狱成立提请减刑假释评审委员会，由主管副监狱长及刑罚执行、狱政管理、教育改造、生活卫生、狱内侦查、监察等有关部门负责人组成，主管副监狱长任主任。监狱提请减刑假释评审委员会不得少于7人。

监狱提请减刑、假释，应当由分监区集体评议，监区长办公会审核，监狱提请减刑假释评审委员会评审，监狱长办公会决定。省、自治区、直辖市监狱管理局审核减刑、假释建议，应当由主管副局长召集刑罚执行等有关部门审核，报局长审定，必要时可以召开局长办公会决定。

（三）审核与裁定

省、自治区、直辖市监狱管理局收到监狱报送的提请减刑、假释建议的材料后，应当由主管副局长召集刑罚执行（狱政管理）等有关部门进行审核。

减刑建议由监狱向人民法院提出，人民法院应当自收到减刑建议书之日起1个月内予以审核裁定；案情复杂或者情况特殊的，可以延长1个月。减刑裁定的副本应当抄送人民检察院。

被判处无期徒刑、有期徒刑的罪犯，符合法律规定的假释条件的，由监狱根据考核结果向人民法院提出假释建议，人民法院应当自收到假释建议书之日起1个月内予以审核裁定；案情复杂或者情况特殊的，可以延长1个月。假释裁定的副本应当抄送人民检察院。

五、释放

释放，是指监狱依法解除正在服刑的罪犯的监禁并恢复其人身自由的刑罚终结活动。① 释放解除了罪犯被监禁的状态，恢复了罪犯的人身自由，是刑罚执行活动的最后一环。

---

① 吴宗宪：《监狱学导论》，法律出版社2012年版，第363页。

（一）释放的种类

根据相关法律的规定和司法实践，监狱管理中所指的释放主要是指刑满释放。不过，除此之外还包括裁定释放、特赦释放等。在国外，还有强制释放、紧急释放等。①我国的释放可以分为三类：

1. 刑满释放

所谓刑满释放，是指罪犯被人民法院判处的刑期或经裁定减刑后的刑期届满，刑罚执行完毕而被释放。刑满释放是最常见的一种释放类型，在监狱关押的罪犯大多是因为服刑期满而被释放的。

2. 裁判释放

所谓裁判释放，是指监狱依据人民法院重新作出的判决或裁定，将无罪的在押人员或改判刑期届满的罪犯，解除监禁状态，依法恢复人身自由的活动。

3. 特赦释放

所谓特赦释放，简称"特赦"，是指监狱依据国家法律规定对处在关押改造过程中的某些特定服刑人员，免除其刑罚一部或全部的执行，提前予以释放的制度。

自1959年9月开始，我国至今共实行了八次特赦，对象均是已服刑改造达到了一定的期限，确有改恶从善表现的罪犯。特赦的内容不是免除罪犯的全部刑罚，而是对服刑改造中的罪犯免除至其原判刑罚的剩余部分，提前恢复其人身自由。

（二）释放的程序

根据《监狱法》及有关法规的规定，释放应遵循下列程序：

1. 制作出监鉴定

监狱在释放罪犯时，应当制作出监鉴定，对罪犯在服刑期间的表现作出实事求是、全面客观的评价，并填写《犯人出监鉴定表》，连同判决书（或抄本）一并移送释放人员安置落户所在地的公安机关。

2. 发放释放证明书

根据《监狱法》第35条的规定，罪犯服刑期满，监狱应当按期释放并发给释放证明书。释放证明书是证明罪犯获得合法释放的法律文书，应当在释放罪犯的当日签发并发给释放人员。第36条规定，罪犯释放后，公安机关凭释

① 吴宗宪：《当代西方监狱学》，法律出版社2005年版，第326~327页。

放证明书办理户籍登记。对于外籍犯和家居我国港、澳、台地区的罪犯，应当在刑满前3个月向省（自治区、直辖市）公安厅（局）申报，以便给他们办理出境手续。①

3. 发给路费、生活补助费

对于被释放人员，监狱应当发给回家路费和途中伙食费，办理户口迁移手续，由公安机关负责办理户籍登记。

另外，对刑满释放人员，当地人民政府帮助其安置生活。刑满释放人员丧失劳动能力又无法定赡养人、扶养人和基本生活来源的，由当地人民政府予以救济。刑满释放人员依法享有与其他公民平等的权利。

第二节 监狱狱政管理制度

狱政管理是指监狱对罪犯实施监管和行政管理活动的总称。② 狱政管理制度是监狱管理制度的核心内容之一，按照《监狱法》的规定，它包括分押分管，警戒、戒具和武器的使用，通信和会见，生活和卫生，奖惩以及对罪犯服刑期间犯罪的处理七个部分。其管理遵循四个基本原则：（1）依法管理原则；（2）严格管理原则；（3）科学文明管理原则；（4）直接管理原则。③

一、分押分管

分押分管是指监狱根据罪犯的性别、年龄、犯罪类型、刑罚种类和长度等，对罪犯实行分开关押和不同管理的制度，主要包括对罪犯实行分别关押、分类管理和分级处遇等内容。

分押分管是同一个整体的两个方面。分押是分管的前提和基础，而分管是在分押的条件下实行的区别对待。没有分押则谈不上分管；没有分管，分押也就失去了意义。

分押分管的等级形式，一般分为从严管理、普通管理、从宽管理三个档次，也称三级管理。罪犯的待遇应与分押分管的管理形式相适应，宽严协调，即对罪犯的区别对待政策应在分押分管的处遇中体现出来。

① 金鉴：《监狱学总论》，法律出版社1997年版，第343页。

② 参见杨殿升：《监狱法学》，北京大学出版社2000年版，第118页。

③ 参见杨殿升：《监狱法学》，北京大学出版社2000年版，第121~124页。

（一）分押

分押即分类关押，是指我国监狱对人民法院交付执行的罪犯，在按其性别、年龄的不同由不同的监狱分开收监关押的基础上，进一步按犯罪类型、刑罚种类、刑期和改造表现等情况予以分别关押的制度。由此可见，分类关押可以分为分开关押和分别关押两个方面，或称两个步骤。

分开关押，是指我国监狱对人民法院交付执行的罪犯，按其性别、年龄的不同由不同的监狱分开收监关押。

分别关押，是指在分开关押的基础上，对罪犯进一步按犯罪类型、刑罚种类、刑期和改造表现等情况予以分别关押。分别关押是在分开关押的基础上，进一步对罪犯实施的分类关押，实践中主要把罪犯分为五大类型进行分别关押，即财产类、性犯罪类、暴力类、过失犯罪和渎职犯罪类以及其他犯罪类。

（二）分管

分管是指监狱根据不同类型罪犯的特点予以相应的管束，并根据罪犯的入监服刑时间和改造表现，确定不同的管理等级，给予相应的待遇的制度，是分类管理（约束）和分级处遇的合称。

分类管理（约束）是指监狱在对罪犯分类关押的基础上，根据不同类型罪犯群体的特点而采取的有针对性的管理措施。

分级处遇是指监狱将罪犯划分为不同的级别，并施以不同待遇的管理方式。分级处遇的目的在于体现区别对待，发挥管理的引导作用和激励作用。

《监狱法》第39条规定："监狱对成年男犯、女犯和未成年犯实行分开关押和管理，对未成年犯和女犯的改造，应当照顾其生理、心理特点。监狱根据罪犯的犯罪类型、刑罚种类、刑期、改造表现等情况，对罪犯实行分别关押，采取不同方式管理。"第40条规定："女犯由女性人民警察直接管理。"

二、警戒①

一般而言，所谓警戒是指防止敌人袭击和侦察的警卫措施，属于战斗保障的内容之一。但是，这里监狱制度中所说的警戒，是指为了防止和预防罪犯以及监狱外的人破坏监狱工作而开展的防范戒备工作。警戒制度是保障监狱安全运行的重要制度，根据我国监狱工作的有关规定和工作传统，监狱的警戒制度

① 参见吴宗宪：《监狱学导论》，法律出版社2012年版，第372~375页。

主要包括内部警戒、外部警戒和周边联防三个方面。

内部警戒，又称“内看守”、“内管”，是指由监狱人民警察在监狱内进行的维护监管秩序稳定的警戒工作，是保障监管安全的第一道防线。

外部警戒，即“武装警戒”，是指由武装警察部队在监狱周围、罪犯其他活动场所和罪犯押解途中进行的武装警卫和戒备工作，是保障监管安全的第二道防线。《监狱法》第 41 条规定：“监狱的武装警戒由人民武装警察部队负责，具体办法由国务院、中央军事委员会规定。”

周边联防，是指监狱周围的有关机关、单位和基层组织构成的维护监狱安全的防控网络和相关工作，这是保障监管安全的第三道防线。

《监狱法》第 42 条规定：“监狱发现在押罪犯脱逃，应当即时将其抓获，不能即时抓获的，应当立即通知公安机关，由公安机关负责追捕，监狱密切配合。”第 43 条规定：“监狱根据监管需要，设立警戒设施。监狱周围设警戒隔离带，未经准许，任何人不得进入。”第 44 条规定：“监区、作业区周围的机关、团体、企业事业单位和基层组织，应当协助监狱做好安全警戒工作。”

三、戒具和武器的使用

戒具，又称警戒具，是指用于预防和制止监狱罪犯中某些危险行为发生的专门工具。依据相关法律规定，监狱使用的戒具包括手铐、脚镣、警绳等。监狱遇有下列情形之一的，可以使用戒具：（1）罪犯有脱逃行为的；（2）罪犯有使用暴力行为的；（3）罪犯正在押解途中的；（4）罪犯有其他危险行为需要采取防范措施的。前款所列情形消失后，应当停止使用戒具。另外，凡加戴戒具的犯人均不应再出工劳动。对老病残犯人禁止使用戒具；对女犯，除特殊情况下，不得使用戒具。使用戒具的时间，除判处死刑待执行的犯人外，一般为 7 天，最长不超过 15 天。严禁对罪犯滥用戒具，或者把戒具当刑具使用。①

武器，是用于攻击的工具，也因此被用来威慑和防御。武器一般会被用来伤害或攻击他人或设施，当武器被有效利用时，一般会遵循“期望效果最大化、附带伤害最小化”的原则。《监狱法》规定，人民警察和人民武装警察部队的执勤人员遇有下列情形之一，非使用武器不能制止的，按照国家有关规定，可以使用武器：（1）罪犯聚众骚乱、暴乱的；（2）罪犯脱逃或者拒捕的；（3）罪犯持有凶器或者其他危险物，正在行凶或者破坏，危及他人生命、财产安全的；（4）劫夺罪犯的；（5）罪犯抢夺武器的。使用武器的人员，应当

---

① 参见 1955 年第一届联合国预防犯罪和罪犯待遇大会通过的《囚犯待遇最低限度标准规则》的相关规定。

按照国家有关规定报告情况。

四、通信和会见

通信权、会见权是宪法赋予我国公民的基本权利，正在服刑的罪犯也拥有此项法定权利。

（一）通信

通信，是指正在服刑的罪犯与监狱外界互通书信或进行其他类型的信息交流的活动。这里的“信”是指信息，不是单纯指信件。《监狱法》第47条：“罪犯在服刑期间可以与他人通信，但是来往信件应当经过监狱检查。监狱发现有碍罪犯改造内容的信件，可以扣留。罪犯写给监狱的上级机关和司法机关的信件，不受检查。”根据法律规定和监狱工作实践，罪犯通信的方式有书信往来、打电话和其他方式3种。

外国籍罪犯①经批准可以与所属国驻华使、领馆外交、领事官员，亲属或者监护人通信。监狱对外国籍罪犯与所属国驻华使、领馆外交、领事官员的往来信件，应当按照《维也纳领事关系公约》以及我国缔结的双边领事条约的规定，及时转交。监狱对外国籍罪犯与亲属或者监护人的往来信件要进行检查。对正常的往来信件，应当及时邮寄转交；对有违反监狱管理规定内容的信件，可以将其退回，同时应当书面或者口头说明理由，并记录备案。外国籍罪犯的申诉、控告、检举信以及写给监狱的上级机关和司法机关的信件，不受监狱检查。监狱应当及时转交。经监狱批准，外国籍罪犯可以与所属国驻华使、领馆外交、领事官员或者亲属、监护人拨打电话。通话时应当遵守中国籍罪犯通话的有关规定。通话费用由本人承担。

（二）会见

会见②，是指正在监狱服刑的罪犯与监狱外的人见面的制度。根据法律规

① 外国籍罪犯是指经我国人民法院依法判处刑罚后在我国监狱内服刑的外国公民。在我国监狱内服刑的无国籍罪犯，比照外国籍罪犯执行。因此，通常所讲的“外国籍罪犯”，包括外国籍罪犯和无国籍罪犯。

② 在劳动改造条例等早期的立法中，通常使用“接见”一词。后来，认为使用“接见”一次不准确，因为“接见”是指地位高的人与地位低的人之间的见面，这样的词语用于罪犯与他人的见面，显然不妥。因此，在监狱法中使用了“会见”一词，“会见”被看成地位相等的人们之间的见面。

定和监狱工作实践，罪犯会见可以分为普通会见、会见律师、会见其他人和外籍犯的会见四个部分。

普通会见，是指正在服刑的罪犯与其亲属、监护人会见。《监狱法》第48条规定："罪犯在监狱服刑期间，按照规定，可以会见亲属、监护人。"

律师会见在押罪犯，一律在监狱内的会见场所进行。监狱应当为律师会见在押罪犯提供方便。有下列情形之一的，律师可以会见在押罪犯：在刑事诉讼程序中，接受在押罪犯委托或者人民法院的指定，提供法律咨询，担任辩护人或者代理人的；在民事、行政诉讼程序中，接受在押罪犯委托，担任代理人的；接受在押罪犯委托，代理调解、仲裁的；其他需要会见在押罪犯的情形。律师需要会见在押罪犯，可以传真、邮寄或者直接提交的方式，向罪犯所在监狱提交下列材料的复印件：授权委托书（不需要授权委托的，提供相关证明）；律师执业证；律师事务所出具的律师会见在押罪犯的信函。对有律师辅助人员或者翻译人员参加会见的，律师应当向监狱提交其工作证件或者身份证件的复印件。律师会见在押罪犯，一般应由两名律师参加，也可以由一名律师带一名律师辅助人员参加。律师会见在押罪犯，不得有下列行为：传递违禁品；私自为在押罪犯传递书信、钱物；将通信工具提供在押罪犯使用；未经监狱和在押罪犯同意对会见进行录音、录像和拍照；其他违反法律、法规、规章以及妨碍监狱管理秩序的行为。

外国籍罪犯经批准可以与所属国驻华使、领馆外交、领事官员，亲属或者监护人会见、通信。

会见过程中，罪犯收受物品和钱款，应当经监狱批准、检查。

五、生活和卫生

生活和卫生，是指对正在监狱中服刑的罪犯的日常生活以及医疗卫生等进行管理的制度，包括生活管理和卫生管理两个方面。

罪犯的生活管理是指对正在服刑的罪犯的日常生活进行管理的制度。主要包括饮食管理（伙食指标、伙食管理、伙食制作、进餐、特殊伙食）；作息安排；被服管理（管理对象、数量标准、样式颜色、相关标志、被服洗涤、被服使用）；舍监区管理（舍监区的采光、通风、保暖和防潮，宿舍区的环境卫生）。《监狱法》规定，罪犯的生活标准按实物量计算，由国家规定；罪犯的被服由监狱统一配发；对少数民族罪犯的特殊生活习惯，应当予以照顾；罪犯居住的监舍应当坚固、通风、透光、清洁、保暖。

医疗卫生管理是指在监狱中对正在服刑的罪犯的疾病进行预防和治疗等事

务进行的管理工作和相关程序。主要包括：罪犯个人卫生管理；罪犯疾病预防（建立罪犯健康档案，预防传染性疾病，做好危险疾病监测）；罪犯疾病治疗（一般疾病的治疗、特殊疾病的治疗、强制性医疗措施）。《监狱法》规定，监狱应当设立医疗机构和生活、卫生设施，建立罪犯生活、卫生制度；罪犯的医疗保健列入监狱所在地区的卫生、防疫计划。

另外，罪犯在服刑期间死亡的，监狱应当立即通知罪犯家属和人民检察院、人民法院。罪犯因病死亡的，由监狱作出医疗鉴定。人民检察院对监狱的医疗鉴定有疑义的，可以重新对死亡原因作出鉴定。罪犯家属有疑义的，可以向人民检察院提出。罪犯非正常死亡的，人民检察院应当立即检验，对死亡原因作出鉴定。

六、奖惩

监狱应当建立罪犯的日常考核制度，考核的结果作为对罪犯奖励和处罚的依据。同时为了保证罪犯考核工作的科学化和公正性，罪犯考核工作应当遵循下列原则：（1）合法原则；（2）全面原则；（3）科学原则；（4）兑现原则。①

罪犯有下列情形之一的，监狱可以给予表扬、物质奖励或者记功：（1）遵守监规纪律，努力学习，积极劳动，有认罪服法表现的；（2）阻止违法犯罪活动的；（3）超额完成生产任务的；（4）节约原材料或者爱护公物，有成绩的；（5）进行技术革新或者传授生产技术，有一定成效的；（6）在防止或者消除灾害事故中作出一定贡献的；（7）对国家和社会有其他贡献的。被判处有期徒刑的罪犯有上述情形之一，执行原判刑期1/2以上，在服刑期间一贯表现好，离开监狱不致再危害社会的，监狱可以根据情况准其离监探亲。

罪犯有下列破坏监管秩序情形之一的，监狱可以给予警告、记过或者禁闭：（1）聚众哄闹监狱，扰乱正常秩序的；（2）辱骂或者殴打人民警察的；（3）欺压其他罪犯的；（4）偷窃、赌博、打架斗殴、寻衅滋事的；（5）有劳动能力拒不参加劳动或者消极怠工，经教育不改的；（6）以自伤、自残手段逃避劳动的；（7）在生产劳动中故意违反操作规程，或者有意损坏生产工具的；（8）有违反监规纪律的其他行为的。对罪犯实行禁闭的期限为7天至15天。罪犯在服刑期间有其中所列行为，构成犯罪的，依法追究刑事责任。

① 吴宗宪：《监狱学导论》，法律出版社2012年版，第437页。

第九章　民事、行政判决的执行

执行，是指人民法院以发生法律效力的法律文书为根据，以国家强制力或公权力保证实施法律文书内容的活动。执行程序是整个诉讼活动的最后环节，其对象是生效法律文书的内容，意即对权利义务的分担，执行的客体是法院生效判决的既判力。在我国司法实践中，执行程序是以民事审判权、刑事审判权、行政审判权为基础的法定程序；广义的强制执行除包括民事执行外，还包括刑事执行和行政执行。① 本章仅论述其中的民事执行制度和行政执行制度；同时，鉴于行政执行程序可以参照民事执行程序的情形大量存在，故在探讨“执行难”的症结及其突破时，更多以民事判决的执行为视角。

第一节　民事执行制度

一、民事执行的界定

民事执行，也称民事强制执行或者强制执行，是指国家机关依债权人的申请，以生效的法律文书为根据，运用国家强制力，强制债务人履行义务，从而实现债权人权利的活动。民事执行以存在生效的民事判决为前提，但与后者不同，执行的特殊性质决定了它的权力基础、基本功能、价值取向有别于民事审判，即以民事执行权为基础、以实现生效法律文书确定的债权人权利为功能、以效率为取向。② 民事执行不同于民事履行，二者的根本区别在于是否有强制效力。③ 显然，民事执行主要包括以下几层含义：（1）由国家专门机关进行；

---

① 参见孙加瑞：《中国强制执行制度概论》，中国民主法制出版社1999年版，第9~10页。

② 参见江伟主编：《民事诉讼法学》，北京大学出版社2012年版，第396页。

③ 参见蒲一苇等：《民事诉讼法教程》，清华大学出版社、北京交通大学出版社2013年版，第375页。

(2) 以存在执行根据为前提；(3) 须经债权人申请；(4) 是国家行使公权力的强制行为，强制性是民事执行的根本特性；(5) 系实现已确定的私权的程序。

关于民事执行的分类，可作如下划分：终局执行与保全执行，此即依据执行的效果所作的划分；金钱执行与非金钱执行，此即依据执行根据所载债权的性质所作的划分；直接执行、间接执行与替代执行，此即以民事执行方法为标准所作的分类；对人执行与对物执行，此即以执行标的为标准所作的分类；一般执行与个别执行，此即以执行债务人财产范围为标准的划分；控制性执行与处分性执行，此即根据执行措施是否能够达到强制义务人履行义务的目的所进行的分类，前者是指以防止被执行人转移、隐藏、变卖、毁损财产为目的的执行，如查封、冻结、扣留等措施，后者是指将被执行人的财产作价变卖来清偿债务的执行方式。①

二、民事执行主体

民事执行主体，是指依照执行法律规定，享有权利和承担义务，并能够引起执行程序发生、变更或者终结的组织或者个人。执行活动是在人民法院和执行当事人的参加下进行的，人民法院和执行当事人无疑是执行主体。此外，民事执行活动还需要执行参与人的协助。

（一）执行机构

执行机构，是指对民事法律文书负责强制执行的国家机构，具有法定性和专门性两个基本特征。1982 年《民事诉讼法（试行）》规定，执行工作由执行员、书记员进行；重大执行措施，应当由司法警察参加。1991 年《民事诉讼法》规定，基层人民法院、中级人民法院根据需要，可以设立执行机构，其职责由最高人民法院规定。1998 年最高人民法院颁布的《关于人民法院执行工作若干问题的规定（试行）》（以下简称《执行规定》）载明，人民法院根据需要，依据有关法律的规定，设立执行机构，专门负责执行工作；执行机构负责执行民事、行政判决、裁定、调解书，民事制裁决定、支付令，以及刑事附带民事判决、裁定、调解书等生效法律文书。2007 年、2012 年修订的《民事诉讼法》均规定，人民法院根据需要可以设立执行机构。从此，可以设立执行局的人民法院不再局限于中级、基层人民法院，高级人民法院成立的执

① 童兆洪：《民事强制执行新论》，人民法院出版社 2001 年版，第 84 页。

行局统管辖区执行工作，最高人民法院亦设立了执行机构，从分散到统管的执行管理体制改革、从单一到复合的执行工作机构改革、从集权到分权的执行权运行机制改革基本确立。① 就我国目前的现实情况而言，民事执行机关是人民法院，人民法院内部设立的负责执行工作的执行局就是执行机构，某一具体执行案件的管辖法院就是执行法院。②

一般而言，各级法院的执行机构职能主要包括执行命令、执行实施和执行裁判，执行命令就是责令债务人、协助执行人及其他有关人员履行法定义务；执行实施就是采取强制性的执行措施迫使债务人履行实体义务；执行裁决则是对在民事执行程序中发生的争议和纠纷进行裁断与判定。③《执行规定》第9条规定："上级人民法院执行机构负责本院对下级人民法院执行工作的监督、指导和协调。" 2000年最高人民法院作出《关于高级人民法院统一管理执行工作若干问题的规定》，就"高级人民法院在最高人民法院的监督和指导下，对辖区执行工作的整体部署、执行案件的监督和协调、执行力量的调度以及执行准备的使用等实行统一管理" 作出具体规定。

（二）执行当事人

1. 执行当事人的含义

所谓执行当事人，即指执行程序中的债权人和债务人。在民事执行中，有权根据生效法律文书向人民法院申请执行的人，称为申请执行人；对方当事人，称为被执行人。我国民事诉讼法以"当事人"、"双方当事人" 等术语来指称，其中有权请求执行机关强制对方履行债务，从而实现自身民事权利的人是债权人；与此相对应，向对方负有给付义务的人，则是债务人。所以，执行当事人双方也分别被称为债权人和债务人。

综观我国民事诉讼法的规定，执行当事人的称谓显得比较凌乱，对享有权利的一方民事执行当事人，有"申请人"、"申请执行人"、"债权人"、"权利人"、"被交付人" 等数种称谓；对应当履行义务的一方民事执行当事人，有"被执行人"、"被申请人" 两种称谓。其中，用得最多的称谓分别是"申请

---

① 参见童兆洪：《我国执行体制和机制的创新与完善》，载齐奇主编：《执行体制和机制的创新与完善》，人民法院出版社2008年版，第18~20页。

② 参见谭秋桂、乔欣：《民事执行机关研究》，载江必新、贺荣主编：《强制执行法的起草与论证（三）》，中国法制出版社2014年版，第165页。

③ 参见宋朝武主编：《民事诉讼法学》，厦门大学出版社2008年版，第440~441页。

人”和“被执行人”。① 由于执行程序并不一概由当事人申请而开始，在特殊情况下也可以由人民法院移送执行，所以在本书中，我们有时使用“申请人”或者“申请执行人”和“被执行人”这一对概念，但也使用“债权人”和“债务人”这一对概念。

2. 执行当事人的确定

一般来说，执行根据确定的权利人就是执行程序中的债权人，执行根据确定的义务人就是执行程序中的债务人。从实质上看，确定执行程序中的债权人和债务人，应当以当事人之间的实体权利义务关系为依据，只有具有给付请求权的一方，才能成为执行程序中的债权人，只有具有给付义务的一方，才能成为执行程序中的债务人。因此，诉讼中的原告既可能是债权人也可能是债务人，而诉讼中的被告则既可能是债务人也可能是债权人。② 可见，执行根据的效力，原则上只及于法律文书所确定的权利人和义务人，只有法律文书确定的权利人和义务人为执行当事人，人民法院也只对法律文书确定的义务人实施强制执行。

另一方面，执行程序中，案外人因实体法上的原因具有执行当事人地位，享有申请执行人的权利或者承担被执行人的义务的，就是执行承担。执行承担包括执行程序中权利的继受和义务的承担两个方面。权利的继受比较简便，而义务的承担则比较复杂。③

为保障债权人在法律文书中的合法利益得到实现，民事诉讼法及相关司法解释对被执行主体的变更和追加的情形作了具体的规定。被执行人发生执行承担的情形有：（1）当事人死亡；（2）被执行主体的变更或者追加；（3）组织终止；（4）组织分立、合并；（5）组织名称变更；（6）法人分支机构不能清偿债务；（7）独资企业；（8）合伙组织；（9）开办单位。

（三）执行参与人

在执行过程中，还存在着执行参与人，即指人民法院和执行当事人以外的参与执行工作的组织和个人，包括协助执行人、执行见证人、被申请执行人的家属以及代理人和翻译人员等。

---

① 谭秋桂：《民事执行法学》，北京大学出版社 2005 年版，第 107 页。

② 参见江伟主编：《民事诉讼法学》，北京大学出版社 2012 年版，第 401~402 页。

③ 参见蒲一苇等：《民事诉讼法教程》，清华大学出版社、北京交通大学出版社 2013 年版，第 383 页。

三、民事执行标的

法院强制执行行为所指向的对象，为执行标的，又称执行对象或者执行客体。执行标的有以下两个重要特点：（1）执行标的具有非抗辩性；（2）执行标的具有法定性。

民事执行标的范围，一种观点认为包括物和人身①，另一种观点认为包括财产、行为和人身②，还有一种观点认为包括财产和行为。笔者认为，民事执行依执行标的的不同，分为财产执行和人身执行，财产执行是以债务人所有的物或者有财产价值的权利为执行标的；人身执行是以人的身体或者债务人的自由权为执行标的。现代各国均以财产执行为原则，以人身执行为例外。

关于财产执行的执行标的，一类是财产，另一类是可以替代的行为。根据法律文书的内容，法院需要完成的执行活动可能是要求债务人给付金钱、物品、有价证券等财产，也可能是要求债务人履行一定的行为或者不为一定的行为。《民事诉讼法》第 231 条规定，对判决、裁定和其他法律文书指定的行为，被执行人未按执行通知履行的，人民法院可以强制执行或者委托有关单位或者其他人完成，费用由被执行人承担。

关于人身执行的执行标的，现代法治国家仅允许在例外情况下以人身为执行标的，具体包括：（1）人的身体。人的身体一般不得作为执行对象，但在特殊情形下，如依法应当交出子女的执行，执行人员在符合法律规定的条件下，可以用直接强制方法，将子女交给执行申请人。可以说，这是将人的身体作为执行对象的唯一情形，此外，一概不得将人的身体作为执行标的。（2）人的自由。我国法律采例外立法例，为促使债务人履行债务（尤其是不可以替代的行为），允许以人的自由权为执行标的，采取拘传、拘留、限制出境、罚款等间接执行措施，如当事人不履行法律文书确定的行为，如果该项行为义务只能由被执行人完成，人民法院可以依照民事诉讼法的规定，以拒不履行判决、裁定为由，对义务人（包括单位主要负责人和直接责任人员）予以罚款、拘留，构成犯罪的，追究刑事责任。

四、民事执行根据

执行根据，是指执行机关据以执行的法律文书，是由有关机关依法出具

① 杨与龄编著：《强制执行法论》，台湾三民书局 1997 年版，第 45 页。

② 王红岩、张文香：《论执行标的》，载《政法论坛》2000 年第 3 期。

的、载明债权人享有一定债权，债权人可以据以请求执行的法律文书。

执行根据具有以下法律特征：(1) 它是一种法律文书。(2) 它是已经生效的法律文书。(3) 它是具有给付内容的、法律规定属于法院强制执行的法律文书。不具有给付内容，或者虽有给付内容但法律规定不属于法院强制执行的法律文书，不能成为执行根据。(4) 它是依法向法院申请执行或者由法院移送执行的法律文书。

根据法律文书制作的主体不同，执行根据可以分为两种类型：一是人民法院制作的法律文书，包括民事判决、裁定、调解书、支付令和刑事判决、裁定中的财产部分等。二是法律规定由人民法院执行的其他法律文书，包括仲裁裁决书和公证债权文书。《执行规定》所列情形为：(1) 人民法院民事、行政判决、裁定、调解书，民事制裁决定、支付令，以及刑事附带民事判决、裁定、调解书；(2) 依法应当由人民法院执行的行政处罚决定、行政处理决定；(3) 我国仲裁机构作出的仲裁裁决和调解书，人民法院依据《中华人民共和国仲裁法》有关规定作出的财产保全和证据保全裁定；(4) 公证机关依法赋予强制执行效力的关于追偿债款、物品的债权文书；(5) 经人民法院裁定承认其效力的外国法院作出的判决、裁定，以及国外仲裁机构作出的仲裁裁决；(6) 法律规定由人民法院执行的其他法律文书。

五、民事执行管辖

执行管辖，是指将一定的执行案件、执行事务和执行中的命令及裁判事务决定由何法院执行的权限划分。执行管辖主要包括上下级法院之间的级别管辖和同级法院之间的地域管辖。①

（一）级别管辖

依据《民事诉讼法》和相关司法解释，由基层法院管辖的执行案件有：第一，基层人民法院作为一审法院的生效法律文书；第二，国内仲裁中的财产保全执行和证据保全执行，由被申请人住所地或者被申请保全的财产所在地和申请保全的证据所在地的基层人民法院执行；第三，上级人民法院依法指定基层法院管辖的案件；第四，其他案件。被执行的财产和被申请人一般在基层人民法院辖区内，由其负责执行，便于法院开展执行工作。

由中级人民法院管辖的执行案件有：第一，中级人民法院作为一审法院的

① 参见孙加瑞：《中国强制执行制度概论》，中国法制出版社 1999 年版，第 119 页。

生效法律文书；第二，中国仲裁机构作出的涉外仲裁裁决；第三，经我国法院承认其效力的外国法院判决、国外仲裁裁决；第四，经人民法院认可的中国台湾、香港、澳门地区仲裁裁决、法院判决；第五，专利管理机关依法作出的处理决定和处罚决定，由被执行人住所地或者财产所在地的省、自治区、直辖市有权受理专利纠纷案件的中级人民法院执行；第六，国务院各部门、各省、自治区、直辖市人民政府和海关依照法律、法规作出的处理决定和处罚决定，由被执行人住所地或者财产所在地的中级人民法院执行；第七，上级人民法院依法指定基层法院管辖的案件。

高级人民法院为一审的生效法律文书的执行，由高级人民法院管辖。

（二）地域管辖

所谓执行程序中的地域管辖，是指执行案件应当由执行标的物所在地或者被执行人应当履行的行为地法院管辖；如果应当执行的标的物所在地或者被执行人应当履行的行为地不明确的，则由被执行人住所地法院管辖。

民事诉讼法规定，人民法院作出的发生法律效力的民事判决书、裁定书、调解书，以及具有财产内容的刑事判决书、裁定书，由第一审人民法院或者与第一审人民法院同级的被执行的财产所在地人民法院执行。法律规定由人民法院执行的其他法律文书，如仲裁裁决书、仲裁过程中的财产保全裁定、公证机关依法赋予强制执行效力的公证债权文书，由被执行人住所地或者被执行的财产所在地人民法院执行。

两个以上人民法院都有管辖权的，当事人可以向其中一个人民法院申请执行；当事人向两个以上人民法院申请执行的，由最先立案的人民法院管辖。两个人民法院之间因执行管辖权发生争议的，由双方协商解决；协商不成的，报请双方共同的上级人民法院指定管辖。基层人民法院和中级人民法院管辖的执行案件，因特殊情况需要由上级人民法院执行的，可以报请上级人民法院执行。

六、执行程序通则

（一）执行的开始

执行程序的开始有两种形式，即申请执行和移送执行。债权人是否申请执行，应由当事人处分决定。所以执行程序一般只有申请人提出申请始得开始，这就是申请执行；在特殊情况下不依当事人的申请，而是法院依职权启动，这就是移送执行。

1. 申请执行

申请执行，是指法律文书生效后，由于义务人在指定期限内拒不履行义务，权利人依法向人民法院请求对义务人的财产或行为予以强制执行的行为。① 当事人申请执行应当符合以下条件：其一，要有以给付为内容的执行根据；其二，债务人逾期不履行或者拒绝履行法律文书确定的义务；其三，在法定的执行时效内提出。

当事人申请执行，应当向人民法院提交下列文件和证件：第一，申请执行书。写明申请执行的理由、事项、执行标的，以及申请执行人所了解的被申请人的财产状况；第二，生效法律文书副本；第三，申请执行人的身份证明；第四，继承人或者权利承受人申请执行的，应当提交继承或者承受权利的证明文件；第五，其他应当提交的文件或者证件。

申请执行仲裁机构的仲裁裁决，应当向人民法院提交有仲裁条款的合同书或者仲裁协议书。申请执行国外仲裁机构的仲裁裁决的，应当提交经我国驻外使领馆认证或者我国公证机关公证的仲裁裁决书中文本。

申请人民法院强制执行的，应当按照诉讼收费办法的规定，缴纳申请执行费用。

2. 移送执行

人民法院在作出裁判后，因为情况特殊而认为有必要时，不待当事人申请，直接交执行机构执行的叫移送执行。

依职权移送执行的案件，大致有三类：其一是发生法律效力的具有给付赡养费、扶养费、抚育费内容的法律文书；其二是民事制裁决定书；其三是刑事附带民事判决、裁定、调解书。

3. 执行受理

根据《执行规定》，人民法院受理执行案件应当符合下列条件：（1）申请或者移送执行的法律文书已经生效；（2）申请执行人是生效法律文书确定的权利人或者其继承人、权利承受人；（3）申请执行人在法定期限内提出申请；（4）申请执行的法律文书有给付内容，且执行标的和被执行人明确；（5）义务人在生效法律文书确定的期限内未履行义务；（6）属于受申请的人民法院管辖。人民法院对符合上述条件的申请，应当在7日内予以立案；不符合上述条件之一的，应当在7日内裁定不予受理。

① 郭兵主编：《强制执行论》，人民法院出版社2010年版，第166页。

人民法院决定受理执行案件后，应当向被执行人发出执行通知，责令其在指定的期间履行生效法律文书确定的义务，并可以立即采取强制执行措施。被执行人未按执行通知履行法律文书确定的义务的，应当报告当前以及收到执行通知之日前一年的财产状况；人民法院有权向有关单位查询被执行人的存款、债券、股票、基金份额等财产情况，并有权根据不同情形扣押、冻结、划拨、变价被执行人的财产。

（二）执行的阻却

1. 暂缓执行

暂缓执行，是指执行启动后、终止前，因出现法定事由，执行机关延缓执行程序或暂停执行措施。① 暂缓执行一般适用于在执行中发现据以执行的生效法律文书确有错误而正在按审判监督程序处理中，或者正在进行的执行程序、执行行为违反法律规定等情形。

在执行程序中，主要有三种情形适用暂缓执行：第一，被执行人提供担保；第二，委托法院决定暂缓执行；第三，上级法院决定暂缓执行。暂缓执行实施后，产生三个方面的法律效果：第一，暂停执行程序。暂缓执行后，执行机构不得采取新的执行措施，不得再为新的执行行为。第二，维持原有的执行效果。暂缓执行前的执行行为仍然有效，不因暂缓执行而失效。已采取的执行措施非经执行机构裁定解除，当事人不得自行解除。第三，有条件地恢复执行。暂缓执行期间内或者暂缓执行期限届满时，当事人履行了法律文书确定义务的，则执行程序完结。如逾期仍不履行义务的，除非延长暂缓执行期限，否则执行机构可以径行恢复执行。

2. 执行中止

人民法院依法执行案件，由于出现某种特殊情况需要暂时停止执行程序，待特殊情况消失后，恢复执行程序，继续进行执行的，叫做中止执行。中止执行分为整个执行程序的中止和个别执行行为的中止两种情况。前者是指由于发生中止执行的原因，整个执行程序都不能继续进行，后者是仅对执行标的物的一部分中止执行。

依照民事诉讼法规定，有下列情形之一的，人民法院应当裁定中止执行：(1) 申请人表示可以延期执行的；(2) 案外人对执行标的提出确有理由的异

---

① 参见李炎：《和谐社会构建中的强制执行权研究》，武汉大学出版社 2009 年版，第 191 页。

议的；（3）作为一方当事人的公民死亡，需要等待继承人继承权利或者承担义务的；（4）作为一方当事人的法人或者其他组织终止，尚未确定权利义务承受人的；（5）按照审判监督程序决定再审。人民法院按照审判监督程序提审或者再审的案件，法院应当根据上级法院或者本院作出的中止执行裁定书中止执行；（6）人民法院认为应当中止执行的其他情况。

3. 执行和解

执行和解，是指在执行过程中，双方当事人自愿达成关于履行执行依据所确定的义务的协议，从而结束执行程序的活动。①

执行和解的基本特征是当事人自行和解。它是由当事人双方主动协商进行的，不需要由其他任何组织或者个人主持，执行组织也不得借口执行和解而动员、说服、强迫一方当事人让步，拖延执行。只要当事人尚未达成执行和解协议，就不能以将来进行执行和解为由停止执行。执行程序中，除当事人执行和解外，执行人员不能进行调解，因为对于生效法律文书，非依法定程序不得撤销或者变更；执行人员的任务是强制实现生效法律文书的内容，无权解决实体权利义务争议，所以执行程序中不得进行调解。

和解协议仅发生拘束执行当事人的效力。和解协议已经履行完毕的，不得再请求恢复执行；和解协议没有强制执行力。申请恢复执行原法律文书，适用民事诉讼法有关申请执行期限的规定。申请执行期限因达成执行和解协议而中止，其期限自和解协议所定履行期的最后一日连续计算。

此外，在执行和解适用中要注意以下问题：（1）执行和解应当遵循自愿、平等的原则，体现当事人自由处分民事权利的精神，人民法院在执行中不能为结案而组织当事人强制和解；（2）执行和解协议是一个附条件的合同，申请执行人、被执行人或者其他义务承担人在执行和解协议履行完毕前，可以反悔并申请恢复执行原判决；（3）按照当前的法律规定，执行和解协议属于执行程序中的特殊产物，不具有可诉性；（4）申请恢复执行期间是不变期间，应当连续计算。

4. 执行担保

在执行程序中，债务人为请求暂时停止执行而向人民法院提供担保，并经债权人同意的，人民法院可以决定暂缓执行及暂缓执行的期限。执行担保应当具备以下条件：第一，须由债务人提出申请；第二，须由债务人提供财产担保，或者由第三人出面担保；第三，须经债权人同意；第四，如果担保是有期

① 参见谭秋桂：《民事执行原理研究》，中国法制出版社 2001 年版，第 311 页。

限的，暂缓执行的期限应当与担保期限一致，但最长不得超过1年。

债务人在人民法院决定暂缓执行的期限届满后仍不履行的，人民法院有权执行债务人的担保财产或者裁定执行担保人的财产。债务人或者担保人对担保的财产在暂缓执行期间有转移、隐匿、变卖、毁损等行为的，人民法院可以恢复强制执行。

（三）执行的结束

1. 执行完毕

执行完毕，即指在民事执行程序的最后阶段，据以执行的生效法律文书的内容得以全面实现，也就是被执行人按照执行依据的规定全面履行了义务，致使申请执行人的债权得以全面实现。因此，执行完毕标志着民事执行程序的自然结束，它是民事执行程序结束的最主要方式，也是最理想的方式。①

2. 执行终结

执行终结，是指在执行程序中，因发生法律规定的事由，执行程序没有必要或者不可能继续，因而依法结束执行程序。② 在我国台湾地区的学者看来，债权全部实现、债权人撤回执行申请、实施执行已无效果、撤销执行处分等，均构成执行终结的事由，于此情形，民事执行机构应当立即停止执行，当事人或者利害关系人也不得再申请执行、声明异议或者提起异议之诉。③

依照《民事诉讼法》的规定，有下列情形之一的，人民法院裁定终结执行：第一，申请人撤销申请的；第二，据以执行的法律文书被撤销的；第三，作为被执行人的公民死亡，无遗产可供执行，又无义务承担人的；第四，追索赡养费、扶养费、抚育费案件的权利人死亡的；第五，作为被执行人的公民因生活困难无力偿还借款，无收入来源，又丧失劳动能力的；第六，人民法院认为应当终结执行的其他情形。

3. 不予执行

不予执行，是指人民法院在对仲裁裁决、公证债权文书的申请执行书或者承认和执行外国法院的判决、裁定的申请书予以审查或者执行过程中，因出现

---

① 参见江必新主编：《民事执行新制度理解与适用》，人民法院出版社2010年版，第237~238页。

② 参见蒲一苇等：《民事诉讼法教程》，清华大学出版社、北京交通大学出版社2013年版，第407页。

③ 杨与龄编著：《强制执行法论》，台湾三民书局1997年版，第45页。

法定的原因，裁定停止执行并结束执行程序的行为。

不予执行是结束民事执行程序的一种方式。依照民事诉讼法的规定，只有对仲裁裁决、公证债权文书的执行，外国法院的判决、裁定的承认和执行，才存在不予执行的问题。不予执行裁定生效后，该执行程序即告结束，原执行根据丧失了执行力，不仅不能依其进行新的执行行为，已为的执行行为也应当撤销。

第二节　行政执行制度

行政法上的执行制度极为复杂，与民事执行不同，行政执行的主体既有可能是人民法院，也有可能是行政机关。根据行政诉讼法的有关规定，行政相对人拒绝履行判决的，行政机关可以申请法院强制执行，自己有强制执行权的，也可以依法强制执行；被执行人为行政机关的，执行组织只能是人民法院，公民 、法人或者其他组织不能成为执行组织。

我国行政判决的执行具有以下几个方面的特点：（1）执行机关是人民法院或有权行政机关；（2）执行申请人或被申请人必有一方是行政机关；（3）执行依据是已经生效的裁判文书，包括行政判决书、行政裁定书、行政赔偿判决书、行政赔偿调解书；（4）执行后果是使裁判文书确定的义务得以实现。①

一、行政执行的依据

并非所有的行政裁判和具体行政行为都要进入行政执行程序，人民法院行政执行的构成是有条件的。一方面，强制执行的根据必须是已经生效的法律文书；另一方面，行政判决的执行程序，只有在义务人逾期拒不履行的条件下才启动。具体而言，人民法院行政执行依执行根据不同可分为两类：一类是行政裁判的执行，另一类是具体行政行为的执行。这两类执行，因执行根据不同，所构成的条件也不同。

（一）行政诉讼案件执行

行政诉讼案件执行，即以行政裁判为根据的人民法院行政执行，是指经过行政诉讼，法院作出生效法律文书后，当事人逾期拒不履行的，由人民法院依

---

① 参见方世荣主编：《行政法原理与实务》，中国政法大学出版社 2007 年版，第 298~299 页。

法所进行的执行活动。其构成条件具体包括：

第一，须有行政裁判法律文书作为执行根据。行政机关作出具体行政行为，行政相对人不服诉至人民法院，人民法院通过审理，作出行政裁判。义务人在行政裁判文书指定期限内不履行义务，权利人就可申请人民法院执行，于此情形，生效的行政判决书、行政裁定书、行政赔偿判决书、行政赔偿调解书便是行政强制执行的根据。

第二，须具有可供执行的内容。只有生效裁判明确规定了当事人的作为义务，才有执行的可能。一般来讲，行政诉讼中作为可供执行内容的义务有：赔偿等给付义务；恢复原状；实施特定行为的义务，如拆除违章建筑、收缴财物、作出特定具体行政行为等。①

第三，须是行政义务人拒不履行义务。承担行政裁判法律文书或具体行政行为确定义务的人拒不履行义务，是申请人申请人民法院执行的前提条件。

第四，须有当事人的申请。包括作为权利人的行政主体的申请或作为权利人的行政相对人的申请，而且要在法定期限内提出。

第五，行政机关没有强制执行权。人民法院行政裁判发生法律效力后，除行政机关是被执行人外，行政机关申请人民法院强制执行行政相对人的，还必须具备自己没有强制执行权的条件。经过行政裁判的行政案件，法律、法规已赋予行政机关强制执行权的，应当由行政机关自己强制执行，不得要求人民法院强制执行。

（二）非诉行政行为执行

非诉行政行为执行，即人民法院对具体行政行为的执行，是指行政主体作出具体行政行为后，行政相对人在法定期限内既不履行，也不提起行政复议或者行政诉讼，而由行政主体申请人民法院对具体行政行为所确定的义务进行执行的活动。其与行政裁判执行的条件基本一致，具体包括以下几项：

第一，执行依据是行政机关作出的已生效具体行政行为。行政机关作出具体行政行为，行政相对人在法定期限内不提起诉讼又不履行的，行政机关可以申请人民法院强制执行。于此情形，该具体行政行为作出的法律文书便是人民法院强制执行的根据。

第二，生效的具体行政行为具有执行内容，并确无错误。

第三，相对人不履行义务。

① 方世荣主编：《行政法原理与实务》，中国政法大学出版社2007年版，第299页。

第四，行政机关在法定期限内向人民法院提出申请，并提交有关材料。

第五，人民法院有强制执行权。如果法律规定行政机关自己对某些行政案件有强制执行权的，就排除人民法院的强制执行，不需要申请人民法院执行，人民法院也不能予以执行。

二、行政执行的内容

行政执行的特殊性在于，作为行政诉讼一方当事人的行政主体既可以成为法院执行的对象，又可以在特殊情况下成为执行的主体。二者因为具有不同的特点，因而具有不同的程序和内容。

（一）法院的行政执行

行政裁判一旦生效，就具有应当被执行的法定效力。此即意味着，当事人必须履行人民法院发生法律效力的判决、裁定。

公民、法人或者其他组织拒绝履行判决、裁定的，行政机关可以向第一审人民法院申请强制执行，或者依法强制执行。

行政机关拒绝履行判决、裁定的，第一审人民法院可以采取以下措施：(1) 对应当归还的罚款或者应当给付的赔偿金，通知银行从该行政机关的账户内划拨；(2) 在规定期限内不执行的，从期满之日起，对该行政机关按日处 50 元至 100 元的罚款；(3) 向该行政机关的上一级行政机关或者监察、人事机关提出司法建议。接受司法建议的机关，根据有关规定进行处理，并将处理情况告知人民法院；(4) 拒不执行判决、裁定，情节严重构成犯罪的，依法追究主管人员和直接责任人员的刑事责任。《最高人民法院关于执行〈中华人民共和国行政诉讼法〉若干问题的解释》第 84 条规定："申请人是公民的，申请执行生效的行政判决书、行政裁定书、行政赔偿判决书和行政赔偿调解书的期限为 1 年，申请人是行政机关、法人或者其他组织的为 180 日。申请执行的期限从法律文书规定的履行期间最后一日起计算；法律文书中没有规定履行期限的，从该法律文书送达当事人之日起计算。逾期申请的，除有正当理由外，人民法院不予受理"。第 85 条规定："发生法律效力的行政判决书、行政裁定书、行政赔偿判决书和行政赔偿调解书，由第一审人民法院执行。第一审人民法院认为情况特殊需要由第二审人民法院执行的，可以报请第二审人民法院执行；第二审人民法院可以决定由其执行，也可以决定由第一审人民法院执行。"

（二）行政机关申请或自行强制执行

根据法律规定，公民、法人或者其他组织对具体行政行为在法定期间不提起诉讼又不履行的，行政机关可以申请人民法院强制执行，或者依法强制执行。正如富勒所言，“法治的实质必然是在对公民发生作用时，政府应踏实地运用曾公布是应由公民遵守并决定其权利和义务的规则，如果不是指这个意思，那就什么意思也没有”。①

非诉行政案件执行的申请期限，根据《最高人民法院关于执行〈中华人民共和国行政诉讼法〉若干问题的解释》第 88 条规定：“行政机关申请人民法院强制执行其具体行政行为，应当自被执行人的法定起诉期限届满之日起 180 日内提出。逾期申请的，除有正当理由外，人民法院不予受理。”非诉行政案件的执行管辖，根据《最高人民法院关于执行〈中华人民共和国行政诉讼法〉若干问题的解释》第 89 条规定：“行政机关申请人民法院强制执行其具体行政行为，由申请人所在地的基层人民法院受理；执行对象为不动产的，由不动产所在地的基层人民法院受理。基层人民法院认为执行确有困难的，可以报请上级人民法院执行；上级人民法院可以决定由其执行，也可以决定由下级人民法院执行。”非诉行政案件执行前的财产保全，根据《最高人民法院关于执行〈中华人民共和国行政诉讼法〉若干问题的解释》第 94 条规定：“在诉讼过程中，被告或者具体行政行为确定的权利人申请人民法院强制执行被诉具体行政行为，人民法院不予执行，但不及时执行可能给国家利益、公共利益或者他人合法权益造成不可弥补的损失的，人民法院可以先予执行。后者申请强制执行的，应当提供相应的财产担保。”

第三节　“执行难”的症结分析

诉讼程序以审判权为基础，基本功能在于确定当事人之间的实体权利义务；执行程序以执行权为基础，基本功能在于实现生效法律文书确定的权利义务。审判是通过“判断”形成市场秩序，执行则是通过“行动”形成市场秩序。② 长期以来，“执行难”困扰着人民法院，并被形象地概括为被执行人难

① 转引自王利明：《司法改革研究》，法律出版社 2001 年版，第 22 页。

② 汤维建：《关于破解“执行难”的理性反思——以执行体制的独立化构建为中心》，载《学习与探索》2007 年第 5 期。

找、被执行财产难寻、协助执行人难求、应执行财产难动，人民法院为此承受了众多非议和诘难。作为转型期、过渡期特殊的法律现象，“执行难”可以被理解为一种功能相对有限的法律程序直接面对过于复杂的社会现实，不得不处理远超过其制度容量的问题时不堪重负而引起的制度扭曲或制度紧张。① 从“执行难”出现之初到现在，其内涵发生了嬗变：人民法院最初提出“执行难”重在描述一个客观现象并旨在引起社会对这一现象的重视，期待在各方努力下使该现象得以改善，而现在人们在提及“执行难”时则往往流露出对人民法院执行工作的负面评价。②

一、有关执行不能问题的立法不完善，造成制度性积压

（一）立案、结案标准不协调

关于执行难的成因，大致可以析出两种因素：一种是社会因素，比如地方保护主义和部门保护主义干扰等；另一种是技术性因素，即执行立法不完善，社会管理制度不健全。但不管哪种因素的影响更大，法律制度建设滞后都是不可忽视的问题。③ 在立案方面，现行法律规定，执行案件立案条件为债务人不履行生效法律文书，而对于债务人的履行能力、债权实现的客观风险等在立案时在所不问；同时，2012 年《民事诉讼法》虽延长了申请执行的期间，但此前的民事诉讼立法、现行《行政诉讼法》及相关司法解释均将申请执行的期间限为半年或一年，不能延长、中止或中断，即使当事人达成和解协议自行履行，但债权人也必须在申请执行期间内申请强制执行，否则将丧失申请权，如此刚性的申请执行期间，显然增加了生效法律文书申请执行的比例。其中，一部分案件根本没有执行的条件也被引入诉讼程序，造成执行案件的积压，而一旦经过了诉讼程序，当事人往往对法院抱以期望，最终将执行不能的责任归咎于法院。④ 在结案方面，现有的不予执行、执行完毕、和解履行完毕、终结执行等结案方式，均以债权的全部实现或解除为条件，一旦案件进入执行程序，

① 王亚新：《论强制执行与说服教育》，载王亚新：《社会变革中的民事诉讼》，中国法制出版社 2001 年版，第 161 页。

② 参见沈志先主编：《强制执行》，法律出版社 2012 年版，第 31~32 页。

③ 参见王亚新、百晓峰：《强制执行中债务人财产调查制度的完善》，载江必新、贺荣主编：《强制执行法的起草与论证（三）》，中国法制出版社 2014 年版，第 336 页。

④ 江必新：《新诉讼法讲义：执行的理念、制度与机制》，法律出版社 2013 年版，第 54 页。

即使当事人达成执行和解，无须强制执行，债权人也不能撤回申请，否则不得再次申请执行，同时只要未履行完毕，法院就不能结案；而更为常见的是被执行人无财产或下落不明的案件，只要债权得不到实现，执行程序就不能结束。上述两方面的规定不协调，导致执行案件宽进严出，被执行人下落不明、无履行能力及和解履行周期长等案件在执行流程中制度性积压。

（二）破产制度未发挥应有作用

强制执行与破产制度在现代法制中，应当各自承担其职能：强制执行是对个别债权的满足，破产是对债务人财产的一般执行。强制执行强调效率优先原则，而破产则贯彻债权人平等原则。① 当前，个人破产制度尚未建立，企业破产制度缺乏公信力，当事人资不抵债的案件不能完全通过破产程序消化。其中，被执行人为自然人的，根据有关规定，同时符合无劳动能力、无收入来源、生活困难三项条件的，才可以终结结案，但这一规定适用面明显失之于窄。司法实践中，被执行人为自然人的，一旦其无财产偿付债务，案件即在程序上陷入僵局，法院只能坐等其恢复履行能力；被执行人为企业法人的，即使被执行人符合破产条件，权利人也极少主动申请启动破产程序，一个重要的原因即在于担心债务人利用破产程序逃避债务。显然，对于公民和其他组织在“资不抵债”时的财产分配问题，人民法院依照“参与分配模式”予以处理自不待言，但对于法人“资不抵债”时的财产分配问题，人民法院依照“告知申请破产模式”在实践中几乎无法落实，于是，作为我国“商人破产主义”补充的“参与分配”制度在实践中只好临危受命，替代解决本该属于“商人破产主义”立法下的企业法人破产清偿问题，但“参与分配”制度又显得力不从心，其功效远远不如破产清算来得彻底、高效。②

博登海默曾指出：“法律的‘时滞’问题会在法律制度的不同层面中表现出来……立法者往往倾向于对即时性政治利益作出快速反应，而对修正过时的法典或使充满传统因素的司法法律现代化等问题反应迟钝。”③ 由于有关立法与现实的脱节，导致相关案件无法按照执行流程管理的要求妥善处理，长期处

① 肖建国：《我国强制执行平等与优先原则论纲》，载《法律科学》1996年第2期。

② 参见杨荣馨、王嫜：《强制执行的体系结构研究》，载江必新、贺荣主编：《强制执行法的起草与论证（三）》，中国法制出版社2014年版，第101~102页。

③ ［美］E. 博登海默：《法理学、法律哲学与法律方法》，邓正来译，中国政法大学出版社1999年版，第403页。

于程序待定状态，形成执行积案，影响执行程序自身的稳定性，对执行案件流程管理、绩效考评等都具有显而易见的负面影响。特别是有关执行结案标准过于严格，忽视了债权本身的客观风险，阻碍了对执行不能案件的程序分流，造成了债务实体上的无法履行与法院程序上的不能结案混为一谈。一旦案件未能执行，外界往往以“空调白判”、“法律白条”等怨语归咎于法院，法院为债权的客观风险“背黑锅”。

二、外部不利因素对案件执行产生阻碍

（一）社会征信机制不够完善，逃避履行现象严重

目前，完善的征信系统尚未建立，信用制约与惩戒均存在不足，违约失信、逃避债务的风险与成本偏低，诱发了一部分债务人的道德投机。反映在执行工作中，就是被执行人逃避履行债务现象广泛存在，民事裁判文书自觉履行率低、申请执行率高，进入执行程序后被执行人逃避执行情况严重。一些被执行人欠债后，为躲避执行而外出躲藏或与执行法院“打游击”，一些被执行人大多有能力履行，却不愿意履行，采取各种手段与法院软磨硬顶，你发传票他不到，发限期履行通知书他不理，经常使案件并没有实际解决，而且还加剧了法院执行工作未来的压力。① 为逃避执行，一些被执行人以各种手段千方百计转移、隐匿、消耗其所有的财产，达到不履行或少履行债务的目的。有些案件的被执行人甚至在诉讼乃至仲裁阶段就开始转移、隐匿财产，一旦进入执行阶段，早已是人去楼空，财产踪影难觅。②近年来，人民法院积极探索运用信用惩戒等手段，改进执行工作，提升执行效果。但总体而言，当下征信系统仅集中在银行等少数部门，尚未全面覆盖和使用，人民法院的执行案件信息管理系统与征信系统的信息共享平台尚未真正建立，影响了人民法院在执行工作中采取信用制裁措施的积极性、针对性和实效性，许多案件没有采取征信方面的执行措施。

（二）社会管理体制不够完善，执行线索难以查找

首先，相关职能部门管理不到位。对做假账、多头开户、公款私存、转移

① 刘清元：《“执行难”现象的探究》，载《兰州学刊》2000 年第 4 期。

② 梁红照：《论我国强制执行财产调查制度的建立和完善》，载《强制执行与参考》总第 10 集。

财产等违规行为查处不力，法院在查找、确认和追回财产、追究责任方面孤军奋战，缺乏有力支撑，工作难度大。其次，信息交流渠道不畅。工商、金融、房地产、车辆管理等部门建有完整的财产登记信息系统，但部门之间资源不共享，法院在执行程序中难以批量集约、动态跟踪查询，个别查询需要往来奔波且手续繁琐，办案成本较大。再次，被执行人躲避执行，难以查找下落。有的居无定所不易寻找，有的逃避执行无法查找，对此，有的地方部署建立了基层协助执行网络，功能包括借助基层组织力量查找被执行人下落，同时与公安部门建立了专门的联动机制，功能包括借助公安信息网络查找被执行人下落，这些措施在一定程度上拓宽了查询途径。但由于执行案件数量大，情况复杂，常态化查找的工作量、成本等问题还没有得到很好解决，有关执行联动机制的作用还没有得到充分发挥。

三、法院自身工作存在不足，不能有效预防和消化积案

（一）执行能力建设不足

首先，科学合理、有专业优势的财产调查机制建设不足。在执行程序中，立法明确规定了法院的调查责任，但没有向当事人分配调查成本与风险的制度设计，法院因此承担了全部或主要的调查责任，债权人基于切身利益考量，期望法院不惜成本地追查执行线索。另一方面，法院专业调查机制没有得到相应加强，查找被执行人及其财产的基本手段仍然是走访查询，缺少专业技术设备、调查手段和社会联动机制，调查工作规范性与系统性低，过分依赖承办人的主观能动性与个人能力，调查效果与效率难以保证。其次，强制执行必需的力量配备和快速反应、责任追究机制建设不足。在执行程序中，执行实施行为一般需要到执行现场完成，对抗性强，目前基本上由作为文职人员的执行员实施，由于缺乏调度警力控制现场、应对突发暴力抗法事件的力量配置，执行强制力与威慑力不足。同时，追究抗拒执行类犯罪涉及公检法机关的协调配合，执行实践中相关程序启动较少，对逃避执行的往往只是查找、处置财产了事，制裁和打击力度不够，刑事追诉的震慑作用未能充分发挥。此外，在执行程序中，客观制约因素多，刚性的结案期限要求难以落实，执行不能案件大量积压，部分法院因此采取粗放的执行效能管理方式，导致执行不能与消极执行情形碰头叠加。

（二）执行不能案件结案管理不规范

广义的执行难包括执行不能、执行不力和执行不得，严格来讲，执行不得和执行不力，并非真正意义上的“执行难”，但它们客观上都对当前“执行难”问题起到了推波助澜的作用。① 首先，执行不能案件的处理方式不统一、不规范。1998 年以前的一些做法是中止执行报结案（可恢复执行）；1998 年最高人民法院规定中止执行不作结案统计后，一些法院采取发放债权凭证报结案（可恢复执行）的做法，提高结案率；2005 年最高人民法院通知发放债权凭证不作结案统计后，部分法院对债权凭证逐渐停用，采取终结本次执行程序并报结案（可恢复执行）等方法。由于片面追求高结案率，加之对执行不能案件的认定标准不统一、程序不严格，一些有执行条件的案件也被认定为执行不能案件，导致该执不执、草率退出。其次，结案率虚高产生负面影响。一方面，结案率普遍较高，使得外界和法院自身对执行案件结案率期望值相应提高；另一方面，一些案件没有执行到位，与高结案率形成明显落差，加大了法院的结案压力，形成了自激式的不良循环。毕竟，执行理念的高调与实际执行的无能为力之间的反差，导致执行工作陷入两难，也将当事人的关注焦点集中到法院，执行机构几乎被当做债务担保人，一旦不能到达当事人主观认可的执行穷尽，则法院与债权人之间的关系就会处于紧张状态。②

第四节 “执行难”的突围进路

一、厘清执行与审判的关系模式

传统的审判权和执行权的关系模式，可以概括为审判权优势型模式。在该模式中，审判权的司法属性鲜明，审判权成为主体性权力，而执行权处在法院处理纠纷的权力体系外围。可见，“执行难”现象形成的深层次原因在于执行体制的非独立性，以及由此带来的执行权的边缘化和疲软化，而执行权从与审

① 参见莫国繁、黎静：《法院判决“执行难”现状、原因及对策研究——以基层法院的司法实践为视角》，载《法律适用》2009 年第 12 期。

② 张美欣、雷运龙、周孟炎：《一体解决“执行难”“执行乱”的若干实践与思考——以执行信息查询中心的建立为起点和依托》，载《执行工作指导》2013 年第 2 辑，人民法院出版社 2013 年版，第 80 页。

判权的难解难分中挣脱出来则可以看成是执行权的自身解放过程，这样更符合司法权发展的内在规律和执行权的实践理性，此其一。① 其二，要对执行机构进行行政化改造，唯有用行政化的原理来重塑执行机构，才能体现执行程序的效率优先性。究其原因，执行权具有明显的主动性、强制性、命令性等行政色彩，属于典型的行政权，执行工作从性质上来讲是行政活动。因此，执行权应从法院剥离出来，交由行政机关行使。② 其三，坚持执行机构的统一性原则。在实践中，最高人民法院和地方各级人民法院之间、各地人民法院内部及其相互之间，执行局的内设机构各不相同，无法形成对应关系，不利于分类指导和归口管理。为此，根据强制执行权的构成理论，执行局内部可以设立执行立案庭、执行裁判庭、执行实施处和综合事务处。③ 另一方面，国家所有的执行部门，应当统一管理，在机构设置上应当一体化和统一化，而不可分为民事执行、行政执行和刑事执行三大门类。这样将刑事执行、民事执行和行政执行在机构上统一起来的模式，比目前这种分散性模式无疑要更有效率、更有权威，同时也更加节省执行资源。④

二、狠抓执行工作规范化建设

“法院的标准必须是一种客观的标准。在这些问题上，真正作数的并不是那些我认为是正确的东西，而是那些我有理由认为其他正常智力和良心的人都可能会合乎情理地认为是正确的东西。”⑤ 由此，能动执行既是一个理念问题，也是一个实践问题。⑥ 一要积极主动推进执行进程。强制执行既是执行机构的权力，也是执行机构的职责，放弃或怠于行使执行权就是执行机构失职。法院

① 参见汤维建：《关于破解“执行难”的理性反思——以执行体制的独立化构建为中心》，载《学习与探索》2007 年第 5 期。

② 李培才：《裁判执行权的再思考—从权力的个性考察》，载《社会科学》2004 年第 3 期。

③ 参见谭秋桂、乔欣：《民事执行机关研究》，载江必新、贺荣主编：《强制执行法的起草与论证（三）》，中国法制出版社 2014 年版，第 141～147 页。

④ 参见汤维建：《关于破解“执行难”的理性反思——以执行体制的独立化构建为中心》，载《学习与探索》2007 年第 5 期。

⑤ 〔美〕本杰明·卡多佐：《司法过程的性质》，苏力译，法律出版社 1998 年版，第 54 页。

⑥ 江必新：《坚持能动执行理念，努力开创执行工作新局面》，载《执行工作指导》2010 年第 4 辑，人民法院出版社 2011 年版，第 4 页。

在执行活动中不具有超然中立的地位，只要债权人不声明放弃权利，执行工作就“天然地”具有职权干预、职权推动的形态。① 特别是在行使执行实施权的过程中，执行官的立场不能再是中立的，而是必须旗帜鲜明地站在权利人的立场，否则等于是怀疑和否定已由法官在双方当事人处分权的监督之下既有裁判的结果；此时法官的行为也不再是消极的，而是必须以积极的行为，通过强制债务人履行业经审判程序确定的义务，从而帮助债权人实现由于受到侵害或纠纷阻碍而未能实现的权利。② 民事诉讼法修改后，进一步体现了主动执行理念，规定在发出执行通知的同时就可以立即采取强制执行措施，不再需要设置指定履行期间。实践中，执行程序一经启动，执行机构就应当立即依职权主动调查被执行人财产，迅速采取查封、扣押、冻结、拍卖、变卖等措施，及时组织分配、清偿债权，严禁以任何借口消极执行、拖延执行，从而切实提高期限内结案率、结案均衡度和平均执行时间指数。另一方面，有必要构建执行程序中的强制破产制度，搭建连通强制执行程序与破产程序的桥梁，“人民法院在强制执行过程中如果发现债务人已达破产状态，可依职权宣告债务人破产，从而将强制执行程序径直转化为破产程序。”③ 二要用足用好强制执行措施。德沃金曾经说过，“任何人不得从自己的错误中获利”。④ 只有敢用善用强制措施，把执行权威树立起来，才能促使被执行人自动履行生效法律文书确定的义务，真正让打赢官司的当事人及时实现合法权益，有效提高实际执行率、执行到位率，从源头上减少执行案件的数量。实践证明，一些长期未结的疑难案件正是由于偏离了执行工作的强制性造成的，一味迁就妥协，反而导致恶性循环。三要改革执行管辖制度。现行《民事诉讼法》第 224 条对于不同的执行根据采用二元化的立法体例，即对于人民法院制作的法律文书的执行，由第一审人民法院管辖；对于其他机关制作的法律规定应当由人民法院执行的法律文书的执行，由被执行人住所地或被执行人财产所在地人民法院管辖。由于人民法院制作的法律文书构成了主要的执行依据，可以说，现行法在级别管辖上确立的是“一审法院执行”原则，进而在地域管辖上发展为“第一审法院优先”

① 张志铭：《民事执行改革的几个理论问题》，载《人民法院报》2003 年 1 月 24 日。

② 参见傅郁林：《民事司法制度的功能与结构》，北京大学出版社 2006 年版，第 253 页。

③ 林祖彭、李浩：《建议在司法执行中建立强制性破产制度》，载《政治与法律》1998 年第 5 期。

④ 参见张文显：《二十世纪西方法哲学思潮研究》，法律出版社 1996 年版，第 386 页。

原则，由此造成执行法院在级别管辖上的不恒定，也难以摆脱“审执不分”的窘境。因此，应该在级别管辖上将中级人民法院、基层人民法院确立为执行法院，同时废止将第一审法院作为地域管辖中原则法院的规定，按照执行标的之所在地作为地域管辖的原则法院，据此彻底摆脱“审执不分”的藩篱。① 四要科学建立执行终结机制。执行工作受当事人履行能力的制约，这就决定了无履行能力的执行案件有终结执行程序的客观要求，于此情形，就需要在严格界定“执行不能案件”后，在法律上设计一个出口，让其在执行程序中依法退出。②

三、搭建执行联动机制平台

生效法律文书的执行是以国家强制力为保障的，根据中国的实际情况，在相当长的一段时间内，应当建立一种以执行申请人自主调查和执行法院的职权调查并重为基础，强化被执行人的财产申报义务，以适当奖励案外人执行举报为辅的综合性财产调查制度，否则，“法律白条”可能在所难免。③ 为破解执行难题，2010 年，中央 19 部委出台了《关于建立和完善执行联动机制若干问题的意见》，这标志着国家层面的执行联动机制正式建立。2012 年，最高人民法院执行局与公安部身份证信息查询中心合作，同时与商业银行的“点对点”查询工作取得实质进展。④ 执行联动机制动员全社会的力量破解执行难，能最大限度地压缩赖债者的生存和发展空间，具有不战而屈人之兵的功效，对于和谐执行的构建意义重大。⑤ 因此，要以搭建执行联动平台为契机，深入推进执行联动威慑机制建设，紧紧依靠党委的统一领导，充分发挥党委“统筹全局、协调各方”的政治优势，有效组织辖区各有关单位共同参与执行联动机制建

① 参见郭峰、林剑锋：《执行管辖制度研究》，载江必新、贺荣主编：《强制执行法的起草与论证（三）》，中国法制出版社 2014 年版，第 141~147 页。

② 参见张美欣、雷运龙、周孟炎：《一体解决“执行难”“执行乱”的若干实践与思考——以执行信息查询中心的建立为起点和依托》，载《执行工作指导》2013 年第 2 辑，人民法院出版社 2013 年版，第 87 页。

③ 赵承寿：《反规避执行制度研究》，载江必新、贺荣主编：《强制执行法的起草与论证（三）》，中国法制出版社 2014 年版，第 488~489 页。

④ 参见江必新：《新诉讼法讲义：执行的理念、制度与机制》，法律出版社 2013 年版，第 200 页。

⑤ 陈华杰：《开创民事执行工作新局面的若干思考》，载齐奇主编：《执行体制和机制的创新与完善》，人民法院出版社 2008 年版，第 90 页。

设，全面整合各方资源优势，切实解决专项集中清理活动、执行指挥中心建设等工作中遇到的困难和问题；要切实发挥失信被执行人名单制度的作用，协调有关单位，在政府采购、招标投标、行政审批、融资信贷、市场准入、资质认定等方面，探索采取一系列联动措施，对失信被执行人予以信用惩戒；要充分运用网络信息技术，全面提升执行联动工作的科学化、规范化、信息化水平，切实降低执行成本，有效提高案件执结率，从而推动破解执行难题，促进司法公信力的有效提升。

四、推进执行指挥中心建设

根据中央有关将执行指挥中心建设纳入司法体制改革和工作机制改革范围的精神，2013 年 8 月，最高人民法院将部分省市法院列为执行指挥中心建设试点单位，要求在 2014 年 6 月底前建成内外联动、信息共享、反应快速、功能齐全的执行指挥中心。执行指挥中心包括远程视频监控、被执行人信息查询、被执行人信息发布与控制、执行要情、远程电子签章、执行案件数据库等多个系统，建成后，必将成为有效解决执行难的中枢平台、联动执行的运行平台、整合执行资源的指挥平台、阳光执行的管理平台和促进社会诚信建设的信息平台。① 一要加强信息化建设。执行指挥中心作为执行信息搜集、整理、交换、使用的平台，信息化是其“立身之本”。要加强网络等信息化基础设施建设，抓紧构建法院与各联动单位之间、上下级法院之间的执行网络体系。二要加强协调配合。执行指挥中心建设是一项系统工程，涉及部门多，涵盖面广。要达到纵横联动、信息共享和快速反应的职能定位要求，必须紧紧依靠党委领导和政府支持，积极加强与各联席会议成员单位的协作，通过多兵种联合作战，形成合力，破解难题。三要加强信息资源共享。要推动建立覆盖金融、公安、国土、住建、工商、税务等部门的“点对点”网络执行查控平台，通过网络互通和信息资源共享，将联动工作由“面对面”转化为“网对网”，使法院在执行中能够通过网络高效、快捷地查询被执行人的财产状况以及被执行人的其他信息，并迅速、有效地对已查明的被执行人的财产实施冻结、查封、扣押等强制措施。四要加强内外联动。对外，要通过建立网络查控和信用惩戒系统，由系统自动进行信息筛选和数据交换，实现执行人员足不出户就能够对被执行人财产进行网络查控，对失信被执行人进行信用惩戒。对内，要加强上下

① 参见江必新：《新诉讼法讲义：执行的理念、制度与机制》，法律出版社 2013 年版，第 220 页。

级法院之间、同级法院之间、法院内部各部门之间的互动，统一调配执行资源，有效解决异地查控问题。比如，当我们在进行审执分离的改革时，产生了一些机械的做法，就是把这两种程序断然割裂或机械地分离，带来的问题就是审判法官在作出判决的时候忽略了在执行过程中可能产生的困难，由此造成了判决的不确定性或不可执行性。①

五、出台民事强制执行法

在我国立法实践中，民事执行程序被置于民事诉讼法之中，实际上是将执行程序视为民事诉讼程序，而对两者之间的差异关注不够。随着执行案件数量的快速攀升，执行程序的立法漏洞、空白问题日益凸显，执行程序立法供给严重不足。应当说，无论是司法实务界还是理论界，都意识到“执行难”和“执行乱”的深层次原因是强制执行法律规范的粗放和制度的缺失，因此强制执行立法完善已经迫在眉睫。② 第一，制定民事强制执行法是执行实践的迫切需要。2012 年《民事诉讼法》关于执行程序的规定增加到 35 个条文，虽然强化了执行措施，确立了执行检察监督原则，但由于仅将执行中迫切需要的原则和制度加以制定和完善，难免在具体的程序安排上缺乏共识，故制定一部单行的民事强制执行法无疑是一种理想选择。毕竟，强制执行直接涉及公民基本权利和财产的实际归属，涉及申请人权利和被申请人权利、当事人权利和案外人权利、利害关系人权利和协助执行人权利、私权利和公权力等多种利益冲突，必须靠法律明确界定各种权利的范围和内容，强制地、统一地为冲突各方分配利益。③ 第二，制定民事强制执行法符合强制执行的运行规律。强制执行与民事诉讼是两种不同的法律制度，强制执行法通过强制实现生效法律文书的内容，最终实现当事人的民事权利，体现了国家执行权；而民事诉讼法则主要通过判断是非曲直的审判程序，解决当事人之间的民事争议，最终确定民事权利义务关系，体现的是国家审判权。④ 执行法律关系中法院与被执行人之间关系

① 肖宏：《关于立案、审判、执行的协调与配合》，载齐奇主编：《执行体制和机制的创新与完善》，人民法院出版社 2008 年版，第 65 页。

② 江伟、贺季敏：《论强制执行法的单独制定》，载江必新、贺荣主编：《强制执行法的起草与论证（三）》，中国法制出版社 2014 年版，第 1 页。

③ 齐树洁：《执行程序的局部修正与整体改革——兼论司法改革的整体性》，载《法律科学》2007 年第 6 期。

④ 江伟、贺季敏：《论强制执行法的单独制定》，载江必新、贺荣主编：《强制执行法的起草与论证（三）》，中国法制出版社 2014 年版，第 9 页。

的准则，却与审判法律关系中法院与被告之间的关系有天壤之别，所谓审执分立的原理即与这一层关系的法律规制有关；民事执行的特殊性、审执分立的必要性以及民事强制执行立法的可能性，也都维系在法院与被执行人之间所决定的价值判断和制度安排之上。① 故将民事强制执行法纳入到民事诉讼法中，不仅混淆了二者的不同性质，并且会打乱其体例结构。第三，制定民事强制执行法符合世界执行立法的潮流。纵览各个国家和地区的立法，凡是强制执行法单立的国家，都独立于民事诉讼法，并没有把强制执行法作为民事诉讼法的附属法，强制执行法单立已成为一种趋势。② 可以说，虽然立法例各不相同，但随着民事强制执行法律制度在社会经济生活中的地位和作用日益突出，越来越多的国家开始倾向于制定单行的民事强制执行法，从法律体系的整体性和各法律间的协调性考虑，其立法模式和法律制度对我们有很强的借鉴意义。③

① 肖建国：《执行体制改革必须重申的一个基本观念》，载齐奇主编：《执行体制和机制的创新与完善》，人民法院出版社 2008 年版，第 69~70 页。

② 参见沈德咏主编：《强制执行法起草与论证》，中国法制出版社 2002 年版，第 20 页。

③ 参见肖建国、赵晋山：《民事执行若干疑难问题探讨》，载《法律适用》2005 年第 6 期。

第十章 社区矫正

社区矫正是司法行政工作的重要内容。自2003年7月10日最高人民法院、最高人民检察院、公安部、司法部联合发布《关于开展社区矫正试点工作的通知》（以下简称“两院两部《通知》”）以来，社区矫正在我国得到了迅速的发展，已经成为与监禁矫正相对应的重要刑罚执行活动。

第一节 社区矫正概述

一、社区矫正的概念

“社区矫正”（Community Corrections）是一个外来术语①，在我国进行社区矫正的试点工作之前，可以说大多数人对这个概念是陌生的。随着社区矫正工作的迅速开展，人们对这个词的使用频率越来越高，但与此同时对这一概念的认识和理解也存在着一定的分歧。

在我国率先进行社区矫正试点的上海，曾经使用过“社区矫治”的概念。2002年8月，上海市委政法委下发了《关于开展社区矫治工作试点的意见》，要求在下辖3个区的3个街道开展相关的试点工作。② 从客观效果看，上海市的试点工作取得了巨大的成功，积累了许多宝贵的经验，在全国产生了很大的影响，由此也导致“社区矫治”的概念流传开来。不过，2003年7月10日下发的“两院两部《通知》”中并没有采用“社区矫治”概念，而是统一使用

① 在国外，除了使用“社区矫正”（Community Corrections）的表述外，还有“社区刑罚”（Community Penalty）、“社区制裁”（Community Sanction）、“非监禁刑”（Non-custodial Penalty）、“中间制裁”（Intermediate Sanction）、“中间刑罚”（Intermediate Punishments）等表述。参见吴宗宪、蔡雅奇、彭玉伟：《社区矫正制度适用与执行》，中国人民公安大学出版社2012年版，第2~3页。

② 参见程维荣等：《新中国司法行政60年》，上海社会科学院出版社2009年版，第281页。

“社区矫正”概念。目前，“社区矫正”的概念已经深入人心，并且在2011年2月25日通过的《中华人民共和国刑法修正案（八）》（以下简称“《刑法修正案（八）》”）和2012年3月14日通过的《中华人民共和国刑事诉讼法修正案》（以下简称“2012年《刑事诉讼法》”）中得到了法律确认。

关于社区矫正的含义，存在着一些不同的表述。两院两部《通知》中对社区矫正作了这样的表述，认为“社区矫正是与监禁矫正相对的行刑方式，是指将符合社区矫正条件的罪犯置于社区内，由专门的国家机关在相关社会团体和民间组织以及社会志愿者的协助下，在判决、裁定或决定确定的期限内，矫正其犯罪心理和行为恶习，并促进其顺利回归社会的非监禁刑罚执行活动”。这一表述比较准确地概括了社区矫正的主体、对象、内容，目标和性质，在我国社区矫正的实践中被普遍采用。但是从逻辑学关于定义的要求上看，这样的表述不太符合言简意赅的基本规范。为此，有些学者对社区矫正的含义进行了有针对性的修改和完善。比较有代表性的表述如“社区矫正是对社区服刑人员（受刑人）依法实施惩罚、提供矫正与服务项目，以促进其顺利回归社会的刑罚执行或刑事执法活动”①、“社区矫正是依法在社区中监管、改造和帮扶犯罪人的非监禁刑执行制度”②。上述两种表述在一定程度上克服了两院两部《通知》中定义表述的问题，但是同时也共同存在着定义结构不够完整等问题。在参考上述社区矫正定义的基础上，同时考虑到定义的规范要求，我们给社区矫正所下的定义是：社区矫正是社区矫正机构依法在社区中监管、改造和帮扶服刑人员的非监禁刑执行活动。

二、社区矫正的特征

根据社区矫正的上述概念和有关规定，我们将社区矫正的特征归纳为以下三个方面：

（一）非监禁刑罚性

社区矫正与监禁矫正一样，同为刑罚执行活动，具有刑罚性。但社区矫正在法律性质上具有自身的独特性，即社区矫正是一种非监禁刑。社区矫正的这一法律性质在两院两部《通知》中得到了明确，在目前社区矫正的理论与实践中也已被广泛认可。

---

① 刘强主编：《社区矫正制度研究》，法律出版社2007年版，第7页。

② 吴宗宪主编：《社区矫正导论》，中国人民大学出版社2011年版，第5页。

（二）适度惩罚性

社区矫正措施对于罪犯的惩罚程度较轻，并没有采取剥夺罪犯自由的刑罚手段，而是采取一定程度上限制罪犯自由的方式。主要考虑到社区矫正对象通常犯罪情节轻微，对社会危险性不大。因此社区矫正的侧重点在于监督管理、教育矫正和帮困扶助，在惩罚方式上较为适中。

（三）社区参与性

社区矫正是在社区中执行刑罚的活动，其强调社区的广泛参与性，这是社区矫正与监禁矫正的最大不同。在社区服刑人员居住的社区执行刑罚，充分利用社区的资源、发挥社区的力量，可以增强社区矫正的效果，促进社区服刑人员顺利回归社会。

三、社区矫正的原则

为了促进社区矫正依法、规范、顺利地进行，社区矫正工作应当贯彻分工负责与密切协作相结合、专门机关与社会力量相结合、监管矫正与帮困扶助相结合、执行刑罚与保障人权相结合、依法行刑与改革创新相结合的原则。①

（一）分工负责与密切协作相结合

社区矫正工作应当坚持分工负责与密切协作相结合的原则。根据有关法律和文件的规定，在社区矫正工作中，不同的机关和部门有着不同的职能分工。其中，司法行政机关负责指导管理、组织实施社区矫正工作；人民法院对符合社区矫正适用条件的被告人、罪犯依法作出判决、裁定或者决定；人民检察院对社区矫正各执法环节依法实行法律监督；公安机关对违反治安管理规定和重新犯罪的社区服刑人员及时依法处理。在分工负责的基础上，不同的机关和部门之间只有密切协作才能保证社区矫正工作的顺利进行，这也是社区矫正实践所积累的宝贵经验。

（二）专门机关与社会力量相结合

社区矫正工作应当坚持专门机关与社会力量相结合的原则。作为一项严肃

---

① 参见北京师范大学刑事法律科学研究院起草的《中华人民共和国社区矫正法（专家建议稿）》。

的刑罚执行活动，社区矫正的性质决定了专门的国家机关应当是社区矫正工作的主要承担者，发挥主导作用，但与此同时，社区矫正的社区依托性、非监禁性决定了在社区矫正工作中还应充分利用社区资源、发挥社会力量。只有专门机关与社会力量相结合，共同开展社区矫正工作，才能顺利完成社区矫正工作任务。

（三）监管矫正与帮困扶助相结合

社区矫正工作应当坚持监管矫正与帮困扶助相结合的原则。一方面，社区矫正的性质决定了社区矫正机构应当首先对社区服刑人员进行严格的监督管理，开展有针对性的教育矫正工作，这是社会公平正义的需要，也是社区安全保护的需要；另一方面，帮困扶助也是社区矫正工作的重要内容，在监管矫正的基础上，有关机关和部门还应帮助社区服刑人员解决碰到的困难和问题。只有监管矫正与帮困扶助相结合，社区矫正的效果才能得以保证。

（四）执行刑罚与保障人权相结合

社区矫正工作应当坚持执行刑罚与保障人权相结合的原则。作为一项刑罚执行工作，社区矫正的内容必然带有刑罚惩罚性，相关法律文件明确规定了社区服刑人员在社区矫正期间应当遵守的要求，哪些权利和自由受到限制或剥夺，但是同时应当明确的是，对于社区服刑人员没有被限制或剥夺的权利和自由则不能予以侵犯，否则就是对社区服刑人员人权的践踏。因而，只有坚持执行刑罚与保障人权相结合，社区矫正工作才能获得社区服刑人员的认可和接受，才能促使社区服刑人员积极配合社区矫正工作者的工作。

（五）依法行刑与改革创新相结合

社区矫正工作应当坚持依法行刑与改革创新相结合的原则。作为一项严肃的刑罚执行活动，社区矫正工作必须严格按照法律规定的程序和要求进行，与此同时，我们也应看到，我国社区矫正的起步较晚，目前仍处在发展的初级阶段，还存在诸多亟待解决的问题，如立法不够完善、制度不够健全等。因此，在社区矫正工作中，必须在坚持依法行刑的同时，大力进行改革创新，从而促进我国社区矫正工作依法、规范、顺利地进行。

四、社区矫正的意义

开展社区矫正是我国刑事司法改革的重要内容，是刑罚执行领域具有里程碑意义的重大事件，产生了积极的法律效果和社会效果。概括而言，社区矫正的意义至少包括以下三个方面：

（一）有利于提高教育改造的质量，促进服刑人员的再社会化

社区矫正将那些不需要、不适宜监禁或继续监禁的服刑人员放到其居住的社区执行刑罚，充分利用社会各方力量进行有针对性的教育矫正，有利于避免监狱执行刑罚中存在的“交叉感染”问题①，提高对服刑人员的教育改造质量，促进服刑人员在熟悉的环境中实现再社会化，顺利回归社会。

（二）有利于合理配置行刑资源，完善刑罚执行制度

“法律对于人们的重要意义，应当是以特有的权威性的分配权利和义务的方式实现效益的最大化。”② 行刑资源是有限的，也是宝贵的。将符合一定条件的服刑人员放到社区进行矫正，有利于缓解监狱的拥挤状况，降低行刑的成本，实现行刑资源的合理配置。同时，发展社区矫正这种新的行刑方式，使监禁矫正与社区矫正两种不同的行刑方式相辅相成，有助于弥补过去单一的监禁矫正行刑方式的缺陷，进一步完善我国的刑罚执行制度。

（三）有利于化解社会矛盾，增进社会和谐

传统的监禁矫正行刑方式虽然能够起到维护社会稳定的作用，与此同时也增加了服刑人员与社会对立的程度，不利于社会矛盾的化解，而现在的社区矫正行刑方式，虽然也具有刑罚惩罚性，但这种惩罚比较缓和、更加人道，不仅对服刑人员进行监督管理，而且也同时进行教育矫正和帮困扶助，有助于缓解服刑人员的对立思想和抵触情绪，化解社会矛盾，促进社会和谐。

第二节　社区矫正的演进

社区矫正是一个外来术语，了解外国社区矫正的历史与现状，有助于更好地理解社区矫正的理念和精神。

近代以来，非监禁化、行刑社会化成为国际社会刑罚制度改革的趋势。面对当时刑罚过于严苛以及传统监狱行刑方式存在的弊端，西方国家不断进行刑

① 参见董开军：《司法行政学》，中国民主法制出版社2007年版，第146页。

② 张文显：《马克思主义法理学》，吉林大学出版社1993年版，第273页。

罚制度的改革和创新，试图减轻刑罚的严苛程度，在惩罚犯罪人的同时，矫正犯罪人使其顺利复归社会，刑罚执行和罪犯处境日趋人道化、理性化。在这样的历史背景下，社区矫正作为一种新型的刑罚执行方式应运而生。

一、外国社区矫正的演进

社区矫正的萌芽可以追溯到18世纪后半叶的英国，当时的英国刑法中充斥着报应的色彩和严苛的刑罚，为了解决当时刑罚过于严苛的现象，英国监狱改革家约翰·霍华德（John Howard，1726—1790年）提出了废除监狱非人道化刑罚的监狱改革理论。1841年，美国人约翰·奥古斯塔斯（John Augustus，1784—1859年）进行了缓刑（Probation）的最初实践。随着缓刑制度在英国和美国的发展，缓刑制度对其他国家也产生了积极影响，逐渐成为许多国家刑事司法制度的重要组成部分。在缓刑制度之外，1847年，法国人博维纳尔·德·马尔桑基（Bonneville de Marsangy，1802—1894年）出版了《论补充监狱制度的制度》一书，书中探讨了附条件释放、对释放犯人的警察监督、释放时的改造及帮助等问题，他本人被称为“假释之父”（Father of Parole）①。随着社区矫正制度的发展，1973年，美国明尼苏达州颁布了世界上第一部《社区矫正法》，此后，社区矫正专门立法也逐渐发展开来。目前，社区矫正制度已经成为许多国家刑罚执行制度的重要组成部分，社区矫正也已成为罪犯处遇的重要形式。

二、我国社区矫正的演进

对于我国而言，社区矫正是近期的舶来品，社区矫正制度的确立是近些年的事情。2000年左右，一些地方开始了对现行刑罚制度的改革和探索。2002年8月，根据司法部的要求，上海市在全国率先进行了社区矫正的试点工作，为其他地区开展社区矫正积累了经验、树立了榜样。2003年7月10日，两院两部《通知》发布，确定北京、天津、上海、江苏、浙江和山东等省（市）为进行社区矫正工作的试点省（市）。为指导试点地区社区矫正工作的开展，

---

① 关于假释制度的创始人，存在一定的争议。在欧洲大陆，一般把法国人博维纳尔·德·马尔桑基视为“假释之父”，而在美国和英国，通常把亚历山大·麦科诺基（Alexander Maconochie，1787—1860年）和沃尔特·克罗夫顿（Walter Crofton，1815—1897年）称为假释制度的创始人。参见吴宗宪、蔡雅奇、彭玉伟：《社区矫正制度适用与执行》，中国人民公安大学出版社2012年版，第13~14页。

2004年5月9日，司法部发布了《司法行政机关社区矫正工作暂行办法》(以下简称“司法部《暂行办法》”)。2005年1月20日，最高人民法院、最高人民检察院、公安部、司法部联合发布了《关于扩大社区矫正试点范围的通知》，将河北、内蒙古、黑龙江、安徽、湖北、湖南、广东、广西、海南、四川、贵州、重庆等十二个省（区、市）列为第二批社区矫正试点地区，社区矫正试点的范围得以进一步扩大。① 2009年9月2日，最高人民法院、最高人民检察院、公安部、司法部联合发布了《关于在全国试行社区矫正工作的意见》(以下简称“两院两部《意见》”)，社区矫正工作开始在全国范围内试行。2012年1月10日，最高人民法院、最高人民检察院、公安部、司法部联合发布了《社区矫正实施办法》(以下简称“两院两部《实施办法》”)，加强了对社区矫正工作的规范和指导。2011年2月25日，第十一届全国人民代表大会常务委员会第十九次会议通过了《刑法修正案（八）》，正式在国家的基本法律中确立了社区矫正制度。② 2012年3月14日，第十一届全国人民代表大会第五次会议通过了《刑事诉讼法修正案》，进一步明确了在我国推行社区矫正制度。

第三节 社区矫正的机构与人员

一、社区矫正的机构

在实施社区矫正的机构中，可以区分出两类：一类是社区矫正的主要执行机构，包括社区矫正管理机关即司法行政机关下设的社区矫正机构和社区矫正辅助机构；一类是社区矫正的相关机关，包括公安机关③、人民检察院、人民法院、监狱及其管理机关以及其他有关国家机关。

（一）社区矫正执行机构

社区矫正执行机构，是指负责组织实施社区矫正工作的机构。在我国，司

① 参见程维荣等：《新中国司法行政60年》，上海社会科学院出版社2009年版，第281~282页。

② 参见付少军、蒋若薇：《司法行政概论》，中国检察出版社2011年版，第91页。

③ 在社区矫正工作开展之前，公安机关主要负责非监禁刑的执行工作；在社区矫正工作开展之后，转由司法行政机关主要负责非监禁刑的执行工作。

法行政机关是社区矫正的管理机关，负责指导管理、组织实施社区矫正工作。这里的社区矫正执行机构主要包括各级司法行政机关下设的社区矫正机构以及社区矫正辅助机构。

1. 社区矫正机构

社区矫正机构，是指各级司法行政机关内部设置的专门负责从事社区矫正工作的机构。自2003年社区矫正工作试点以来，各级司法行政机关普遍设置了专门的社区矫正机构。2010年5月18日，司法部成立了社区矫正工作办公室。2010年11月8日，司法部在社区矫正工作办公室的基础上设立了社区矫正管理局，主管全国的社区矫正工作。在各级社区矫正机构中，县级司法行政机关社区矫正机构负责对社区服刑人员进行监督管理和教育帮助，县级司法行政机关的派出机构即司法所承担社区矫正的日常工作。

2. 社区矫正辅助机构

社区矫正辅助机构，是指在社区矫正工作中协助社区矫正机构开展有关工作的机构。社区矫正工作的顺利开展，单单依靠社区矫正机构是不行的，还需要其他机构的参与和协助。为解决基层司法所社区矫正工作中存在的力量单薄等问题，更好地开展社区矫正工作，各地司法行政机关尝试建立了一批从事社区矫正工作的辅助机构，如北京市的阳光社区矫正服务中心和中途之家、上海市的新航社区服务总站、江苏省的社区矫正管理教育服务中心等。这些机构在县级司法行政机关的指导管理下，从事一些社区矫正的辅助工作，其性质为社会机构。

（二）社区矫正相关机关

社区矫正相关机关，是指参与社区矫正工作的有关刑事司法机关以及其他国家机关。

1. 刑事司法机关

这里的刑事司法机关包括公安机关、人民检察院、人民法院、监狱及其管理机关。其中，人民法院对符合社区矫正适用条件的被告人、罪犯依法作出判决、裁定或者决定；人民检察院对社区矫正各执法环节依法实行法律监督；公安机关对违反治安管理规定和重新犯罪的社区服刑人员及时依法处理；监狱及其管理机关依法开展提请假释、决定暂予监外执行等与社区矫正相关的工作。

2. 其他有关国家机关

社区矫正工作不仅是一项刑罚执行工作，更是一项综合性的社会工作，需要其他有关国家机关的支持和配合。这里的其他有关国家机关，主要包括民政部门、劳动与社会保障部门、教育部门、工商管理部门、卫生部门等。

二、社区矫正工作人员

社区矫正工作人员是指负责或参与开展社区矫正工作的人员，即社区矫正工作者。一般来说，社区矫正工作者主要包括社区矫正官、社区矫正社会工作者和社区矫正志愿者。① 从社区矫正的实践来看，全国已经普遍成立起了以司法所工作人员（即社区矫正官）为主、社区矫正社会工作者和社区矫正志愿者积极协助的专兼职人员结合的社区矫正工作者队伍。

（一）社区矫正官

社区矫正官，是指在社区矫正工作中承担对社区服刑人员的刑罚执行和日常管理等执法职能的国家工作人员。② 需要注意的是，“社区矫正官”是对社区矫正执法者学术上的称谓，在社区矫正相关文件及运行实践中，将主要承担社区矫正执法工作的司法所工作人员称为“司法助理员”。在社区矫正工作者队伍中，社区矫正官起着主导作用，引领社区矫正社会工作者和社区矫正志愿者共同开展社区矫正工作。

（二）社区矫正社会工作者

社区矫正社会工作者，是指为社区服刑人员提供矫正方面的帮助和服务的专业人员。③ 在社区矫正工作中，一些地方成立了专门从事社区矫正工作的社会工作者组织，如北京市的阳光社区矫正服务中心、上海市的新航社区服务总站等。这些专门组织通过“花钱买服务”等形式，按照社区矫正机构的要求，提供相关的服务项目，从事一些社区矫正的辅助工作。根据司法部提供的数据，截至 2013 年 2 月底，全国共有社区矫正社会工作者 10.2 万人；截至 2015 年年底，全国从事社区矫正工作的社会工作者达到 8.3 万人。

（三）社区矫正志愿者

社区矫正志愿者，是指自愿为社区矫正工作提供无偿帮助和服务的兼职人

---

① 李文华：《论社区矫正的主体》，载《青海社会科学》2008 年第 5 期。

② 吴宗宪、蔡雅奇、彭玉伟：《社区矫正制度适用与执行》，中国人民公安大学出版社 2012 年版，第 36 页。

③ 参见吴宗宪：《论社区矫正工作人员的种类和名称》，载《中国司法》2005 年第 12 期。

员。吸收社区矫正志愿者参与社区矫正工作，已经被实践证明是行之有效的，社区矫正志愿者队伍已经发展成为一支重要的社区矫正力量。根据司法部提供的数据，截至2013年2月，全国社区矫正志愿者人数已达57.3万人；截至2015年底，全国社区矫正志愿者人数升至69.0万人。

第四节　社区矫正的对象

社区矫正的对象，是指在社区服刑的人员，即社区服刑人员或社区矫正人员①，具体地说，是指被定罪判刑后在社区接受监管和矫正的服刑人员。

一、社区服刑人员的范围

当然并不是所有的服刑人员都能成为社区矫正的对象，只有那些罪行较轻、主观恶性较小、社会危害性不大的服刑人员或者经过监管改造、确有悔改表现、不致再危害社会的服刑人员或者有其他特殊情况的服刑人员才能适用社区矫正。关于社区服刑人员的范围，根据两院两部《通知》和两院两部《意见》的规定，社区服刑人员包括：被判处管制的罪犯；被宣告缓刑的罪犯；被暂予监外执行的罪犯；被裁定假释的罪犯；被剥夺政治权利并在社会上服刑的罪犯。这五类罪犯纳入社区矫正的范围，一直以来各地的社区矫正实践也是照此执行的。随着社区矫正立法的发展，社区服刑人员的范围也得到了进一步明确。根据《刑法修正案（八）》的规定，对被判处管制、宣告缓刑、裁定假释的罪犯，依法实行社区矫正。根据2012年《刑事诉讼法》的规定，社区矫正的对象为被判处管制、宣告缓刑、裁定假释和决定暂予监外执行的罪犯。由此可见，法律予以确认的社区服刑人员是其中的四类罪犯，被剥夺政治权利并在社会上服刑的罪犯并没有纳入社区矫正的范围。

关于被剥夺政治权利并在社会上服刑的罪犯能否纳入社区矫正的范围，在理论界和实务界都存在争议。有专家认为，对被剥夺政治权利并在社会上服刑的罪犯实行社区矫正十分必要。② 我们认为对于仅仅被剥夺了参加国家管理和

① 关于社区矫正的对象，两院两部《实施办法》中用的是“社区矫正人员”，在之前的有关文件中一般使用“社区服刑人员”。相比较而言，“社区服刑人员”的概念准确界定了社区矫正对象的身份，不易引起误解，具有较大的合理性，并且已经被广泛使用。

② 刘强：《论“剥权”人员应纳入社区矫正的范围》，载《河北法学》2013年第8期。

政治活动权利的罪犯，其人身自由基本上未受限制，根据刑法罪责刑相适应原则，不应再附加必须社区矫正的处理，否则是在变相限制人身自由。

二、社区服刑人员的权利与义务

在社区矫正期间，社区服刑人员既应履行相关文件规定的义务，也应享有未被剥夺或限制的权利。

（一）社区服刑人员的权利

关于社区服刑人员的权利，概括地说，只要是没有被依法剥夺或限制的权利，社区服刑人员都可以享有。对此，两院两部《实施办法》第 36 条规定："社区矫正人员的人身安全、合法财产和辩护、申诉、控告、检举以及其他未被依法剥夺或者限制的权利不受侵犯。社区矫正人员在就学、就业和享受社会保障等方面，不受歧视。司法工作人员应当认真听取和妥善处理社区矫正人员反映的问题，依法维护其合法权益。"

（二）社区服刑人员的义务

关于社区服刑人员的义务，不同类型的社区服刑人员所应履行的义务有所不同，不过一般来说，所有的社区服刑人员在社区矫正期间都应履行下列义务：（1）遵守法律、法规、规章以及其他有关规范性文件的规定；（2）服从社区矫正工作者的监督管理；（3）定期报告自己的活动情况①；（4）遵守社区矫正机构关于会客的规定；（5）离开所居住的县级行政区或者迁居，应当报经社区矫正机构批准；（6）服从社区矫正的其他规定。

第五节 社区矫正的内容

2009 年发布的两院两部《关于在全国试行社区矫正工作的意见》对社区矫正的内容进行了概括，包括三个方面，即教育矫正、监督管理和帮困扶助。将社区矫正的内容概括为这三个方面，已经得到理论界和实务界的普遍认可。

---

① 两院两部《实施办法》第 11 条第 1 款规定："社区矫正人员应当定期向司法所报告遵纪守法、接受监督管理、参加教育学习、社区服务和社会活动的情况。发生居所变化、工作变动、家庭重大变故以及接触对其矫正产生不利影响人员的，社区矫正人员应当及时报告。"

不过，在这三者的排序上，目前普遍的认识和做法是将“监督管理”这项内容排在首位，其次是“教育矫正”，最后是“帮困扶助”，当然，后两项内容的排序可以根据社区服刑人员的具体情况进行调整。

一、监督管理

监督管理，是指社区矫正机构对社区服刑人员在社区矫正期间的服刑活动进行的行为监督和行政管理工作。在社区矫正工作中，做好对社区服刑人员的监督管理工作是社区矫正顺利开展的前提和基础。社区矫正机构通过采取多种监督管理措施，依法限制或剥夺社区服刑人员一定的权利和自由，让其接受应有的惩罚，从而维护社会的公平正义，预防其再次走上犯罪道路。

关于监督管理的内容，两院两部《意见》中的阐述如下：根据社区服刑人员的不同犯罪类型和风险等级，探索分类矫正方法，依法执行社区服刑人员报到、会客、请销假、迁居、政治权利行使限制等管控措施，避免发生脱管、漏管，防止重新违法犯罪。健全完善社区服刑人员考核奖惩制度，探索建立日常考核与司法奖惩的衔接机制，探索运用信息通信等技术手段，创新对社区服刑人员的监督管理方法，提高矫正工作的科技含量①。

社区服刑人员应当遵守有关报到、报告、会客、迁居、教育学习、社区服务等方面的监督管理规定。社区矫正机构对社区服刑人员的服刑表现进行考核和奖惩，发现社区服刑人员符合减刑条件的，依法提请减刑；发现社区服刑人员有违反监督管理规定情形的，依法予以惩罚。根据两院两部《实施办法》的规定，社区服刑人员有下列情形之一的，县级司法行政机关应当给予警告，

---

① 江苏、四川等省份广泛运用“司法 e 通”社区矫正管理系统，创新对社区服刑人员的监管方法，提高监管工作的科技含量。“司法 e 通”产品是中国电信在 3G 无线网络和 GPSone 定位技术的基础上为司法系统量身定做的一套行业信息化解决方案。它结合了定位系统和信息管理系统，满足社区矫正工作的信息化需求。“司法 e 通”推出的抽查人机分离的功能，在确保社区服刑人员和被定位手机不分离的前提下，对社区服刑人员的手持终端进行定位和互发短信，方便了社区矫正工作者对社区服刑人员的实时位置查询和信息交互，实现对社区服刑人员的有效区域监管、越界告警、越界惩罚等，区域监管范围实现室内和室外的全覆盖，区域监管情况自动纳入考核管理，并提供考核依据。结合社区矫正的特点，将繁琐的社区矫正工作文档进行电子管理，推出了安置帮教、思想汇报、集中学习和公益劳动等功能，实现便利的档案管理和报表管理，有效提升工作效率。实现了对社区服刑人员的集中学习、公益劳动、思想汇报、奖惩登记、请假登记、警示告知等情况进行自动评分、累计统计，并可以通过平台下发教育文件、教育通知、劳动通知、心理咨询等。

并出具书面决定：（1）未按规定时间报到的；（2）违反关于报告、会客、外出、居住地变更规定的；（3）不按规定参加教育学习、社区服务等活动，经教育仍不改正的；（4）保外就医的社区服刑人员无正当理由不按时提交病情复查情况，或者未经批准进行就医以外的社会活动且经教育仍不改正的；（5）违反人民法院禁止令，情节轻微的；（6）其他违反监督管理规定的。社区服刑人员违反有关监督管理规定或者人民法院禁止令，情节严重的，司法行政机关可以提请有权机关撤销社区矫正的适用；社区服刑人员违法犯罪的，由公安机关依法予以处理。①

二、教育矫正

教育矫正，是指社区矫正机构采取各种方式促进社区服刑人员发生积极转变的工作。在社区矫正工作中，做好对社区服刑人员的监督管理工作只是实现社区矫正目标的第一步，在此基础上，还需要对社区服刑人员进行教育矫正工作，通过各种形式的教育、社区服务等措施，矫正社区服刑人员的犯罪心理和行为恶习，促使其顺利回归和融入社会。

关于教育矫正的内容，两院两部《意见》中的阐述如下：完善教育矫正措施和方法，加强对社区服刑人员的思想教育、法制教育、社会公德教育，组织有劳动能力的社区服刑人员参加公益劳动，增强其认罪悔罪意识，提高社会责任感。加强心理矫正工作，采取多种形式对社区服刑人员进行心理健康教育，提供心理咨询和心理矫正，促使其顺利回归和融入社会。探索建立社区矫正评估体系，增强教育矫正的针对性和实效性。

两院两部《实施办法》中对教育矫正的内容进行了细化和明确，可以概括为三个方面：（1）道德法律教育。两院两部《实施办法》第15条规定："社区矫正人员应当参加公共道德、法律常识、时事政策等教育学习活动，增强法制观念、道德素质和悔罪自新意识。社区矫正人员每月参加教育学习时间不少于8小时。"（2）社区服务。两院两部《实施办法》第16条规定："有劳动能力的社区矫正人员应当参加社区服务，修复社会关系，培养社会责任感、

---

① 关于社区服刑人员奖惩，根据奖惩性质的不同，可以分为行政奖惩和司法奖惩。行政奖惩又可以分为行政奖励和行政处罚；司法奖惩又可以分为司法奖励和司法处罚。从司法部《暂行办法》及各地有关规定来看，行政奖励包括表扬、物质奖励、评为社区矫正积极分子和记功；行政处罚包括警告、记过和治安处罚；司法奖励主要是指减刑；司法处罚主要包括撤销缓刑、撤销假释和撤销暂予监外执行。

集体观念和纪律意识。社区矫正人员每月参加社区服务时间不少于 8 小时。”(3) 心理矫正。两院两部《实施办法》第 17 条规定：“根据社区矫正人员的心理状态、行为特点等具体情况，应当采取有针对性的措施进行个别教育和心理辅导，矫正其违法犯罪心理，提高其适应社会能力。”

从各地社区矫正的实践看，一般来说，根据社区服刑人员所处社区矫正阶段的不同，将教育矫正分为入矫教育、日常教育和解矫教育三个阶段①，每个阶段教育矫正的内容、重点、方法等都存在一定的不同。

三、帮困扶助

帮困扶助，是指社区矫正机构帮助社区服刑人员解决生活、就业、入学等方面存在的困难和问题的工作。帮困扶助是社区矫正工作的重要内容，针对的是存在社会适应困难和问题的社区服刑人员②，其主要目的是帮助社区服刑人员尽快过上正常生活，顺利融入社会。

关于帮困扶助的内容，两院两部《意见》中的阐述如下：积极协调民政、人力资源和社会保障等有关部门，将符合最低生活保障条件的社区服刑人员纳入最低生活保障范围，为符合条件的农村籍社区服刑人员落实责任田。整合社会资源和力量，为社区服刑人员提供免费技能培训和就业指导，提高就业谋生能力，帮助其解决基本生活保障等方面的困难和问题。两院两部《实施办法》第 18 条规定：“司法行政机关应当根据社区矫正人员的需要，协调有关部门和单位开展职业培训和就业指导，帮助落实社会保障措施。”

需要注意的是，帮困扶助工作的顺利进行，需要社区矫正机构协调有关部门、单位和个人，集各方之力共同解决社区服刑人员碰到的实际困难和问题。同时，应当看到的是，对社区服刑人员的帮助是有限的，并不是社区服刑人员的所有困难和问题都得进行帮助，而是仅限于社区服刑人员在生活、就业、入学等方面的必要需求。

第六节　社区矫正的程序

这里的社区矫正的程序，是指社区矫正的适用、执行到解除所要进行的基

① 在具体表述上，各地存在一定的差别，如北京市将教育矫正过程分为初始教育、常规教育和解矫教育。

② 参见吴宗宪：《社区矫正比较研究》，中国人民大学出版社 2011 年版，第 260 页。

本程序。根据有关法律文件的规定，社区矫正的程序一般包括：裁决前调查、社区矫正的适用、告知报到事项和送达法律文书、社区服刑人员的报到与接收、社区矫正的宣告、社区矫正的执行和社区矫正的解除。

一、裁决前调查

裁决前调查，是指由专门机构对拟适用社区矫正的服刑人员的相关情况进行调查和评估，以供有权机关裁决时参考的活动。可以说，裁决前调查是社区矫正适用的前置程序。两院两部《实施办法》第 4 条对于裁决前调查有详细的规定。

二、社区矫正的适用

在进行裁决前调查之后，人民法院、公安机关、监狱管理机关应当根据犯罪的事实、性质、情节和对于社会的危害程度，结合被告人、罪犯的主观恶性、人身危险性、家庭社会关系、被害人的态度、社区居民的意见等因素，对于其中罪行较轻、主观恶性较小、社会危害性不大的人员或者经过监管改造、确有悔改表现、不致再危害社会的人员或者有其他特殊情况的人员，适用社区矫正。① 其中，管制、缓刑、假释、交付执行前的暂予监外执行的适用由人民法院依法进行判决、裁定或决定；交付执行后的暂予监外执行的适用由省级以上监狱管理机关或设区的市一级以上公安机关决定。

三、告知报到事项和送达法律文书

对于适用社区矫正的服刑人员，人民法院、公安机关、监狱应当核实其居住地，在向其宣判时或者在其离开监所之前，书面告知其到居住地县级司法行政机关报到的时间期限以及逾期报到的后果，并通知居住地县级司法行政机关；在判决、裁定生效起 3 个工作日内，送达判决书、裁定书、决定书、执行通知书、假释证明书副本等法律文书，同时抄送其居住地县级人民检察院和公安机关。县级司法行政机关收到法律文书后，应当在 3 个工作日内送达回执。

四、社区服刑人员的报到、接收

社区服刑人员应当自人民法院判决、裁定生效之日或者离开监所之日起

① 参见董开军：《司法行政学》，中国民主法制出版社 2007 年版，第 148 页。

10日内到居住地县级司法行政机关报到。县级司法行政机关应当及时为其办理登记接收手续，并告知其3日内到指定的司法所接受社区矫正。发现社区服刑人员未按规定时间报到的，县级司法行政机关应当及时组织查找，并通报决定机关。

暂予监外执行的社区服刑人员，由交付执行的监狱、看守所将其押送至居住地，与县级司法行政机关办理交接手续。罪犯服刑地与居住地不在同一省、自治区、直辖市，需要回居住地暂予监外执行的，服刑地的省级监狱管理机关、公安机关监所管理部门应当书面通知罪犯居住地的同级监狱管理机关、公安机关监所管理部门，指定一所监狱、看守所接收罪犯档案，负责办理罪犯收监、释放等手续。人民法院决定暂予监外执行的，应当通知其居住地县级司法行政机关派员到庭办理交接手续。

五、社区矫正的宣告

司法所接收社区服刑人员后，应当及时向社区服刑人员宣告下列内容：(1) 判决书、裁定书、决定书、执行通知书等有关法律文书的主要内容；(2) 社区矫正的期限；(3) 社区服刑人员应当遵守的规定、被禁止的事项以及违反规定的法律后果；(4) 社区服刑人员依法享有的权利和被限制行使的权利；(5) 矫正小组人员组成及职责；(6) 其他有关事项。

宣告由司法所工作人员主持，矫正小组成员及其他相关人员到场，按照规定程序进行。宣告后，社区服刑人员应当在宣告材料上签字或盖章，确认已经知悉所宣告的内容。

六、社区矫正的执行

在对社区服刑人员进行正式的社区矫正宣告后，接下来就是社区矫正的具体执行工作。司法所在开展具体矫正工作之前，应当对社区服刑人员进行风险和需要评估，了解他们在社区矫正期间再次违法犯罪的风险和可能碰到的困难，根据评估结果进行分类管理①。

司法所应当为每名社区服刑人员确定专门的矫正小组，并与矫正小组签订矫正责任书。矫正小组应当在遵守“因人定案，一人一案”；“注重实效，避

① 一般根据风险和需要评估结果，对社区服刑人员实行严管、普管、宽管等类型的分类管理。

免再犯”；“专群结合，两腿走路”三原则①的基础上，对社区服刑人员被判处的刑罚种类、犯罪情况、悔罪表现、个性特征和生活环境等情况进行综合评估，为社区服刑人员制定个性化的矫正方案，进行有针对性的监督管理、教育矫正和帮困扶助，并根据矫正方案的实施效果，适时对矫正方案予以调整。

矫正小组应当及时记录社区服刑人员接受监督管理、参加教育学习和社区服务等情况，定期对其接受矫正的表现进行考核，并根据考核结果，依法实施奖惩。

七、社区矫正的解除

当社区服刑人员接受社区矫正的期限届满或发生法定事由时，社区矫正予以解除。社区矫正的解除分为两种情况：一种是因社区矫正期限届满而解除，简称“期满解矫”；一种是因社区服刑人员发生法定事由而解除，简称“法定事由解矫”。从程序上看，这两种不同的解矫形式所要进行的程序是不一样的。

（一）期满解矫

根据两院两部《实施办法》第29、30条的规定，社区矫正期满前，社区服刑人员应当作出个人总结，司法所应当根据其在接受社区矫正期间的表现、考核结果、社区意见等情况作出书面鉴定，并对其安置帮教提出建议。社区服刑人员矫正期满，司法所应当组织解除社区矫正宣告。司法所应当针对社区服刑人员不同情况，通知有关部门、村（居）民委员会、群众代表、社区服刑人员所在单位、社区服刑人员的家庭成员或者监护人、保证人参加宣告。宣告由司法所工作人员主持，按照规定程序公开进行。宣告事项应当包括：（1）宣读对社区服刑人员的鉴定意见；（2）宣布社区矫正期限届满，依法解除社区矫正；（3）对判处管制的，宣布执行期满，解除管制；（4）对宣告缓刑的，宣布缓刑考验期满，原判刑罚不再执行；（5）对裁定假释的，宣布考验期满，原判刑罚执行完毕。② 司法所还应当告知社区服刑人员安置帮教的有关规定，与安置帮教工作部门妥善做好交接，并转交有关材料。县级司法行政机关应当向社区服刑人员发放解除社区矫正证明书，并书面通知决定机关，同时抄送县

① 参见付少军、蒋若薇：《司法行政概论》，中国检察出版社2011年版，第87页。

② 暂予监外执行的社区服刑人员刑期届满的，由监狱、看守所依法为其办理刑满释放手续。

级人民检察院和公安机关。

（二）法定事由解矫

根据两院两部《实施办法》第31条的规定，社区服刑人员在社区矫正期间出现下列情形之一的，终止社区矫正：（1）社区服刑人员死亡；（2）社区服刑人员被决定收监执行；（3）社区服刑人员被判处监禁刑罚。

1. 社区服刑人员死亡

社区服刑人员在社区矫正期间死亡的，社区矫正自动解除，县级司法行政机关应当及时书面通知批准、决定机关，并通报县级人民检察院。

2. 社区服刑人员被决定收监执行

社区服刑人员由于严重违反有关法律、法规和监督管理规定等原因，依法被决定收监执行的，社区矫正终止。

3. 社区服刑人员被判处监禁刑罚

在社区矫正期间，因社区服刑人员重新犯罪或发现漏罪，被人民法院依法判处监禁刑罚的，社区矫正终止。

第七节 社区矫正监督

社区矫正监督是指有关国家机关、社会组织和公民对社区矫正工作进行的监察和督促。社区矫正监督是社区矫正的重要内容，对于保障社区矫正工作依法、规范、公正地进行意义重大。特别是在当前缺乏社区矫正专门立法的情况下，社区矫正监督显得尤为重要。在社区矫正过程中，社区矫正机构及社区矫正工作者应当自觉接受四个方面的监督，即人大监督、检察监督、行政监督和社会监督。①

一、人大监督

人大监督，是指人民代表大会及其常务委员会对社区矫正工作的监察和督促。作为国家权力机关，各级人民代表大会及其常务委员会有权对社区矫正这一非监禁刑罚执行活动进行监督。这里的人民代表大会及其常务委员会，主要是指县级以上人民代表大会及其常务委员会。人大监督是社区矫正监督的重要

---

① 参见吴宗宪、蔡雅奇、彭玉伟：《社区矫正制度适用与执行》，中国人民公安大学出版社2012年版，第239~258页。

方面。对社区矫正工作进行监督，既是各级人民代表大会及其常务委员会的权力，也是其应尽的责任。

二、检察监督

检察监督，是指人民检察院对社区矫正活动是否合法所进行的监察和督促。作为国家法律监督机关，各级人民检察院有权对刑罚执行活动进行监督。在监所检察监督之外，社区矫正检察监督也是人民检察院刑罚执行检察监督的重要内容。从目前社区矫正检察监督的实践来看，这项工作主要是由基层人民检察院承担的，具体地说，主要是由基层人民检察院的监所检察部门承担。由于监所检察部门重点负责对监管场所的检察监督，让其同时对社区矫正活动进行检察监督实在是勉为其难，而且实际检察监督的效果也不好。因此，为满足社区矫正检察监督工作的需要，各地检察机关正在积极探索设立专门的社区矫正检察机构①，以加强对社区矫正工作的法律监督。

三、行政监督

行政监督，是指有关行政机关运用行政职权对社区矫正工作进行的监察和督促。根据行政监督的相关原理，行政监督的实质在于对行政权力运用的限制和对行政管理机构与人员的督促。需要说明的是，这里的行政监督，主要是指司法行政机关对社区矫正辅助机构进行的监督和司法行政机关之间进行的监督。

四、社会监督

社会监督，是指公民、社会组织等社会力量对社区矫正工作进行的监察和督促。加强对社区矫正工作的社会监督，有助于调动社会力量参与社区矫正工作，弥补社区矫正法律监督和行政监督的不足，促进社区矫正工作依法、公正地开展。这里的社区矫正社会监督，主要包括犯罪被害人监督、社区居民监督、社会团体监督和新闻舆论监督。

---

① 例如，为进一步规范社区矫正执法活动，保证社区矫正工作的全面实施，云南省澄江县人民检察院于 2012 年 2 月在澄江县社区矫正安置帮教培训基地设置了“澄江县人民检察院社区矫正检察室”，以加强检察机关对社区矫正工作的法律监督。

第十一章 法律服务

在最一般的意义上，法律服务是指律师、非律师法律工作者、法律专业人士或相关机构以其法律知识、技能为法人或自然人实现其正当权益、提高经济效益、排除不法侵害、防范法律风险、维护自身合法权益而提供的专业活动。但在司法行政学的范畴内，法律服务则是指司法行政机关主管的有关业务工作，主要包括人民调解制度、律师制度、法律援助制度、基层法律服务制度、司法鉴定制度和司法公证制度六个方面。

第一节 人民调解制度

人民调解是我国纠纷解决机制的重要组成部分，是一项极具中国特色的非诉纠纷解决方式，作为化解矛盾先行措施，被在解决民间纠纷问题上作为“东方经验”享誉国际，有“东方之花”的美誉。

一、人民调解概述

（一）人民调解的基本内涵

关于人民调解的基本内涵，有学者认为，人民调解亦称民间调解，是在人民调解委员会的主持下，以国家法律、法规、规章、政策和社会公德规范为依据，对民间纠纷双方当事人进行说服、教育，促使双方当事人互相谅解、平等协商，自愿达成协议，消除纷争的一种自治活动。从本质上说，它是我国的一种独特的非诉讼争议解决机制。① 还有学者指出，人民调解制度是我国解决民间纠纷的一种重要而独特的方式，就是在民间纠纷发生以后，由本地民众推选出的调解员所组成的群众性调解组织——人民调解委员会，根据国家法律法规、政策、社会公德、习惯等，在基层人民政府和法院的指导下，通过辨清事

---

① 参见朱文献：《人民调解制度研究》，山东大学2007年硕士学位论文。

实真相，对当事人进行说服教育，使当事人的纠纷在既不误工、不花钱、不跑远路，也不用请律师、进法院的情况下及时得到解决的一种司法辅助制度。①

以上两种观点均明确了人民调解的依据，但法律法规、政策习惯等既是人民调解的依据，也是行政调解、司法调解的依据，本身不足以纳入人民调解的应有内涵。同时，前者认为人民调解是一种自治活动，后者则认为是一种司法辅助制度。对此，笔者认为，村民委员会、居民委员会是经宪法确认的基层群众性自治组织，企业事业单位设立的人民调解委员会委员是由职工大会、职工代表大会或者工会组织推选产生的，从领导关系或权力来源看，将人民调解定位于自治活动是科学的。至于将其定位为司法辅助制度，则存在斟酌的空间。从实际效果而言，人民调解制度的运行客观上有效减少了司法解决纠纷的压力，但是人民调解和诉诸法院这两种纠纷解决机制之间，究竟是一种并列关系还是主辅关系，或者直接将人民调解定位为一种司法辅助制度，值得进一步研究。有观点也指出，把诉讼外调解这种行之有效的制度称为法院解决民事纠纷的替代手段（ADR），是不正确的。②

（二）人民调解的特征

1. 群众性

人民调解制度的群众性也可以称为人民性。人民调解的群众性、人民性主要是通过人民调解委员会体现出来的。人民调解委员会是由人民群众选举的人民调解员或者基层群众自治性组织成员组成的。人民调解委员会的权利来源于人民群众，成员的组成依靠人民群众，解决纠纷的依据除法律外主要是人民群众公认的道德习惯，调解的宗旨是解决群众纠纷，促进群众之间的团结，调解的书面成果即调解协议绝大多数情况下也是依靠人民群众自觉履行的。《人民调解法》第 7 条③，以及以往的人民调解立法④，都明确规定人民调解委员会

---

① 参见顾敏：《人民调解制度研究》，中南民族大学 2006 年硕士学位论文。

② 参见杨荣新、邢军：《人民调解制度研究》，载《南阳师范学院学报》（社会科学版）2003 年第 5 期。

③ 《人民调解法》第 7 条规定："人民调解委员会是依法设立的调解民间纠纷的群众性组织。"

④ 《人民调解委员会组织条例》第 2 条规定：人民调解委员会是村民委员会和居民委员会下设的调解民间纠纷的群众性组织，在基层人民政府和基层人民法院的指导下进行工作。《人民调解工作若干规定》第 2 条规定：人民调解委员会是调解民间纠纷的群众性组织。

是解决民间纠纷的群众性组织。因此，人民调解具有典型的群众性。

2. 自治性

人民调解的自治性主要是通过调解活动本身体现出来的。人民调解是在人民调解委员会的主持下，由当事人平等协商解决矛盾纠纷的自治行为。人民调解秉承让群众自我教育、自我管理、自我服务的宗旨，在整个调解过程中，人民群众能够自由地选举调解员，也能对调解员进行监督，甚至撤换其中不称职的人员；保障了人民群众参与调解、监督调解的权利。从调解程序的启动开始，期间关于人民调解员的选择、调解方式的选取、调解结果的认可、调解协议的制定遵循双方平等与自愿，严禁强行调解与妨碍当事人行使诉讼权利。由此可见，人民调解具有高度的自治性。

3. 民间性

相较于司法调解与行政调解来说，民间性是人民调解的突出特征。作为三种调解制度共同构成的调解体系，人民调解同时具有诉讼外定纷止争、化解矛盾的重要作用。人民调解委员会、人民调解员不具有官方色彩，非官方代表。人民调解委员会不是基层人民政府的下设机构，两者之间不存在上下级领导关系，政府不能直接介入或干涉人民调解活动。人民调解的工作采用劝导教育，共同协商的模式，不得采用司法或行政手段。

上述三个独特的人民调解特征为人民调解工作创造了灵活、便捷的特色。人民调解工作在时间、地点、方式上完全不拘于形式的约束。调解活动可以随时随地进行，调解人员也无数量限制，可以指派，也可以由当事人选择，调解的启动可依申请，也可以主动进行。调解工作不收取费用，这是人民调解工作深受人民群众欢迎的重要原因。

（三）人民调解的基本原则

人民调解的基本原则，是指人民调解组织和双方当事人在调解活动中必须遵循的基本准则。《人民调解法》第 3 条规定：“人民调解委员会调解民间纠纷，应当遵循下列原则：（一）在当事人自愿、平等的基础上进行调解；（二）不违背法律、法规和国家政策；（三）尊重当事人的权利，不得因调解而阻止当事人依法通过仲裁、行政、司法等途径维护自己的权利。”总结起来可以概括为以下三点①：

① 参见程维荣等：《新中国司法行政 60 年》，上海社会科学院出版社 2009 年版，第 260 页。

1. 自愿平等原则

自愿平等原则是人民调解的基础。纠纷调解过程中，诸如是否接受调解、调解员的选择、调解方案、调解协议如何达成等事宜，当事人均享有充分的自主权，若当事人一方拒绝调解的，调解员不得调解，但这并不禁止人民调解组织主动上门调解纠纷。① 当事人有充分表达自己意见和主张的权利，调解协议必须是自愿平等达成的，不得有违当事人意愿。纠纷调解过程中，当事人双方地位完全平等，不管当事人是公民还是法人或其他组织，都是平等的民事主体。人民调解员应是与纠纷当事人没有利害关系的“第三方”。

2. 不违背法律、法规及国家政策原则

这一原则规定了人民调解的依据。作为人民调解的机构——人民调解委员会的设置应当依法设立，对于人民调解员的选任同样必须依法选拔。人民调解活动遵循相关的法律、法规等规定，在不违背法律、法规的前提下，应兼顾社会公德、村规民约、公序良俗、行业惯例等多方面因素进行，但最终达成的协议内容不得违反法律规定，也不得侵害公共利益和第三方权益。

3. 尊重当事人权利原则

这一原则作为极其重要的补充明确了当调解无效时，应尊重当事人依法通过仲裁、行政、司法等途径维护自身权益。具体实践中，经常会碰到当事人拒绝调解或调解无效的情况，甚至是达成调解协议之后又反悔的。此项原则正是针对这类情况的发生，给予当事人另行选择其他合法途径解决矛盾纠纷，也为不同的纠纷解决机制之间建构良好的疏通渠道。对于调解不成的，人民调解员也有义务告知当事人可以选择其他合法途径，并引导但绝对不得阻挠、干涉当事人行使权利。当然，人民调解活动还要充分尊重当事人各项合法权利。人民调解员应积极维护群众利益，公正公平调解。

二、人民调解委员会

人民调解委员会是在基层人民政府和基层人民法院指导下，调解民间纠纷的群众性组织。

（一）人民调解委员会的性质

合意与强制、程序与实体、简便与严格、情理与法理、常识与专业，不同的纠纷解决机制，对于以上要素的侧重与定位的不同排列组合可以产生新的理

① 参见董开军：《司法行政学》，中国民主法制出版社 2007 年版，第 276 页。

论模式。① 作为承载人民调解制度的机构，人民调解委员会本身也必然具备如下基本特征：

1. 人民调解委员会的调解活动属于群众性自治活动

我国《宪法》规定，城市和农村按居民和居住地区设立的居民委员会或者村民委员会是群众性自治组织。《人民调解法》规定，企事业单位根据需要设立人民调解委员会；乡镇、街道以及社会团体或者其他组织根据需要可以参照本法有关规定设立人民调解委员会。居民委员会、村民委员会下设人民调解委员会、治安保卫、公共卫生等委员会均是通过将基层群众组织起来，实行自我管理，自我教育，自我服务的形式，是群众性自治活动的主要形式。

2. 人民调解委员会的委员是由特定区域、特定条件的公民代表组成

《人民调解法》规定："人民调解员应当由公道正派、热心人民调解工作，并具有一定文化水平、政策水平和法律知识的成年公民担任。"同时规定："村民委员会、居民委员会的人民调解委员会委员由村民会议或者村民代表会议、居民会议推选产生；企事业单位设立的人民调解委员会由职工大会、职工代表大会或者工会组织推选产生。"人民调解员的遴选，要严格按照法定条件筛选，遵循法定程序产生。除此之外，人民调解员还应是德高望重、公正廉洁、能为群众办事的公民代表。

3. 人民调解委员会居间调解民间纠纷

人民调解是人民调解委员会以第三方形式介入，通过教育、劝导等方法，促成当事人在平等协商基础上，互谅互让、自愿达成调解协议，解决民间纠纷的活动。人民调解委员会与纠纷当事人不属于管理与被管理的关系，相互间地位平等。当事人是否选择调解、接受调解、达成调解协议等均取决于当事人的自愿。人民调解委员会不得把调解意见强加给当事人。人民调解委员会有权作出人民调解员回避的决定。

4. 人民调解协议不具有强制执行的法律效力

虽然，《人民调解法》规定"经人民调解委员会调解达成的调解协议，具有法律约束力"。但人民调解委员会不能执行人民调解协议，只能通过诚信教育、道德约束和社会舆论等方法督促当事人自觉履行在调解协议中约定的义务。一方当事人拒不履行时，人民调解委员会应当告知另一方当事人到人民法院起诉，通过判决要求对方当事人履行；当事人对人民调解协议有异议时，可

① 参见季卫东：《当事人在法院内外的地位与作用》，载［日］棚濑孝雄：《纠纷的解决与审判制度》，王亚新译，中国政法大学出版社 2004 年版。

以起诉要求人民法院变更、撤销人民调解协议。人民调解协议只有通过司法确认后才具有强制执行的效力，由人民法院予以执行。①

（二）人民调解委员会的设立

《人民调解法》第 8 条第 1 款规定："村民委员会、居民委员会设立人民调解委员会。企业事业单位根据需要设立人民调解委员会。"第 34 条规定："乡镇、街道以及社会团体或者其他组织根据需要可以参照本法有关规定设立人民调解委员会，调解民间纠纷。"因此，人民调解委员会的设立主要有三种形式：

1. 村民委员会、居民委员会设立人民调解委员会

村民委员会设立的人民调解委员会是由村民会议或者村民代表会议推选产生的人民调解委员会委员组成。村民会议由村民委员会召集。召开村民会议，应当有本村 18 周岁以上村民的过半数，或者本村 2/3 以上的户的代表参加，村民会议所作决定应当经到会人员的过半数通过。

2. 企业事业单位根据需要设立人民调解委员会

所谓根据需要设立，首先应根据国家经济社会发展的形势要求设立；其次是根据企事业单位的情况设立，如企事业单位规模较大、职工较多、纠纷多发的，就需要设立人民调解委员会。从目前情况看，企事业单位设立人民调解委员会，已经成为仅次于村（居）人民调解委员会的重要组织形式。

企业事业单位人民调解委员会委员有三种产生方式：一是召开全体职工大会推选产生；二是由职工代表大会推选产生，职工代表大会推选人民调解委员会委员时，既可以推选职工代表，也可以推选职工代表以外的其他人；三是由工会组织推选产生。

3. 乡镇、街道以及社会团体或者其他组织设立人民调解委员会

乡镇、街道人民调解委员会主要调解村（居）人民调解委员会难以调解的疑难、复杂民间纠纷和跨区域、跨单位的民间纠纷。社会团体或者其他社会组织设立的人民调解委员会主要调解专业性较强的矛盾纠纷，如医疗、交通事故、物业管理、劳动争议、消费权益、知识产权等多方面纠纷。

乡镇、街道人民调解委员会委员应当具备高中以上文化程度，并符合下列条件，第一，本辖区设立的村（居）民委员会、企事业单位人民调解委员会

① 人民调解杂志社编委会：《〈人民调解法〉解读（四）》，载《人民调解》2011 年第 7 期。

的主任；第二，本辖区的司法助理员；第三，在本辖区居住的懂法律、有专长、热心人民调解工作的社会志愿者。

社会团体或者其他组织设立的人民调解委员会的委员应该具有相关专业知识、熟悉相关纠纷特点，同时要具有一定法律知识水平和丰富的调解经验。

按照《人民调解法》第 8 条、第 9 条的规定，人民调解委员会由委员 3 至 9 人组成，每个人民调解委员会应当设立 1 名主任，必要时可以设立副主任。人民调解委员会应当有一定比例的妇女委员，少数民族地区应当有一定比例的少数民族委员。人民调解委员会委员每届任期 3 年，可以连选连任。

三、人民调解员

《人民调解法》第 15 条规定，人民调解员由人民调解委员会委员和人民调解委员会聘任的人员担任。因此，人民调解员分为两类：一类是人民调解委员会委员，另一类是人民调解委员会聘任的人员。

（一）人民调解员的聘任

1. 人民调解员的聘任条件

《人民调解法》第 14 条第 1 款规定，人民调解员应当由公道正派、热心人民调解工作，并具有一定文化水平、政策水平和法律知识的成年公民担任。据此，人民调解委员会聘任的人民调解员应当具备以下条件：（1）成年公民，即年满 18 周岁具备完全民事行为能力①的中国公民；（2）具有一定文化水平、政策水平和法律知识；（3）为人公道正派、热心人民调解工作。

2. 人民调解员的聘任方式

人民调解委员会聘任人民调解员通常采取以下方式：（1）单独或协商确定，一般应按照人民调解员条件和调解工作需求，确定聘任人选，经培训合格后上岗，或将调解员条件、聘任人数与有关部门协商，共同确定聘任人选，经司法行政机关培训合格后上岗；（2）面向社会公开招聘，此方式多用于在一定地区、一定范围为某一类调解委员会集中聘任人民调解员，录取后，分配给人民调解委员会，由人民调解委员会与其签订聘用合同，报酬多由政府保障。

---

① 尽管《人民调解法》第 14 条第 1 款只要求被聘任对象年满 18 周岁即可，未涉及民事行为能力问题，但是按照体系解释的法律解释方法，此处的“年满 18 周岁”应当理解为年满 18 周岁并具备完全民事行为能力。

（二）人民调解员的罢免或者解聘

根据《人民调解法》第 15 条的规定，人民调解员在调解工作中有下列行为之一的，由其所在的人民调解委员会给予批评教育、责令改正，情节严重的，由推选或者聘任单位予以罢免或者解聘：（1）偏袒一方当事人的；（2）侮辱当事人的；（3）索取、收受财物或者牟取其他不正当利益的；（4）泄露当事人的个人隐私、商业秘密的。

（三）人民调解员的补助优抚

《人民调解法》第 16 条规定："人民调解员从事调解工作，应当给予适当的误工补贴；因从事调解工作致伤致残，生活发生困难的，当地人民政府应当提供必要的医疗、生活救助；在人民调解工作岗位上牺牲的人民调解员，其配偶、子女按照国家规定享受抚恤和优待。"

1. 误工补贴

人民调解员因调解矛盾纠纷而直接造成的经济损失给予的补偿。包括因调解纠纷产生的误工费、误餐费、交通费、通信费等。补偿有多种形式，实践中有以案定补方式、月或年工资方式、也有减免义务工或者多分责任田方式等。

2. 医疗、生活救助

人民调解员因从事调解工作致伤、致残，生活发生困难的，当地人民政府给予的医疗、生活救助。

3. 抚恤优待

在人民调解工作岗位上牺牲的人民调解员的配偶、子女按照国家规定进行抚恤和优待。对符合烈士或见义勇为条件的，追授烈士称号，其配偶、子女享受烈属待遇；授予见义勇为荣誉称号的，给予相应的奖金等。

四、人民调解的基本程序

（一）纠纷的受理

《人民调解法》第 17 条规定："当事人可以向人民调解委员会申请调解；人民调解委员会也可以主动调解。当事人一方明确拒绝调解的，不得调解。"第 18 条规定："基层人民法院、公安机关对适宜通过人民调解方式解决的纠纷，可以在受理前告知当事人向人民调解委员会申请调解。"据此，人民调解委员会受理纠纷有三种方式：

1. 申请受理

矛盾纠纷发生后，纠纷一方当事人可以向人民调解委员会申请调解，也可以由双方当事人共同向人民调解委员会申请调解。纠纷当事人的近亲属、邻里、同事、朋友等也可以代其向人民调解委员会申请调解。当事人在申请调解时，可以口头申请调解，也可以书面申请调解。

2. 主动受理

人民调解委员会主动受理民间纠纷，是人民调解有别于其他纠纷解决机制的特色和优势。人民调解委员会通过定期排查，及时发现矛盾纠纷线索，主动介入，把矛盾纠纷化解在萌芽状态，同时，人民调解委员会也可以接受群众举报，对正在发生的矛盾纠纷主动调解，防止矛盾纠纷激化转化。

3. 移交受理

移交受理分为三类：（1）人民法院移交。在征得当事人同意后，移交、委托人民调解组织调解。（2）公安机关移交。在处理治安案件、交通肇事案件中，可以将适宜的案件交由人民调解委员会调解。（3）其他有关部门移交。如信访部门、工商行政管理部门、医疗行政部门、住房和城市建部门、环境保护部门、国土资源保护部门、农业部门、人力资源和社会保障部门等将适宜的纠纷处理移交给相关人民调解委员会进行调解。

对于没有法律、法规禁止事由的，人民调解委员会应当受理。受理后，即应指定调解员主持调解；如果是比较重大复杂的纠纷，还应组成合议庭，指定首席调解员。独任调解员或合议庭接到人民调解委员会指派后，须进行必要的准备工作，一是让当事人提交或收集必要的证明材料，二是作好必要的事务性工作，保证及时进行调解。①

（二）调解的进行

根据《人民调解法》的规定，人民调解委员会根据调解纠纷的需要，可以指定一名或者数名人民调解员进行调解，也可以由当事人选择一名或者数名人民调解员进行调解。人民调解员根据调解纠纷的需要，在征得当事人的同意后，可以邀请当事人的亲属、邻里、同事等参与调解，也可以邀请具有专门知识、特定经验的人员或者有关社会组织的人员参与调解。具体操作如下：

（1）根据纠纷类型和当事人的特点指定调解员。人民调解委员会有各种

① 参见杨荣新、邢军：《人民调解制度研究》，载《南阳师范学院学报》（社会科学版）2003 年第 5 期。

调解能手，纠纷发生后，人民调解委员会可以指派有解决这类纠纷丰富经验的调解员主持调解。

（2）当事人自愿选择调解员。纠纷发生后，双方当事人往往各执一词，需要一个具有相对权威的、双方都认可的人来担任调解员。当事人可以根据自己的意愿选择自己信任的人民调解员调解纠纷。

（3）单独调解、共同调解和联合调解。一般情况下，多采取受理纠纷的调解委员会单独调解的办法。跨区域、跨单位的矛盾纠纷，有关的人民调解委员会可以共同调解。涉及面广、危害性大，可能引发群体性事件、刑事案件的民间纠纷或者专业性较强的矛盾纠纷，人民调解委员会应主动联系有关部门联合调解。

（4）公开调解和不公开调解。人民调解委员会调解纠纷一般采取不公开调解方式。但如赡养、抚养、扶养、分家析产、虐待、侮辱、诽谤等纠纷时，在征得当事人同意后，可以邀请当事人亲属或朋友参加，允许群众旁听。这种矛盾纠纷的调解对群众有教育示范作用，能起到“调解一件、教育一片”的作用。

（5）及时、就地解决矛盾纠纷。民间纠纷类型多、范围广，这要求人民调解委员会要不拘形式、灵活便捷，尽可能快速、高效率地开展调解工作。纠纷发生地是调解工作的第一现场，尽可能就地调解，防止矛盾激化，也是人民调解的职责所在。

（三）调解的终止

调解的终止有两种原因：（1）达成了调解协议，正常结束调解程序；（2）虽经多方工作，但达不成调解协议，非正常结束调解程序。

《人民调解法》规定，人民调解员调解纠纷，调解不成的，应当终止调解，并依据有关法律、法规的规定，告知当事人可以依法通过仲裁、行政、司法等途径维护自己的权利。调解不成，应当终止调解的情形主要有以下几种：（1）当事人终止调解；（2）人民调解委员会终止调解；（3）存在法律法规明确规定禁止的情形，在调解活动中，如果人民调解委员会发现正在调解的纠纷属于法律或者行政法规禁止采用调解的方式解决的，应当立即终止调解。

（四）调解协议

人民调解协议，又称人民调解协议书，是在人民调解委员会主持下，纠纷当事人依照国家的法律、法规、规章、政策和公序良俗，在查清事实、分清责任的基础上，通过平等协商、互谅互让，对纠纷的解决自愿达成一致意见的意思表示。

当事人认为无须制作调解协议书的，也可以采取口头协议方式，人民调解员应当记录协议内容。口头调解协议自各方当事人达成协议之日起生效。

第二节 律师制度

律师制度，是指国家规定的有关律师的性质、任务、权利和义务、管理体制、组织和活动原则，以及如何为当事人提供法律服务的法律规范的总称。律师制度是一国司法行政制度的重要组成部分，现代国家都通过宪法、律师法和各种司法程序对律师制度进行规范。①

一、律师概述

（一）律师的概念和性质

1. 律师的概念

律师是法律职业群体的重要组成部分。现代世界各国对律师的称谓、分类及概念表述存在一定差异，但其内涵、本质和功能基本一致。对律师概念的界定，主要侧重于其作用和资格。

根据我国《律师法》第 2 条的规定，律师是指依法取得律师执业证书，接受委托或者指定，为当事人提供法律服务的执业人员。

2. 律师的性质

律师的性质，也就是律师所具有的本质特点，是律师职业区别于其他职业的本质属性。在一国的律师制度中，律师性质是一个根本性问题，它体现在律师制度的各个方面，制约着律师的地位、权利与义务、作用乃至发展方向。对于律师性质的界定，世界各国因其文化传统和社会制度的不同而相去甚远，有界定为国家公职人员的，也有界定为自由职业者的。② 律师制度在我国经历了一个从被动接受到主动改良的曲折过程，在不同的历史时期，对律师的性质有着不同的认识和定位。

（1）国家法律工作者。1980 年 8 月 26 日，第五届全国人大常委会第十五

① 参见张耕：《中国律师制度研究》，法律出版社 1998 年版，第 2 页。

② 参见张耕：《中国律师制度研究》，法律出版社 1998 年版，第 39 页。

次会议通过的《中华人民共和国律师暂行条例》第1条将律师的性质界定为"律师是国家的法律工作者"。该条例是我国第一部关于律师制度的法律规范，也是首次以立法的形式对律师性质作出了规定。

（2）为社会提供法律服务的执业人员。1996年5月15日，八届全国人大常委会第十九次会议通过的《中华人民共和国律师法》第2条将律师的性质界定为"依法取得律师执业证书，为社会提供法律服务的执业人员"。这一规定弱化了律师的"国家性"，强调律师的职能是提供法律服务。从国家法律工作者到社会法律工作者的转变，体现了我国对律师性质认识上的飞跃，具有重要的历史意义。但是，这一规定还是过于强调律师的社会属性。

（3）为当事人提供法律服务的执业人员。2008年6月1日施行的修订后的《律师法》第2条规定："本法所称律师，是指依法取得律师执业证书，接受委托或者指定，为当事人提供法律服务的执业人员。律师应当维护当事人合法权益，维护法律正确实施，维护社会公平和正义。"这一规定进一步明确了律师的性质，将"为社会提供法律服务"修订为"为当事人提供法律服务"，体现了从原来强调社会性到现在强调当事人性的转变、从国家本位到权利本位的转变。另外，这一规定还明确了，律师在维护当事人合法利益的同时，还应当维护法律正确实施，维护社会公平和正义，避免了"唯当事人主义"、"律师的工具化"倾向。

（二）律师的类型

律师的类型，是指根据一定的标准对律师进行的划分。在不同的国家和历史时期，律师的类型有所不同，这种不同从一个侧面体现了不同国家、不同历史时期律师制度的内容，体现了一国律师制度的探索、演变和发展。①

1. 专职律师

专职律师是指任职于律师事务所或法律顾问处，专门从事律师业务的律师群体。专职律师的"专"，主要是相对于兼职律师而言的，具体体现为律师任职于律师事务所，劳动人事关系不在其他单位，行政上不属于其他单位或组织，不担任其他有偿的、全职的职务。

专职律师是执业律师的主体。首先，律师作为法律工作者的性质主要是由专职律师来体现的。其他律师也提供法律服务，但是他们的主要工作可能不是

① 参见朱景文主编：《中国人民大学中国法律发展报告2012 中国法律工作者的职业化》，中国人民大学出版社2013年版，第194~197页。

提供法律服务，或者不能提供所有类型的法律服务，因此无法完整体现以提供法律服务为宗旨的法律工作者的性质。其次，只有专职律师才能完整地、全面地享有律师的法律权利和法律地位。再次，专职律师在数量上占执业律师总量的绝大多数。最后，实践中法律服务的职能也主要由专职律师承担。

2. 兼职律师

兼职律师是执业律师的一种类型。兼职律师满足执业律师的所有条件，在执业活动中统称律师，与专职律师有同等的权利和义务。兼职律师的特殊之处在于，在具有律师职业身份的同时，保留原来的职务，劳动人事关系在原来的单位。

3. 特邀律师

特邀律师是存在于特定历史时期的一种执业律师类型。在当时，特邀律师满足执业律师的所有条件，在执业活动中统称律师，与专职律师有同等的权利和义务。特邀律师的特殊之处在于他们是离休、退休人员。2001年度年检时，终止特邀律师注册，正式取消特邀律师制度。

4. 军队律师

军队律师是指为军队提供法律服务的律师。军队律师是国家律师队伍的组成部分，具有律师执业证书，在执行职务时，依法享有普通律师相应的权利，承担相应的义务。军队律师同时又是军队的干部，属于军人的编制。

5. 公职律师

2002年10月，司法部发布了《关于开展公职律师试点工作的意见》。根据该意见，公职律师的任职条件是：具有律师资格或司法部颁发的法律职业资格；供职于政府职能部门或行使政府职能的部门，或经招聘到上述部门专职从事法律事务的人员。

6. 公司律师

2002年10月，司法部发布的《关于开展公司律师试点工作的意见》规定，公司律师的任职条件是：具有律师资格或司法部颁发的法律职业资格；在企业内部专职从事法律事务工作；所在企业同意其担任公司律师。公司律师的业务范围主要限于为所在的企业提供法律服务。

7. 法律援助律师

提供法律援助的律师有两种类型：一种是普通律师，接受有关部门的指派，在自己的本职工作或者有偿法律服务之外提供法律援助。另一种是在法律援助中心、公益律师事务所中专职提供法律援助的律师。后一种律师即法律援助律师，又称公益律师。

二、律师执业

律师资格与律师执业制度是律师管理制度的重要组成部分。律师是专业性很强的职业，其服务质量的高低直接关系到公民和法人的合法权益能否得到及时有效的维护，关系到国家的法律制度能否有效运行和正确实施，关系到社会主义法制建设的顺利进行。

（一）律师执业条件

1. 律师资格的取得

律师资格，是指根据国家的有关规定，按照一定的条件和程序所获得的国家认可的专业资格。获得律师资格是成为律师的必经程序和法定条件，只有取得律师资格的人，才能以律师身份开展执业。

我国律师资格以司法考试考核为主，以考核批准为补充。《律师法》第 8 条规定："具有高等院校本科以上学历，在法律服务人员紧缺领域从事专业工作满 15 年，具有高级职称或者同等专业水平并具有相应的专业法律知识的人员，申请专职律师执业的，经国务院司法行政部门考核合格，准予执业。"

2. 律师执业证书的取得

律师执业证书是律师执业的有效证件和法定标志。取得律师资格的人员必须依法获得律师执业证书才能执业。律师执业证书与律师资格证书不同，申请律师执业证书必须符合法定条件，包括实质条件和形式条件。

其一，申请律师执业证书的实质条件。根据我国《律师法》第 5 条的规定，申请律师执业，应当具备下列条件：（1）拥护中华人民共和国宪法；（2）通过国家统一司法考试；（3）在律师事务所实习满 1 年；（4）品行良好。上述条件必须同时具备，缺一不可。申请人有下列情形之一的，不予颁发律师执业证书：（1）无民事行为能力或者限制民事行为能力的；（2）受过刑事处罚的，但过失犯罪的除外；（3）被开除公职或者被吊销律师执业证书的。

其二，申请律师执业证书的形式条件。《律师法》第 6 条规定：申请律师执业，应当向设区的市级或者直辖市的区人民政府司法行政部门提出申请，并提交下列材料：（1）国家统一司法考试合格证书；（2）律师协会出具的申请人实习考核合格的材料；（3）申请人的身份证明；（4）律师事务所出具的同意接收申请人的证明。申请兼职律师执业的，还应当提交所在单位同意申请人兼职从事律师职业的证明。

3. 律师执业限制

律师执业限制，是指国家法律、法规或者其他规范性文件所规定的有关律师执业时的身份、业务种类和时空范围等方面的特殊约束。根据《律师法》等规定，我国的律师执业限制主要包括五方面：（1）不能以个人名义独立执业，并且只能在一个律师事务所执业；（2）公务员不得兼任执业律师；（3）律师担任各级人民代表大会常务委员会组成人员的，任职期间不得从事诉讼代理或辩护业务；（4）曾任法官、检察官的律师，在司法机关离任后2年内，不得担任诉讼代理人或辩护人；（5）律师不得在同一案件中为双方当事人担任代理人，不得代理与本人及其近亲属有利益冲突的法律事务。

（二）律师执业机构

律师执业机构在中华人民共和国成立初期就已经建立，1954年7月，中央人民政府司法部发出《关于试验法院组织制度中几个问题的通知》，制定上海、天津、重庆、武汉、沈阳等大城市率先试办“法律顾问处”。① 1979年重建律师制度时，沿用了这个称谓。1982年《律师暂行条例》明确规定，律师执行职务的工作机构为法律顾问处。由于这种称谓无法明确律师执业机构的性质，也与国际通行的律师事务所的称谓不符，1984年8月，全国司法行政会议确定将法律顾问处改称律师事务所；司法部明确指出，应当将“法律顾问处”改称为“律师事务所”。《律师法》第14条明确规定，律师事务所是律师的执业机构。因此，律师的执业机构是律师事务所；律师是受律师事务所的指派，以律师事务所名义开展执业的。

1. 律师事务所的形式

根据《律师法》第15、16条和第20条的规定，目前我国律师事务所有国资、合伙和个人三种组织形式：（1）国资律师事务所，《律师法》第20条规定：“国家出资设立的律师事务所，依法自主开展律师业务，以该律师事务所的全部资产对其债务承担责任。”国家出资是国资律师事务所的法定内涵，也是其区别于其他类型的律师事务所的根本特征；（2）合伙律师事务所，即由律师自愿组合，开办经费由个人筹集，风险责任由合伙人共担，收入归合伙人共有的律师执业机构，合伙是国际上通行的律师执业形式；（3）个人律师事务所，我国于2002年首次批准建立个人律师事务所。2007年、2012年先后修订的《律师法》均正式肯定了这种组织形式。个人律师事务所的设立人是

① 参见张耕：《中国律师制度研究》，法律出版社1998年版，第30页。

该所的负责人，对律师事务所的债务负无限责任。①

2. 律师事务所的设立

根据《律师法》第 14 条的规定，设立律师事务所应当具备以下条件：（1）有自己的名称、住所和章程。（2）有符合法律规定的律师。（3）设立人应当是具有一定的执业经历，且 3 年内未受过停止执业处罚的律师。（4）有符合国务院司法行政部门规定数额的资产。

有下列情形之一的，由作出准予设立律师事务所决定的省、自治区、直辖市司法行政机关撤销原准予设立的决定，收回并注销律师事务所执业许可证：（1）申请人以欺骗、贿赂等不正当手段取得准予设立决定的；（2）对不符合法定条件的申请或者违反法定程序作出准予设立决定的。

3. 律师事务所的变更、终止与管理

律师事务所变更名称、负责人、章程、合伙协议的，应当报原审核部门批准。律师事务所变更住所、合伙人的，应当自变更之日起 15 日内报原审核部门备案。

律师事务所有下列情形之一的，应当终止：（1）不能保持法定设立条件，经限期整改仍不符合条件的；（2）律师事务所执业证书被依法吊销的；（3）自行决定解散的；（4）法律、行政法规规定应当终止的其他情形。律师事务所终止的，由颁发执业证书的部门注销该律师事务所的执业证书。

律师事务所应当建立健全执业管理、利益冲突审查、收费与财务管理、投诉查处、年度考核、档案管理等制度，对律师在执业活动中遵守职业道德、执业纪律的情况进行监督。律师事务所不得从事法律服务以外的经营活动。

（三）律师执业的业务范围

所谓律师的执业范围，是指执业律师所能够从事的具体的业务工作的外延，也就是社会分工对律师活动的领域和界限的划定。②

根据《律师法》第 28 条的规定，律师的执业范围主要表现在以下七个方面：（1）接受自然人、法人或者其他组织的委托，担任法律顾问；（2）接受民事案件、行政案件当事人的委托，担任代理人，参加诉讼；（3）接受刑事案件犯罪嫌疑人、被告人的委托或者依法接受法律援助机构的指派，担任辩护

① 参见程维荣等：《新中国司法行政 60 年》，上海社会科学院出版社 2009 年版，第 178 页。

② 参见张耕：《中国律师制度研究》，法律出版社 1998 年版，第 126 页。

人，接受自诉案件自诉人、公诉案件被害人或者其近亲属的委托，担任代理人，参加诉讼；（4）接受委托，代理各类诉讼案件的申诉；（5）接受委托，参加调解、仲裁活动；（6）接受委托，提供非诉讼法律服务；（7）解答有关法律的询问、代写诉讼文书和有关法律事务的其他文书。

（四）律师执业的基本原则

律师执业的基本原则，是指律师正常从事业务活动时所必须遵守的基本原则，为律师、律师事务所以及律师行业管理者共同遵循，并贯穿在律师执业全部过程中。主要包括以下四个方面的内容：（1）遵守宪法和法律、恪守职业道德和职业纪律；（2）维护当事人合法权益；（3）接受国家、社会和当事人监督；（4）依法执业受法律保护。①

三、律师管理

律师管理是保障律师事业健康发展的关键措施，建立科学的律师管理体制是确保律师管理工作规范、有效的前提。我国律师管理体制的形成经历了一个较长的历史过程。它由刚开始单一的司法行政管理的律师管理体制，发展到司法行政机关为主、律师协会为辅的律师管理体制，并逐步建立起司法行政机关监督、指导和律师协会行业管理相结合的新型律师管理制度。

（一）司法行政机关对律师的管理

根据《律师法》第4条规定："司法行政部门依照本法对律师、律师事务所和律师协会进行监督、指导。"这就以法律的形式确立了司法行政机关在律师管理工作中的主导地位。

司法行政机关对律师行业的管理，主要包括以下内容：（1）对律师、律师事务所和律师协会进行监督、指导；（2）主持统一司法考试；（3）审核、发放律师执业证书；（4）审核，批准建立律师事务所；（5）对律师协会章程备案；（6）对违反律师法规定的律师给予行政处罚；（7）对违反律师法规定的律师事务所给予行政处罚；（8）制定律师收费办法。

近年来，司法部在律师管理方面制定发布的有关行政规章，主要包括：

① 参见范愉、黄娟、彭小龙编著：《司法制度概论》，中国人民大学出版社2013年版，第165页。

《关于规范法官和律师相互关系维护司法公正的若干规定》（2004 年，与最高人民法院共同制定）、《律师服务收费管理办法》（2006 年，与国家发展和改革委员会共同制定）、《律师执业管理办法》（2008 年）、《律师事务所管理办法》（2008 年）、《律师和律师事务所执业证书管理办法》（2009 年）、《律师事务所名称管理办法》（2009 年）、《律师和律师事务所违法行为处罚办法》（2010 年）、《关于建立律师宣誓制度的决定》（2012 年）等。

（二）律师协会的行业管理

按照《律师法》第 43 条的规定："律师协会是社会团体法人，是律师的自律性组织。全国设立中华全国律师协会，省、自治区、直辖市设立地方律师协会，设区的市根据需要可以设立地方律师协会。"律师、律师事务所应当加入所在地的地方律师协会。加入地方律师协会的律师、律师事务所，同时是全国律师协会的会员。

律师协会的职责包括：（1）保障律师依法执业，维护律师的合法权益；（2）总结、交流律师工作经验；（3）制定行业规范和惩戒规则；（4）组织律师业务培训和职业道德、执业纪律教育，对律师的执业活动进行考核；（5）组织管理申请律师执业人员的实习活动，对实习人员进行考核；（6）对律师、律师事务所实施奖励和惩戒；（7）受理对律师的投诉或者举报，调解律师执业活动中发生的纠纷，受理律师的申诉；（8）法律、行政法规、规章以及律师协会章程规定的其他职责。律师协会制定的行业规范和惩戒规则，不得与有关法律、行政法规、规章相抵触。

中华全国律师协会所制定的有关行业规则和职业道德规范主要包括：《中华全国律师协会章程》（2002 年修订）、《律师职业道德和执业纪律规范》（2001 年修订）、《律师协会会员处分规则》（1999 年）、《律师执业行为规范》（2011 年）等。

第三节　法律援助制度

法律援助是一项扶弱助贫、保障社会弱势群体合法权益的国家公益性事业，也是我国践行依法治国、全面建成小康社会的重要举措。十八届四中全会强调，完善法律援助制度，扩大援助范围，健全司法救助体系，保证人民群众在遇到法律问题或者权利受到侵害时获得及时有效的法律帮助。

一、法律援助制度概述

（一）法律援助制度的概念

法律援助，也称法律救助或法律扶助制度，是世界上许多国家所普遍采用的一种司法救济制度。法律援助制度是公民应当享有的一项社会权利，是现代法治国家必须承担的法律责任。① 关于法律援助性质的讨论，在西方发达国家经历了从“慈善行为”、“社会道义”、“社会福利”到最终把法律援助定性为国家义务、政府职责的过程，让政府承担法律援助责任，是政府对法治和平等的承诺。②

我国的法律援助制度，是指在国家依法设立的法律援助机构的组织、指导和协调下，由律师、公证员和基层法律工作者等法律服务人员为经济困难或特殊案件的当事人减免费用、提供法律帮助的国家法律保障法律制度。所谓“特殊案件”，是指依照《刑事诉讼法》的规定，刑事案件的犯罪嫌疑人、被告人是盲、聋、哑人，或者是尚未完全丧失辨认或者控制自己行为能力的精神病人，没有委托辩护人的；或者犯罪嫌疑人、被告人可能被判处无期徒刑、死刑，没有委托辩护人的，应当获得法律援助。

狭义的法律援助概念，特指由律师及其他法律服务人员实施的法律援助活动及其制度，不包括法院对诉讼费用的减、免、缓交制度。广义的法律援助概念，则包括律师及其他法律服务人员实施的法律援助活动和法院对诉讼费用的减、免、缓交制度两部分。

（二）法律援助制度的特征

结合《法律援助条例》的具体规定，联系我国法律援助制度的实施情况，我国的法律援助制度具有以下几个方面的特征③：

1. 法律援助制度的规范性

---

① 参见谭世贵主编：《中国司法制度》（第2版），法律出版社2008年版，第329页。

② 参见宫晓冰主编：《中国法律援助制度研究》，中国方正出版社2004年版，第33页。

③ 参见谭世贵主编：《中国司法制度》（第2版），法律出版社2008年版，第331~333页。

法律援助制度的规范性是指我国法律援助制度的规范化、法律化。《法律援助条例》是在总结各地试行法律援助工作经验的基础上，并适当汲取世界各地法律援助的有益经验制定的。它对我国法律援助制度的性质、责任主体、援助机制、援助对象、援助人员、申请和审查程序等作了明确规定。这是我国法律援助制度规范化的重要标志。

2. 法律援助主体的明确性

法律援助主体的明确性是指我国法律援助的责任主体是政府。《法律援助条例》第 3 条第 1 款明确规定："法律援助是政府的责任，县级以上人民政府应当采取积极措施推动法律援助工作，为法律援助提供财政支持，保障法律援助事业与经济、社会协调发展。"

3. 法律援助工作的统一性

法律援助工作的统一性是指法律援助工作坚持"四统一"原则。法律援助工作坚持"四统一"原则，具体是指对公民的法律援助申请和法院指派的法律援助案件，由法律援助机构统一受理、统一审查、统一指派、统一监督。"四统一"原则是我国法律援助制度的核心，是公民平等获得法律援助的保障，是规范律师等法律服务人员承担法律援助义务的需要，是保证法律援助质量的重要机制。在有关管辖、援助申请、资格审查、援助批准、指派承办人、案件验收以及归档等各个环节都应充分体现"四统一"原则。

4. 法律援助服务的无偿性

法律援助服务的无偿性是指法律援助服务是无偿的义务。《法律援助条例》第 2 条规定："符合本条例规定的公民，可以依照本条例获得法律咨询、代理、刑事辩护等无偿法律服务。"而不像某些国家实行"缓交费"或"减免"的方式。

5. 法律援助范围的广泛性

法律援助范围的广泛性是指我国法律援助的范围很广泛。根据《法律援助条例》第 10、11、12 条的规定，我国法律援助的对象，既包括经济困难符合法律援助条件者，也包括法律有特别规定的残疾者、弱者。换言之，受援对象所涉及的是经济困难的普通老百姓和弱势人群。从司法程序来看，既有刑事诉讼中的辩护和代理，又有行政诉讼中的代理，还有民事诉讼中的代理。可见，我国法律援助的范围比较广泛。

6. 法律援助形式的丰富性

我国法律援助制度所规定的法律援助形式既包括诉讼法律援助服务，也包括非诉讼法律援助服务，还包括公证、法律咨询、法律信息资料的免费提供；

既包括诉讼法律援助（如刑事辩护），也包括非诉讼法律援助。应指出的是，一些国家法院诉讼费用的缓、减、免（我国称为“司法救助”）在我国并没有纳入法律援助制度的体系。

7. 法律服务人员的多样性

法律援助人员既有律师、法律援助机构的工作人员，又有社会团体（如工会、妇联、共青团组织等）、事业单位（如高校、法学研究机构）等社会组织利用自身资源提供法律援助的人员。这有利于充实法律援助的专业队伍，充分发挥社会力量在各方面所具有的优势，有效利用资源，促进我国法律援助事业的发展。

8. 法律援助责任的严格性

法律援助是为社会的贫、弱者免费提供法律服务，法律援助机构及其工作人员、法律援助律师是代表政府履行法律援助职责，法律援助的管理和实现都是政府的行为。为了保证法律援助工作依法进行，保障其目的、任务的有效实现，《法律援助条例》对于法律援助工作的法律责任作了专章规定。

（三）法律援助制度的意义

法律援助制度是人类法治文明与国家经济、社会发展到一定阶段的产物。在我国建设社会主义法治国家大背景下，法律援助作为帮助人民群众解决诉讼难问题的重要方式，有力地保障了司法公正的实现，具有重要的现实意义。

1. 法律援助制度体现了国家对法律赋予公民的基本权利的切实保障

平等意味着对社会成员基本尊严和基本权利的肯定和保护。①国家的宪法和法律规定公民享有平等的权利，但由于有的当事人因经济困难付不起诉讼费用而不能诉诸法院保障自身权利。建立法律援助制度，有利于消除事实存在的不平等现象，保障法律面前人人平等原则的实现。

2. 法律援助制度有助于切实保障人权，实现司法公正

法律援助制度的产生，从一开始就是与人权密切联系在一起的，它不仅是保护人权的手段，而且是人权的基本内容。国际上有关人权保护的公约多次将法律援助制度作为一项基本人权予以规定。在诉讼案件中，特别是刑事诉讼案件中，被告人处于特殊地位，如果无经济能力，请不起律师，就不可能切实保障自己的合法权益。建立法律援助制度，有利于确保司法公正原则的实现。

① 参见吴忠民：《中国社会主要群体弱势化趋向问题研究》，载《东岳论丛》2006年第2期。

3. 法律援助制度是法制完善的表现，是人权保障体系丰富、完善的体现

建立法律援助制度，不仅减免了当事人的费用使其获得法律援助，而且是完善法制的措施，是丰富和完善人权保障体系不可缺少的重要制度，是国家文明昌盛的体现。

4. 法律援助制度体现了弱者关怀的公平价值

"关怀弱者是社会正义的深层内涵，法律援助是针对贫弱者的制度设计，弱者关怀更是法律援助的重要价值体现，现代的法律援助理念认为，'战胜贫穷'应当是制度的终极目标。"① 因此，对于弱者提供必要的法律援助，不仅是基于人道主义关怀的考虑，更是为了维护社会稳定与公平正义的必然要求。

5. 法律援助制度有助于提高司法效率

律师义务为当事人服务、代书诉讼文书、进行调查有利于当事人的证据材料等，就可以帮助提高司法质量和司法效率。②

二、法律援助制度的基本内容

（一）法律援助主体

法律援助的主体是法律援助制度构成中的重要组成部分，是法律援助中的基础性命题。所以我们首先要解决的就是，谁来负责、谁来管、谁来实施、谁具体做等主体问题。

1. 法律援助的责任主体：政府

法律援助是国家行为或者是政府行为，也是一项法律化、制度化的行为，具体是由政府设立的法律援助机构组织实施，是国家社会保障制度中的重要组成部分，也体现了国家和政府对公民应尽的义务。

《法律援助条例》第 3 条明确规定，法律援助是政府的责任。我国县级以上人民政府应当采取积极的措施推动法律援助工作，为法律援助提供财政支持。对于开展法律援助的经费，政府部门应当专款专用，接受财政、审计部门的监督，以保障我国法律援助事业与经济、社会协调稳步发展。第 4 条规定，国务院司法行政部门监督管理全国的法律援助工作。县级以上地方各级人民政府司法行政部门监督管理本行政区域的法律援助工作。同时，有关的人民政

① 参见马栩生：《当代中国法律援助：制度与理论的深层分析》，人民出版社 2010 年版，第 24 页。

② 参见熊先觉、刘运宏：《中国司法制度学》，法律出版社 2007 年版，第 142 页。

府、司法行政部门，对在法律援助工作中作出突出贡献的组织和个人，应当给予表彰和奖励。

2. 法律援助的主管机关：司法行政部门

《法律援助条例》第4条第1款明确规定，国务院司法行政部门监督管理全国的法律援助工作。县级以上地方各级人民政府司法行政部门监督管理本行政区域的法律援助工作。这一规定，确定了司法行政机关是法律援助工作的主管机关，并明确了国家对法律援助工作的监督管理职责和权限，有利于使法律援助事业在政府的监督管理下获得落实。同时，通过政府的监管，对积极推动法律援助事业的人员给予奖励，追究不履行法律援义务的责任者的法律责任，能够使法律援助事业获得切实的制度保障。①

3. 法律援助的实施主体：法律援助机构

除诉讼费用的减、免、缓交外，我国的法律援助主要是通过律师及其他法律工作者具体实施的。司法部法律援助中心负责全国范围内法律援助的管理工作，各省（区、市）法律援助中心负责所辖区域的法律援助的管理工作，各地市、县（区）法律援助中心除担负所辖区域的法律援助管理工作之外，还直接为受援对象提供服务。《法律援助条例》规定，中华全国律师协会和地方律师协会应当按照律师协会章程对依据本条例实施的法律援助工作予以协助。

法律援助具体由法律援助机构负责提供。《法律援助条例》第5条规定，直辖市、设区的市或者县级人民政府司法行政部门根据需要确定本行政区域的法律援助机构。法律援助机构负责受理、审查法律援助申请，指派或者安排人员为符合本条例规定的公民提供法律援助。

我国的法律援助机构采取从中央到地方，按照现有行政区划、与法院的设置相对应，设立政府法律援助机构的方式，形成了中央、省（自治区、直辖市）、地（市）、县（区）四级法律援助机构体系。

4. 法律援助的承担主体：法律援助人员

所谓承担法律援助的主体，是指根据相关法律、法规的规定，为申请或接受法律援助的主体提供具体法律服务的人员。

根据《法律援助条例》、《律师和基层法律服务工作者开展法律援助工作暂行管理办法》、《基层法律服务工作者管理办法》等法律、法规的规定，在我国，承担法律援助的主体主要包括律师和基层法律服务工作者。司法行政部

① 参见范愉、黄娟、彭小龙编著：《司法制度概论》，中国人民大学出版社2013年版，第270页。

门根据需要确定本行政区域的法律援助机构后，由法律援助机构负责受理、审查法律援助申请，并指派或者安排人员依照相关法律的规定履行法律援助义务，为受援人提供符合标准的法律服务，并依法维护受援人的合法权益，接受司法行政部门的监督。

当然，国家也支持和鼓励社会团体、事业单位等社会组织利用自身资源为经济困难的公民提供法律援助。① 例如，2009 年 3 月 1 日起施行的《北京市法律援助条例》第 6 条就明确规定，社会团体、事业单位等社会组织可以利用自身资源为经济困难的公民提供法律援助；工会、妇联、残联、共青团等社会团体可以结合各自特点开展与其工作领域相关的法律援助活动。同时，为受援人提供法律援助也包括人民法院为其提供的司法救助。

（二）法律援助的对象与范围

原则上受援对象只限于自然人，对此各界并无疑问，但法人是否应列为法律援助对象争议较大，韩国、法国等国将法人纳入法律援助对象，但英国、德国、美国等均将法人排除在外。②

根据《法律援助条例》及其他有关法律文件的规定，我国法律援助的对象和范围，包括以下几种情况：

1. 民事诉讼当事人

《法律援助条例》第 10 条规定，公民对下列需要代理的事项，因经济困难没有委托代理人的，可以向法律援助机构申请法律援助：（1）依法请求国家赔偿的；（2）请求给予社会保险待遇或者最低生活保障待遇的；（3）请求发给抚恤金、救济金的；（4）请求给付赡养费、抚养费、扶养费的；（5）请求支付劳动报酬的；（6）主张因见义勇为行为产生的民事权益的。省、自治区、直辖市人民政府可以对前款规定以外的法律援助事项作出补充规定。公民可以就以上事项向法律援助机构申请法律咨询。经济困难是民事诉讼当事人申请法律援助的前提条件，法律援助的具体形式是为其提供民事代理人。

2. 刑事诉讼的当事人，具体包括犯罪嫌疑人、被害人和自诉人

《法律援助条例》第 11 条规定，刑事诉讼中有下列情形之一的，公民可以向法律援助机构申请法律援助：（1）犯罪嫌疑人在被侦查机关第一次讯问

---

① 这其中也包括以法律援助为己任的 NGO 组织。

② 参见马栩生：《当代中国法律援助：制度与理论的深层分析》，人民出版社 2010 年版，第 32 页。

后或者采取强制措施之日起，因经济困难没有聘请律师的；（2）公诉案件中的被害人及其法定代理人或者近亲属，自案件移送审查起诉之日起，因经济困难没有委托诉讼代理人的；（3）自诉案件的自诉人及其法定代理人，自案件被人民法院受理之日起，因经济困难没有委托诉讼代理人的。经济困难也是刑事诉讼当事人申请法律援助的前提条件，法律援助的具体形式是为其提供诉讼代理人。

3. 特殊刑事被告人

《法律援助条例》第 12 条规定，公诉人出庭公诉的案件，被告人因经济困难或者其他原因没有委托辩护人，人民法院为被告人指定辩护时，法律援助机构应当提供法律援助。被告人是盲、聋、哑人或者未成年人而没有委托辩护人的，或者被告人可能被判处死刑而没有委托辩护人的，人民法院为被告人指定辩护时，法律援助机构应当提供法律援助，无须对被告人进行经济状况的审查。因此，特殊刑事被告人属于法定享有法律援助的对象和范围，不受经济困难这一条件的限制，法律援助的具体形式是为其提供辩护。

4. 外国籍刑事被告人

根据有关法律规定，刑事案件中外国籍被告人没有委托辩护人，人民法院指定律师辩护的，可以获得法律援助，法律援助的具体形式是为其提供辩护人。联合国《关于律师作用的基本原则》第 2 条规定："各国政府应确保其境内并接受其管辖的所有的人，不加区分地提供关于平等有效的获得律师协助的迅速有效的程序和机制。"①

（三）法律援助的形式

在实践中，法律援助的形式包含诉讼法律援助和非诉讼法律援助两种。

1. 诉讼法律援助

只要符合省级政府部门规定的经济困难标准，法律援助机构对符合条件的公民指派或安排相关人员为其提供相应的免费诉讼服务，包括民事案件、行政案件的诉讼代理；为符合条件被告人、犯罪嫌疑人提供刑事辩护；为经济困难刑事受害人提供的刑事代理等。

需要说明的是，诉讼法律服务的法律援助也包括人民法院提供的司法救助，也就是在民事、行政案件中对当事人的诉讼费用实行减交、缓交或免交的

① 参见沈达明：《比较民事诉讼法初论》（下册），中信出版社 1991 年版，第 214 页。

救助形式。

2. 非诉讼法律援助

非诉讼法律援助主要是指在非诉讼法律服务过程中为当事人提供的免费服务。例如，根据 1997 年 3 月 3 日国家计划委员会、司法部联合发布的《公证服务收费管理办法》第 12 条的规定，对于下列情况之一的，公证机构应当按照法律援助的有关规定，减收或者免收公证服务费：（1）办理与领取抚恤金（或劳工赔偿金）、救济金、劳动保险金等有关的公证事项；（2）办理赡养、抚养、扶养协议的证明；（3）办理与公益活动有关的公证事项；（4）列入国家“八七”扶贫攻坚计划贫困县的申请人申办的公证事项；（5）申请人确因经济困难而无力负担的；（6）其他特殊情况需要减免的。

三、法律援助的程序制度

（一）法律援助的管辖

法律援助的管辖，是指法律援助机构受理法律援助事项、案件的分工和权限。法律援助的管辖，一般应当遵循以下原则：一是便利法律援助机构审查、指派和监督的原则；二是便利公民申请法律援助的原则；三是法律援助管辖与人民法院案件管辖相对应的原则；四是属地管辖与属人管辖并存的原则；五是管辖的确定性与灵活性相结合的原则。①

根据上述原则，《法律援助条例》第 14 条、第 15 条将民事、行政案件法律援助的管辖问题具体规定如下：（1）请求国家赔偿的，向赔偿义务机关所在地的法律援助机构提出申请。（2）请求给予社会保险待遇、最低生活保障待遇或者请求发给抚恤金、救济金的，向提供社会保险待遇、最低生活保障待遇或者发给抚恤金、救济金的义务机关所在地的法律援助机构提出申请。（3）请求给付赡养费、抚养费、扶养费的，向给付赡养费、抚养费、扶养费的义务人住所地的法律援助机构提出申请。（4）请求支付劳动报酬的，向支付劳动报酬的义务人住所地的法律援助机构提出申请。（5）主张因见义勇为行为产生的民事权益的，向被请求人住所地的法律援助机构提出申请。（6）刑事案件中的当事人申请法律援助的，应当向审理案件的人民法院所在地的法律援助机构提出申请。

① 参见熊先觉、刘运宏：《中国司法制度学》，法律出版社 2007 年版，第 152 页。

（二）法律援助的申请

法律援助的启动方式有两种：一种是受援人申请，另一种是人民法院指定辩护，以下主要围绕受援人申请展开。

当事人申请法律援助，应当向有管辖权的法律援助机构提出。申请人为无民事行为能力人或者限制民事行为能力人的，由其法定代理人代为提出申请。无民事行为能力人或者限制民事行为能力人与其法定代理人之间发生诉讼或者因其他利益纠纷需要法律援助的，由与该争议事项无利害关系的其他法定代理人代为提出申请。

被羁押的犯罪嫌疑人的申请由看守所在24小时内转交法律援助机构，申请法律援助所需提交的有关证件、证明材料由看守所通知申请人的法定代理人或者近亲属协助提供。

公民申请代理、刑事辩护的法律援助应当提交下列证件、证明材料：（1）身份证或者其他有效的身份证明，代理申请人还应当提交有代理权的证明；（2）经济困难的证明；（3）与所申请法律援助事项有关的案件材料。

申请应当采用书面形式，填写申请表；以书面形式提出申请确有困难的，可以口头申请，由法律援助机构工作人员或者代为转交申请的有关机构工作人员作书面记录。《德国法律援助法》第4条也有类似的规定，申请可以是口头的也可以是书面的。①

（三）法律援助的审查

法律援助机构收到法律援助申请后，应当进行审查。审查需要遵循统一、公正、全面、及时、准确的原则。② 认为申请人提交的证件、证明材料不齐全的，可以要求申请人作出必要的补充或者说明，申请人未按要求作出补充或者说明的，视为撤销申请；认为申请人提交的证件、证明材料需要查证的，由法律援助机构向有关机关、单位查证。对符合法律援助条件的，法律援助机构应当及时决定提供法律援助；对不符合法律援助条件的，应当书面告知申请人理由。

---

① 司法部法律援助中心编译：《各国法律援助法规选编》，中国方正出版社1990年版，第241页。

② 参见付少军、刘燕玲：《法律援助理论与实务》，中国检察出版社2013年版，第69页。

申请人对法律援助机构作出的不符合法律援助条件的通知有异议的，可以向确定该法律援助机构的司法行政部门提出，司法行政部门应当在收到异议之日起5个工作日内进行审查，经审查认为申请人符合法律援助条件的，应当以书面形式责令法律援助机构及时对该申请人提供法律援助。

四、法律援助的实施

我国法律援助制度包括两个部分：一部分是法院指定辩护人和诉讼费用的减免缓交；另一部分是由律师和法律援助机构提供的法律服务。因此，法律援助的实施问题相应分为以下两个部分：

1. 法院法律援助工作的实施

根据《法律援助条例》第20条和《民事诉讼法》第118条规定，法院会指派一名律师为当事人提供法律服务，期间的诉讼费享受减、免、缓交待遇。

2. 法律援助机构、律师法律援助工作的实施

《法律援助条例》第21条规定：对人民法院指定辩护的案件，法律援助机构应当在开庭3日前将确定的承办人员名单回复作出指定的人民法院。

根据司法部《关于开展法律援助工作的通知》的规定，律师的法律援助主要采取以下形式：法律咨询；代拟法律事务文书；刑事辩护和刑事代理；民事、行政诉讼代理；非诉讼法律事务代理；公证证明以及其他形式的法律服务。

3. 法律援助的终止与结案

《法律援助条例》第23条规定：办理法律援助案件的人员遇有下列情形之一的，应当向法律援助机构报告，法律援助机构经审查核实的，应当终止该项法律援助：（1）受援人的经济收入状况发生变化，不再符合法律援助条件的；（2）案件终止审理或者已被撤销的；（3）受援人又自行委托律师或者其他代理人的；（4）受援人要求终止法律援助的。

第四节 基层法律服务制度

起源于20世纪80年代初中期的基层法律服务是具有中国特色的法律服务形式，是为了应对我国律师制度恢复之初，律师数量难以满足大量基层法律服务需求的状况而设立起来的。从1986年开始，在“巩固、提高、完善、发展”的方针指导下，全国基层法律服务所数量呈不断上升趋势。①

① 傅郁林：《农村基层法律服务研究》，中国政法大学出版社2006年版，第10页。

一、基层法律服务概述

（一）基层法律服务的概念

20世纪80年代，随着改革开放和经济的快速发展，人们的法制意识逐渐增强。但是，广大乡镇和城市中的法律服务机构与人员严重不足，“律师难找、官司难打”的情况成为社会主要问题，基层法律服务机制应运而生。①

基层法律服务是指通过在基层司法行政机关指导管理的乡镇、街道等基层区域建立法律服务所，利用贴近基层、便利群众、服务便捷、收费低廉等优势，面向所在地基层人民政府、群众自治组织、企事业单位、社会团体、承包经营户、个体工商户、合伙组织和公民等提供法律服务，维护当事人合法权益，促进法律的正确实施，保障和促进社会稳定和经济发展的活动。

这一概念的内容全面，涵盖了基层法律服务工作的设置依据、设立机关、设立区域、服务对象、工作性质和主要社会功能等，能够为准确把握基层法律服务有关问题提供一个良好的基础。

（二）基层法律服务的特征

基层法律服务的特征是基层法律服务工作区别于律师、公证人员等人员提供的法律服务的主要标志。

1. 基层法律服务直接面向基层

基层法律服务机构的设置和服务对象都有很强的地域性。正如其概念中所指明的，基层法律服务机构大多依靠乡镇、街道等基层行政区域设立，地处基层社区，其设置的地域特点比较明显。

2. 基层法律服务业务范围广阔

基层法律服务的业务范围包括担任法律顾问，代理民事、行政和经济法律事务，开展法律咨询和代写法律文书等众多传统的法律服务业务。除此之外，基层法律服务所还协助司法行政机关开展向特定群体提供法律援助等基层司法行政工作以及社会性工作。在一些地方，基层法律服务所承担着大量的普法教育、法律援助、司法调解和人民调解、安置和帮教刑满释放回归人员等工作。

3. 基层法律服务方便、及时

① 参见程维荣等：《新中国司法行政60年》，上海社会科学院出版社2009年版，第228~229页。

基层法律服务工作者工作在基层，哪里需要就出现在哪里，能够随叫随到。不仅是基层法律服务所的设置比较便民，基层法律服务的各种业务程序的设计，也尽可能做到简化便民，化解矛盾纠纷，提高解决问题的效率。

（三）基层法律服务工作的任务与作用

根据《基层法律服务所管理办法》的规定，基层法律服务的任务是通过开展各项业务，为基层社会提供法律服务，保障和促进基层社会的稳定和经济发展。

三十多年来，基层法律服务机构在提供基层法律服务方面已经发挥了显著的作用，产生了明显的社会效益。基层法律服务的作用主要体现在以下三个方面：(1) 基层法律服务通过代理民事、经济、行政诉讼和办理非诉讼法律事务、调解民事、经济纠纷等，维护公民、法人的合法权益，化解民商事、经济纠纷、矛盾，更好地保护和促进发展，维护社会稳定。(2) 基层法律服务工作一方面向广大群众普及法律知识，同时还积极参与司法调解、提供法律援助。为形成良好的法治氛围奠定了基础，推动法治国家的建设。(3) 司法行政机关通过基层法律服务工作向社区延伸，更好地协助基层人民政府推进依法行政，建立、健全民主选举、民主监督制度，在促进基层民主政治建设方面也发挥着极大的作用。①

二、基层法律服务所

（一）基层法律服务所的概念

基层法律服务所，是指依法在乡镇、城市街道设立的法律服务组织，是基层法律服务工作者的执业机构。基层法律服务所的工作任务，是组织基层法律服务工作者开展业务活动，并进行相关的管理、培训、服务等，接受司法行政机关的管理和指导。

（二）基层法律服务所的设置、组建条件

设立基层法律服务所一般情况下只能由住所地的县级司法行政机关组建，也可以在县级司法行政机关指导下，由本辖区内的乡镇人民政府或街道办事处

① 参见付少军、蒋若薇：《司法行政概论》，中国检察出版社 2011 年版，第 145~147 页。

组建。但是随着国家政策的导向，依据一些省市的具体规定，如2001年《山东省法律服务所管理办法（试行）》规定，在依据《基层法律服务机构脱钩制改制实施意见》组建的合伙法律服务所应当由符合发起人条件的法律服务工作者组建，实行有限责任制的基层法律服务所由符合执业条件的法律服务工作者自愿组合设立。设立按照事业法人性质运行的基层法律服务所需要具备以下条件：（1）有规范的名称和章程。（2）有3名以上符合司法部规定条件、能够专职从业的基层法律服务工作者。（3）有固定的执业场所和必要的开办资金。设立基层法律服务所要求有3名以上专职从业的基层法律服务工作者。①

三、基层法律服务工作业务范围

基层法律服务工作的业务范围整体上可以分为诉讼业务和非诉讼业务两大类。

1. 诉讼业务

基层法律服务中的诉讼业务是指基层法律服务工作者可以受基层法律服务所的指派，接受民事、经济、行政诉讼一方当事人的委托，担任代理人，参加民事、经济、行政案件的诉讼活动。

代理人凭委托书和基层法律服务工作者证，经人民法院同意，可以查阅与案件有关的材料。查阅案件材料时，应做好记录，掌握案件相关的事实和理由，注重分析判断证据的合法性、真实性、充分性。代理人凭委托书和基层法律服务工作者证，经人民法院同意，也可以向有关单位和个人进行调查取证。调查取证一般应由两人进行，并制作笔录。该调查笔录经被调查人核对无误后，由调查人、记录人、被调查人签字或盖章。在法庭调查阶段，经法庭允许，基层法律服务工作者可以就本案的疑点和关键事实，向证人、鉴定人和勘验人发问，核查案情和证据；可以向法庭申请新的证人到庭，申请重新鉴定、勘验和提交新的证据。

2. 非诉讼业务

基层法律服务工作的非诉讼业务是十分广泛的，包括应聘担任法律顾问、代理非诉讼法律事务、主持调解纠纷、解答法律询问、代写法律事务文书、协助办理公证事项等。这其中具体包括：（1）担任本辖区内乡镇人民政府、街

① 参见程维荣等：《新中国司法行政60年》，上海社会科学院出版社2009年版，第230页。

道办事处及其各行政管理部门、村民委员会、居民委员会、乡镇企事业单位、农民承包经营户、个体工商户、个人合伙组织以及公民的法律顾问。(2) 可以接受当事人的委托，为当事人办理有关法律事务。如提出争议的解决途径、出具法律意见书；协助审查合同、协议、章程等法律事务文书；代理参与协商和谈判，代理参与调解仲裁活动以及代理申请行政复议等。(3) 主持调解纠纷，促使双方自愿协商，达成协议，解决纠纷，维护双方当事人的合法权益，维护基层正常的生产、生活和社会秩序。(4) 解答法律询问，对机关、法人和公民提出的有关法律事务方面的各种询问，做出解释和回答，并提供解决问题的具体途径、方法和依据，为询问人提供法律咨询服务，并通过这项业务进行法制宣传教育。(5) 代写法律文书，接受公民和法人的委托，代表委托人的意志，以委托人的名义，根据事实和法律，代为书写各种法律事务文书，为委托人办理各项法律事务提供帮助。(6) 协助办理公证事项，为本乡镇的公民、法人和其他组织申办公证提供帮助。①

除了诉讼业务以及与为当事人提供法律服务有关的非诉讼业务之外，基层法律服务所在开展法律服务业务的同时，也承担着一部分基层司法行政工作。

第五节 司法鉴定制度

司法鉴定制度是指一个国家法律所规定的有关司法鉴定的体制、程序、规范和规则的总称。本书对于司法鉴定制度内容的讨论主要集中在三个方面：第一，司法鉴定主体；第二，司法鉴定程序；第三，司法鉴定管理。作为国家司法制度的重要组成部分，司法鉴定制度是法律顺利实施的重要保障。无论是在刑事诉讼、行政诉讼还是民事诉讼中，准确认定案件事实均是正确适用法律的基础，而运用各种科技手段对诉讼中的证据或专门问题进行鉴定，是认定案件事实的重要方法。

一、司法鉴定概述

(一) 司法鉴定的定义

关于司法鉴定的含义，存在广义和狭义之分。一般而言，广义的司法鉴

① 参见付少军、蒋若薇：《司法行政概论》，中国检察出版社 2011 年版，第 145~147 页。

定，是指在裁判和证明活动中，鉴定人运用科学技术或者专门知识对专门性问题进行鉴别和判断并提供鉴定意见的活动，是为诉讼、行政执法、仲裁、调解、公证等裁判和证明活动提供科学实证的活动。① 狭义的司法鉴定，一般是指在诉讼活动中鉴定人运用科学技术或者专门知识对诉讼中涉及的专门性问题进行鉴别和判断并提供鉴定意见的活动。② 狭义的司法鉴定所服务的领域仅限于诉讼活动。

2005 年 2 月 28 日第十届全国人大常委会第十四次会议通过的《关于司法鉴定管理问题的决定》第 1 条规定，司法鉴定是指在诉讼活动中鉴定人运用科学技术或者专门知识对诉讼涉及的专门性问题进行鉴别和判断并提供鉴定意见的活动。这是我国法律关于司法鉴定概念的立法界定。这一概念包括以下几层含义：（1）司法鉴定是在诉讼活动中进行的，是一种涉及诉讼活动的活动；（2）司法鉴定的主体是鉴定人；（3）司法鉴定的方法是运用科学技术或者专门知识进行鉴别和判断；（4）司法鉴定的对象是诉讼涉及的专门性问题；（5）鉴定人应当提供鉴定意见。

（二）司法鉴定的特征

司法鉴定的特征，是指司法鉴定本身所具有的、内在的本质规定性，是司法鉴定含义的具体化，是其区别于类似活动的主要标志。在论述司法鉴定的特征或性质时，往往将其分为司法鉴定的基本性质和司法鉴定的基本属性两个方面进行。

由于司法活动既不是行政行为，也不是司法行为，又不同于一般的科学研究行为，因此，无论是司法鉴定活动本身，还是司法鉴定机构、司法鉴定人的身份、调整司法鉴定活动的规范、权力配置乃至司法鉴定制度，均具有双重性。③ 这就是司法鉴定的基本性质。

至于司法鉴定的基本属性，一般认为，主要包括司法鉴定的法定性、司法鉴定的中立性和司法鉴定的客观真实性三个方面。

1. 法定性

司法鉴定的法定性，又称司法鉴定的法律性、合法性，是指司法鉴定机

① 参见徐景和：《司法鉴定制度改革探索》，中国检察出版社 2006 年版，第 3 页。

② 参见邹明理：《我国现行司法鉴定制度研究》，法律出版社 2001 年版，第 2 页。

③ 参见霍宪丹主编：《司法鉴定通论》（第二版），法律出版社 2013 年版，第 16~17 页；杜志淳主编：《司法鉴定概论》（第二版），法律出版社 2012 年版，第 6~7 页。

构、司法鉴定人员，司法鉴定活动的启动条件、鉴定实施、鉴定意见、出庭作证和质证、采信等都必须合乎法律的明确规定。

司法鉴定法定性的表现主要包括以下几个方面：（1）鉴定程序要严格遵守诉讼法的规定。（2）司法鉴定机构必须经过国家司法鉴定主管部门的批准和授权或经司法机关临时指聘。（3）鉴定客体（对象）仅限于案件中经过法律或法定程序确认的某些专门性问题。（4）鉴定主体必须是取得司法鉴定许可证的鉴定机构和具有鉴定人执业资格的自然人，而不是科技机构或业务部门、行业组织专业技术及人员；鉴定人作为诉讼活动的参与人，应当依法出庭接受询问和参与质证。（5）鉴定活动属于以科学技术手段核实证据的诉讼参与活动。（6）鉴定意见是法定的证据种类之一。①

2. 中立性

司法鉴定的中立性，又称司法鉴定的独立性、合法性，主要是指在司法鉴定过程中，鉴定人或机构不依附于当事人双方任何一方，不为当事人意志所左右，也不为自身利益所驱动，不得与鉴定委托人之间存在利害关系。中立性应当是司法鉴定人和鉴定机构必须遵循的原则。中立性能够保证鉴定意见的可信性，避免鉴定因诉讼职能的倾向性出现偏向。②

3. 客观真实性

科学规律和科学定理对司法鉴定提出的基本的规定性要求。鉴定意见的可靠性和可信性，来自并取决于两个方面：一个是正当法律程序的保障，这是保证司法鉴定的合法性和公信力的内在要求与外在表现。另一个是鉴定意见的客观真实性，主要取决于三个方面：（1）科学性。司法鉴定是科学认识的重要方法和手段，司法鉴定是以科学技术为生命的，建立在人类社会公认的科学规律、科学定理和科学结论基础上。（2）专业性。司法鉴定的专业性主要指的是专业技术机构的专业技术人员，根据专业技术理论、知识和方法，采用专业技术设备和手段，按照专业技术程序规范和技术标准规范的要求，对专门性问题进行识别、比较和认定、评断，并得出专业性结论的活动。（3）统一性。不仅自然规律、科学原理和技术方法、技术标准具有客观的统一性，而且鉴定程序和鉴定人资质要求上也应当具有统一性，以此保障鉴定的同一性和可检验性。③

① 参见霍宪丹主编：《司法鉴定通论》（第二版），法律出版社2013年版，第17页。

② 参见冀祥德主编：《司法制度新论》，社会科学文献出版社2009年版，第510页。

③ 参见霍宪丹主编：《司法鉴定通论》（第二版），法律出版社2013年版，第21页。

(三) 司法鉴定的执业范围

根据司法部2000年《司法鉴定执业分类规定（试行）》（司发通[2000] 159号）的规定，司法鉴定的执业范围包括：(1) 法医病理鉴定；(2) 法医临床鉴定；(3) 法医精神病鉴定；(4) 法医物证鉴定；(5) 法医毒物鉴定；(6) 司法会计鉴定；(7) 文书司法鉴定；(8) 痕迹司法鉴定；(9) 微量物证鉴定；(10) 计算机司法鉴定；(11) 建筑工程司法鉴定；(12) 声像资料司法鉴定；(13) 知识产权司法鉴定。

二、司法鉴定主体

关于司法鉴定的主体的概念，理论上有广义和狭义之分。广义的司法鉴定主体是指司法鉴定的参与主体，即参与司法鉴定活动的所有人，包括司法鉴定的启动主体、申请主体、实施主体和采信主体等。狭义的司法鉴定主体仅仅指称实施司法鉴定活动的主体，即接受司法鉴定启动主体的委托，直接实施司法鉴定的司法鉴定人。司法鉴定的责任主体是指在司法鉴定活动中享有权利和承担义务的机构和个人，主要包括司法鉴定人、司法鉴定机构等。这里所说的司法鉴定主体是指后者，即司法鉴定机构和司法鉴定人。

(一) 司法鉴定人

作为司法鉴定工作的具体实施者，世界各国对于其概念的理解不尽相同。德国学者认为，司法鉴定人是根据法官在诉讼上的委托，就某一专门问题提出带有经验性的报告，或者对法院提供的事实资料以及在法院委托下调查的事实资料，运用其专门知识与法律推论相结合的方法，来帮助法院认识活动的人。① 日本学者认为，司法鉴定人是指接受法院或者法官的指令，依靠专门知识和经验法则，对具体事实进行判断和报告的第三人。② 美国学者认为，司法鉴定人是指因具有专家资历而被许可通过其对所附问题的解答而帮助陪审团认识那些一般证人所无力说明的复杂或者技术问题的证人。

根据司法部2005年《司法鉴定人登记管理办法》的规定，司法鉴定人是指运用科学技术或者专门知识对诉讼涉及的专门性问题进行鉴别和判断并提出

---

① 参见［日］上村正吉：《刑事鉴定的理论与实践》，群众出版社1986年版，第1~12页。

② 樊崇义：《司法鉴定法律知识导读》，法律出版社2001年版，第254页。

鉴定意见的人员。司法鉴定人应当具备该办法规定的条件，经省级司法行政机关审核登记，取得《司法鉴定人执业证》，按照登记的司法鉴定执业类别，从事司法鉴定业务。司法鉴定人应当在一个司法鉴定机构中执业。

1. 司法鉴定人的条件

根据司法部2005年《司法鉴定人登记管理办法》的规定，个人申请从事司法鉴定业务，应当具备下列条件：（1）拥护中华人民共和国宪法，遵守法律、法规和社会公德，品行良好的公民；（2）具有相关的高级专业技术职称；或者具有相关的行业执业资格或者高等院校相关专业本科以上学历，从事相关工作5年以上；（3）申请从事经验鉴定型或者技能鉴定型司法鉴定业务的，应当具备相关专业工作10年以上经历和较强的专业技能；（4）所申请从事的司法鉴定业务，行业有特殊规定的，应当符合行业规定；（5）拟执业机构已经取得或者正在申请《司法鉴定许可证》；（6）身体健康，能够适应司法鉴定工作需要。

但有下列情形之一的，不得申请从事司法鉴定业务：（1）因故意犯罪或者职务过失犯罪受过刑事处罚的；（2）受过开除公职处分的；（3）被司法行政机关撤销司法鉴定人登记的；（4）所在的司法鉴定机构受到停业处罚，处罚期未满的；（5）无民事行为能力或者限制行为能力的；（6）法律、法规和规章规定的其他情形。

2. 司法鉴定人的权利

司法鉴定人享有下列权利：（1）了解、查阅与鉴定事项有关的情况和资料，询问与鉴定事项有关的当事人、证人等；（2）要求鉴定委托人无偿提供鉴定所需要的鉴材、样本；（3）进行鉴定所必需的检验、检查和模拟实验；（4）拒绝接受不合法、不具备鉴定条件或者超出登记的执业类别的鉴定委托；（5）拒绝解决、回答与鉴定无关的问题；（6）鉴定意见不一致时，保留不同意见；（7）接受岗前培训和继续教育；（8）获得合法报酬；（9）法律、法规规定的其他权利。

3. 司法鉴定人的义务

司法鉴定人应当履行下列义务：（1）受所在司法鉴定机构指派按照规定时限独立完成鉴定工作，并出具鉴定意见；（2）对鉴定意见负责；（3）依法回避；（4）妥善保管送鉴的鉴材、样本和资料；（5）保守在执业活动中知悉的国家秘密、商业秘密和个人隐私；（6）依法出庭作证，回答与鉴定有关的询问；（7）自觉接受司法行政机关的管理和监督、检查；（8）参加司法鉴定岗前培训和继续教育；（9）法律、法规规定的其他义务。

（二）司法鉴定机构

司法鉴定机构有广义与狭义之分。广义的司法鉴定机构，包括目前司法机关自行设立的面向社会服务的司法鉴定机构和经司法鉴定行业主管机关批准的面向社会服务的司法鉴定机构。狭义的司法鉴定机构仅指经司法鉴定行业主管部门批准的面向社会服务的司法鉴定机构，即具备司法鉴定机构的设立条件，经司法行政机关核准登记，取得司法鉴定许可证，接受司法机关、仲裁机构、其他组织或者当事人的委托，有偿提供司法鉴定服务的组织。①

根据《司法鉴定机构登记管理办法》的规定条件，我国司法鉴定机构指经省级司法行政机关审核登记，取得《司法鉴定许可证》，在登记的司法鉴定业务范围内开展司法鉴定活动的法人或其他组织。

1. 司法鉴定机构的设置条件

根据司法部2005年《司法鉴定机构登记管理办法》第14条的规定，法人或者其他组织申请从事司法鉴定业务，应当具备下列条件：（1）有自己的名称、住所；（2）有不少于20万至100万元人民币的资金；（3）有明确的司法鉴定业务范围；（4）有在业务范围内进行司法鉴定必需的仪器、设备；（5）有在业务范围内进行司法鉴定必需的依法通过计量认证或者实验室认可的检测实验室；（6）每项司法鉴定业务有3名以上司法鉴定人。

2. 司法鉴定机构的法律责任

根据司法部2005年《司法鉴定机构登记管理办法》的规定，司法鉴定机构的法律责任主要包括以下几个方面：（1）司法鉴定机构的民事责任，即司法鉴定机构在开展司法鉴定活动中因违法和过错行为应当承担民事责任的，按照民事法律的有关规定执行；（2）司法鉴定机构的行政责任，即警告、罚款、停止从事司法鉴定业务和撤销登记。

司法鉴定机构有下列情形之一的，由省级司法行政机关依法给予警告，并责令其改正：超出登记的司法鉴定业务范围开展司法鉴定活动的；未经依法登记擅自设立分支机构的；未依法办理变更登记的；出借《司法鉴定许可证》的；组织未取得《司法鉴定人执业证》的人员从事司法鉴定业务的；无正当理由拒绝接受司法鉴定委托的；违反司法鉴定收费管理办法的；支付回扣、介绍费，进行虚假宣传等不正当行为的；拒绝接受司法行政机关监督、检查或者向其提供虚假材料的；法律、法规和规章规定的其他情形。

法人或者其他组织未经登记，从事已纳入本办法调整范围司法鉴定业务

① 徐景和：《司法鉴定制度改革探索》，中国检察出版社2006年版，第57页。

的，省级司法行政机关应当责令其停止司法鉴定活动，并处以违法所得 1 至 3 倍的罚款，罚款总额最高不得超过 3 万元。

司法鉴定机构有下列情形之一的，由省级司法行政机关依法给予停止从事司法鉴定业务 3 个月以上 1 年以下的处罚；情节严重的，撤销登记：因严重不负责任给当事人合法权益造成重大损失的；具有《司法鉴定机构登记管理办法》第 39 条规定的情形之一，并造成严重后果的；提供虚假证明文件或采取其他欺诈手段，骗取登记的；法律、法规规定的其他情形。

司法行政机关工作人员在管理工作中滥用职权、玩忽职守造成严重后果的，依法追究相应的法律责任。司法鉴定机构对司法行政机关的行政许可和行政处罚有异议的，可以依法申请行政复议。

三、司法鉴定程序

司法鉴定程序是指按照司法鉴定活动的客观规律所指定的规范司法鉴定工作步骤。① 一般而言，司法鉴定程序主要包括司法鉴定的申请、司法鉴定的决定、司法鉴定的委托、司法鉴定的受理、司法鉴定的实施、补充鉴定和重新鉴定、司法鉴定质证七个方面。

（一）司法鉴定的申请

司法鉴定的申请，是指诉讼当事人及其利害关系人向司法机关（通常为审判机关）提出进行司法鉴定的要求。无论是大陆法系国家，还是英美法系国家，审判机关都有权直接选任司法鉴定人，而不受当事人申请鉴定的限制。因此，司法鉴定的申请程序不是司法鉴定的必经程序。

（二）司法鉴定的决定

司法鉴定的决定是指司法机关（通常是审判机关）对申请人司法鉴定的申请作出是否同意的答复。司法鉴定的决定程序，是与司法鉴定的申请程序相对应的程序。因此，其同样不是司法鉴定的必经程序。

（三）司法鉴定的委托

司法鉴定的委托，是指司法鉴定的委托主体向司法鉴定的实施主体提出进行某项司法鉴定的要求。鉴定的委托权是由鉴定决定权派生的，一般说

① 徐景和：《司法鉴定制度改革探索》，中国检察出版社 2006 年版，第 32 页。

来，司法鉴定的委托主体和决定主体是同一的。根据诉讼法的规定，公诉案件在侦查阶段由公安机关、国家安全机关、人民检察院决定是否需要鉴定；在起诉阶段由公诉机关决定是否需要鉴定；在审判阶段由人民法院决定是否需要鉴定；刑事自诉、民事、行政、经济等案件的鉴定由人民法院决定。刑事诉讼中的犯罪嫌疑人、被告人、被害人仅有补充鉴定或重新鉴定的申请权。

司法鉴定机构接受鉴定委托，应当要求委托人出具鉴定委托书，提供委托人的身份证明，并提供委托鉴定事项所需的鉴定材料。委托人委托他人代理的，应当要求出具委托书。鉴定委托书应当载明委托人的名称或者姓名、拟委托的司法鉴定机构的名称、委托鉴定的事项、鉴定事项的用途以及鉴定要求等内容。

（四）司法鉴定的受理

在我国，司法鉴定受理的主体必须是按照《司法鉴定机构登记管理办法》的规定，依法取得司法鉴定许可证的司法鉴定机构。司法鉴定机构决定受理鉴定委托的，应当与委托人在协商一致的基础上签订司法鉴定协议书。通常来说，对于符合鉴定条件的委托是否予以受理，是司法鉴定机构或者司法鉴定人的权利。①

司法鉴定机构收到鉴定委托后，应当对委托的鉴定事项进行审查，对属于本机构司法鉴定业务范围，委托鉴定事项的用途及鉴定要求合法，提供的鉴定材料真实、完整、充分的鉴定委托，应当予以受理。对委托方提供的鉴定材料不完整、不充分的，司法鉴定机构可以要求委托人补充；委托人补充齐全的，可以受理。

司法鉴定机构在接受委托，受理鉴定过程中，必须履行一定的手续。主要有：查验鉴定委托书；收取委托机关制作的案情介绍和鉴定要求的书面材料；查验检材和样本的名称、数量；经审查视情况可要求委托机关修改鉴定要求或者补充检材和样本等并办理收案手续。

---

① 徐景和：《司法鉴定制度改革探索》，中国检察出版社 2006 年版，第 35 页。作为例外，《德国刑事诉讼法典》第 75 条规定，鉴定人是从事特定种类鉴定工作的公开鉴定人，或者公开从事具备鉴定所需知识的科学、艺术、行业工作，或者由政府指派、授权从事这些工作的，必须接受指定。《德国民事诉讼法典》第 407 条也有类似规定。

(五) 司法鉴定的实施

司法鉴定的实施，是指按科学和法律的要求探索事实鉴定的基本规则、基本方法和鉴定结果的处理要求，从而为鉴定人确立工作规范，为司法人员审查判断鉴定结论提供依据和方法。①

1. 司法鉴定人的指定

司法鉴定机构受理鉴定委托后，应当指定本机构中具有该鉴定事项执业资格的司法鉴定人进行鉴定。委托人有特殊要求的，经双方协商一致，也可以从本机构中选择符合条件的司法鉴定人进行鉴定。司法鉴定机构对同一鉴定事项，应当指定或者选择 2 名司法鉴定人共同进行鉴定；对疑难、复杂或者特殊的鉴定事项，可以指定或者选择多名司法鉴定人进行鉴定。

司法鉴定人本人或者其近亲属与委托人、委托的鉴定事项或者鉴定事项涉及的案件有利害关系，可能影响其独立、客观、公正进行鉴定的，应当回避。司法鉴定人自行提出回避的，由其所属的司法鉴定机构决定；委托人要求司法鉴定人回避的，应当向该鉴定人所属的司法鉴定机构提出，由司法鉴定机构决定。委托人对司法鉴定机构是否实行回避的决定有异议的，可以撤销鉴定委托。

2. 鉴材的采取和保存

司法鉴定机构应当严格依照有关技术规范保管和使用鉴定材料，严格监控鉴定材料的接收、传递、检验、保存和处置，建立科学、严密的管理制度。司法鉴定机构和司法鉴定人因严重不负责任造成鉴定材料损毁、遗失的，应当依法承担责任。

3. 鉴定技术标准的采用

司法鉴定人进行鉴定，应当依下列顺序遵守和采用该专业领域的技术标准和技术规范：(1) 国家标准和技术规范；(2) 司法鉴定主管部门、司法鉴定行业组织或者相关行业主管部门制定的行业标准和技术规范；(3) 该专业领域多数专家认可的技术标准和技术规范。不具备前款规定的技术标准和技术规范的，可以采用所属司法鉴定机构自行制定的有关技术规范。

4. 鉴定的记录

司法鉴定人进行鉴定，应当对鉴定过程进行实时记录并签名。记录可以采取笔记、录音、录像、拍照等方式。记录的内容应当真实、客观、准确、完

① 邹明理：《我国现行司法鉴定制度研究》，法律出版社 2001 年版，第 88 页。

整、清晰，记录的文本或者音像载体应当妥善保存。

5. 鉴定文书的出具

司法鉴定机构和司法鉴定人在完成委托的鉴定事项后，应当向委托人出具司法鉴定文书。司法鉴定文书包括司法鉴定意见书和司法鉴定检验报告书。司法鉴定文书的制作应当符合统一规定的司法鉴定文书格式。司法鉴定文书应当由司法鉴定人签名或者盖章。多人参加司法鉴定，对鉴定意见有不同意见的，应当注明。司法鉴定文书应当加盖司法鉴定机构的司法鉴定专用章。司法鉴定机构出具的司法鉴定文书一般应当一式三份，二份交委托人收执，一份由本机构存档。

司法鉴定机构在进行鉴定的过程中，遇有特别复杂、疑难、特殊技术问题的，可以向本机构以外的相关专业领域的专家进行咨询，但最终的鉴定意见应当由本机构的司法鉴定人出具。

6. 鉴定的时限

司法鉴定机构应当在与委托人签订司法鉴定协议书之日起 30 个工作日内完成委托事项的鉴定。鉴定事项涉及复杂、疑难、特殊的技术问题或者检验过程需要较长时间的，经本机构负责人批准，完成鉴定的时间可以延长，延长时间一般不得超过 30 个工作日。司法鉴定机构与委托人对完成鉴定的时限另有约定的，从其约定。在鉴定过程中补充或者重新提取鉴定材料所需的时间，不计入鉴定时限。

（六）补充鉴定和重新鉴定

有下列情形之一的，司法鉴定机构可以根据委托人的请求进行补充鉴定：(1) 委托人增加新的鉴定要求的；(2) 委托人发现委托的鉴定事项有遗漏的；(3) 委托人在鉴定过程中又提供或者补充了新的鉴定材料的；(4) 其他需要补充鉴定的情形。补充鉴定是原委托鉴定的组成部分。

有下列情形之一的，司法鉴定机构可以接受委托进行重新鉴定：(1) 原司法鉴定人不具有从事原委托事项鉴定执业资格的；(2) 原司法鉴定机构超出登记的业务范围组织鉴定的；(3) 原司法鉴定人按规定应当回避没有回避的；(4) 委托人或者其他诉讼当事人对原鉴定意见有异议，并能提出合法依据和合理理由的；(5) 法律规定或者人民法院认为需要重新鉴定的其他情形。接受重新鉴定委托的司法鉴定机构的资质条件，一般应当高于原委托的司法鉴定机构。

（七）司法鉴定人出庭作证

司法鉴定人出庭作证，是指鉴定人根据法律规定或法院的要求参加法庭调查、接受质证的行为。鉴定人出庭作证，接受质证的主要内容包括：（1）对鉴定人的资格审查；（2）对鉴定步骤和方法是否科学的审查；（3）对鉴定方法的可靠性的审查；（4）对鉴定意见所依据的材料是否充分、可靠的审查等。

在诉讼中，诉讼当事人对鉴定意见有异议的，经人民法院依法通知，鉴定人应当出庭作证，宣读鉴定书，并回答本案公诉人、辩护人、当事人、审判人员根据法律规定就有关鉴定结论方面提出的问题。这是我国法律规定的鉴定人应当履行的义务。经人民法院依法通知，鉴定人没有正当合法理由拒绝出庭作证的，要受到省级人民政府司法行政部门的行政处罚。

四、司法鉴定管理

司法鉴定管理，是指为保障司法鉴定活动的顺利进行、规范司法鉴定秩序，国家职能机构或法律授权部门对司法鉴定活动中涉及的司法鉴定机构和司法鉴定人的准入、资质、执业和实施等事项，进行规范、监督或引导等活动的总称。司法鉴定管理制度在司法鉴定制度中具有基础性地位。

（一）司法鉴定管理法律依据

1. 法律

法律是由全国人大或全国人大常委会制定的。作为司法鉴定管理依据的法律主要包括两个部分：一是集中的立法，即由全国人大常委会于2005年制定的《关于司法鉴定管理问题的决定》（以下简称“《决定》”），在司法鉴定管理法律体系中处于“基本法”的地位。《决定》第2条规定：“国家对从事下列司法鉴定业务的鉴定人和鉴定机构实行登记管理制度：（1）法医类鉴定；（2）物证类鉴定；（3）声像资料鉴定；（4）根据诉讼需要由国务院司法行政部门商最高人民法院、最高人民检察院确定的其他应当对鉴定人和鉴定机构实行登记管理的鉴定事项。法律对前款规定事项的鉴定人和鉴定机构的管理另有规定的，从其规定。”二是分散的立法，即《刑事诉讼法》、《民事诉讼法》、《行政诉讼法》、《行政处罚法》、《行政许可法》以及《仲裁法》等法律中关于鉴定人、鉴定意见和鉴定程序等司法鉴定管理问题的规定。在司法鉴定管理的法律依据中，法律的效力层级最高，法规、规章及其他规范性文件与法律相抵触的，一律无效。

2. 行政法规

行政法规是指国务院制定的有关司法鉴定管理活动的规范性文件，主要是指国务院《对确需保留的行政审批项目设定行政许可的决定》中保留司法行政机关对“司法鉴定人执业资格审批”和“司法鉴定机构审批权”的行政许可事项。

3. 地方法规

地方法规是指省、自治区、直辖市的人民代表大会及其常务委员会，省、自治区人民政府所在地的市人民代表大会及其常务委员会和经国务院批准的较大市、经济特区的人民代表大会及其常务委员会，根据本行政区的具体情况和实际需要制定的规范性文件。比如《山东省司法鉴定条例》、《河北省司法鉴定管理条例》、《山西省司法鉴定条例》、《湖北省司法鉴定管理条例》、《河南省司法鉴定管理条例》、《四川省司法鉴定管理条例》、《江西省司法鉴定管理条例》、《浙江省司法鉴定管理条例》等。

4. 部门规章

部门规章即行政规章，是指国务院所属各部门制定的有关司法鉴定管理活动的规范性文件。主要包括司法部颁布的《司法鉴定机构登记管理办法》、《司法鉴定人管理办法》、《司法鉴定程序通则》、《司法鉴定文书规范》、《司法鉴定协议书（示范文本）》等；公安部颁布的《公安机关鉴定人登记管理办法》和《公安机关鉴定机构登记管理办法》等。

5. 司法解释和其他规范性文件

司法解释是指由最高人民法院、最高人民检察院根据法律赋予的职权，对审判、检察工作中具体应用法律问题所作出的具有普遍司法效力的解释。这部分司法解释的内容主要包括：最高人民检察院制定颁布的《人民检察院鉴定人登记管理办法》和《人民检察院鉴定机构登记管理办法》，最高人民法院制定颁布的《人民決院司法鉴定工作暂行规定》、《人民法院对外委托司法鉴定管理规定》、《人民法院司法鉴定工作暂行规定》、《人民法院鉴定人名册制度实施办法》等。其他规范性文件，是指行政机关及被授权组织为实施法律和执行政策，在法定权限内制定的除行政法规或规章以外的决定、命令等具有普遍性行为规则的总称，如《湖南省司法鉴定服务收费管理办法》。

（二）司法鉴定管理体制

司法鉴定管理体制，是指一国司法鉴定机构和司法鉴定人员进行行政管理或者行业指导的体系和制度的总称。司法鉴定管理体制通常与一国的行政权力作用领域、社会权力发育程度、诉讼制度的科学以及司法鉴定的业务范围等方面紧密相连。① 依据不同的标准，可以将司法鉴定的管理体制划分为不同的类型。

1. 从司法鉴定管理主体的集散程度划分

从司法鉴定管理主体集散程度的不同来看，司法鉴定管理体制可以分为集中型管理体制、分散型管理体制以及集中与分散相结合的混合型管理体制。

(1) 集中型管理体制。集中型管理体制是指由一个政府部门或行业组织集中对司法鉴定机构、人员和活动进行管理的体制。这种管理体制的优点是统一、高效、权威、便民，有助于优化司法鉴定资源配置，统一司法鉴定程序，提高司法鉴定的质量，避免多头鉴定、重复鉴定等。当然，这种体制也有一些弊端，例如机构和人员过于集中，容易形成鉴定垄断，司法鉴定机构和司法鉴定人员的动力不足。

(2) 分散型管理体制。分散型管理体制是指由多个政府部门或行业组织对司法鉴定机构、人员和活动分别进行管理的体制。这种管理体制有利于培育专业化的司法鉴定机构，促进司法鉴定质量的提升。但是，也会造成司法鉴定资源利用率的降低，司法鉴定标准、程序的混乱和司法鉴定机构、人员违法犯罪现象的产生。

(3) 混合型管理体制。混合型管理体制是指对司法鉴定工作中的某一方面实行统一管理，而在其他方面则实行分散管理的体制。这种管理体制的设立主要是为了吸收集中型管理体制与分散性管理体制的优点，但在实际运行过程中，如何科学处理统一管理和分散管理有时针对某一类特定问题体现出的不同态度，本身也是一个问题。

就我国目前来讲，集中型管理体制，即由司法行政部门对司法鉴定机构和人员进行统一管理应当是最为合适的。

2. 从司法鉴定管理主体的权力类型划分

从司法鉴定管理主体权力类型的不同来看，可以将司法鉴定的管理体制分为行政权力管理型体制、社会权力指导型体制以及混合型体制。

(1) 行政权力管理型体制。行政权力管理型体制是指由国家行政机关对司法鉴定活动直接进行管理的体制。这种体制能够保障司法鉴定机制的高效运行，提高司法鉴定资源的利用率。但是，也容易弱化司法鉴定机构与司法鉴定

① 参见冀祥德主编：《司法制度新论》，社会科学文献出版社 2009 年版，第 530~531 页。

人员的主体地位。

(2) 社会权力指导型体制。社会权力指导型体制是指由社会行业协会对司法鉴定活动进行规范、指导的体制。这种体制，有利于增强司法鉴定机构与司法鉴定人员的主体地位，减少国家财政投入。但由于管理乏力，司法鉴定活动容易过度“市场化”，以致在一定程度上丧失客观性。

(3) 混合型体制。混合型体制是指对司法鉴定活动实行由国家行政机关直接管理与行业协会具体指导相结合的体制。

目前，我国的司法鉴定管理总体上还是以行政管理为主。“对于司法鉴定机构和人员进行管理，属于司法行政的基础性、原发性职能，由司法行政机关管理司法鉴定工作，是建立‘相互配合、相互制约’司法工作机制的内在要求。”① 不过，随着经济的发展，司法鉴定行业的不断完善，以行政管理为主导，充分发挥行业管理、技术管理的作用将成为司法鉴定管理的发展趋势。

(三) 司法鉴定管理主要内容

1. 司法鉴定登记管理制度

根据2005年2月28日第十届全国人民代表大会常务委员会第十四次会议通过的《全国人民代表大会常务委员会关于司法鉴定管理问题的决定》规定：国务院司法行政部门主管全国鉴定人和鉴定机构的登记管理工作。省级人民政府司法行政部门依照本决定的规定，负责对鉴定人和鉴定机构的登记、名册编制和公告。侦查机关根据侦查工作的需要设立的鉴定机构，不得面向社会接受委托从事司法鉴定业务。人民法院和司法行政部门不得设立鉴定机构。“各鉴定机构之间没有隶属关系。”可见，我国实行统一的司法鉴定管理制度。

截至2011年底，全国31个省、自治区和直辖市的司法厅（局）都建立了司法鉴定管理局（处），237个地（市）的司法局相继设立了司法鉴定管理科室。与此同时，各级司法行政机关积极推动司法鉴定行业协会建设，全国已有25个省、自治区和直辖市成立了省级司法鉴定行业协会，一大批地（市）成立了地方司法鉴定行业协会，各地还结合实际制定了一大批管理办法和制度规范，司法鉴定统一管理的制度体系初步建立，司法鉴定工作实现了有法可依，有章可循。

(1) 司法行政部门的登记管理。我国的司法鉴定统一登记管理制度具体可以分为“五个统一”：

① 徐景和：《司法鉴定制度改革探索》，中国检察出版社2006年版，第44页。

第一，统一管理。司法行政机关是司法鉴定的主管机关，全国的司法鉴定工作都由司法行政机关统一进行管理。第二，统一登记名册编制。司法鉴定机构和司法鉴定人，由司法行政机关统一审核登记名册编制，统一发放《司法鉴定许可证》、《司法鉴定人执业证》。第三，统一公告。司法鉴定机构和司法鉴定人名册编制，由司法行政机关统一向社会公告。第四，统一接受委托。司法鉴定业务由司法鉴定机构统一接受委托，司法鉴定人只能在一个司法鉴定机构执业。第五，统一鉴定程序、技术标准和技术操作规范。司法鉴定机构执行统一的鉴定程序、技术标准和技术操作规范。

(2) 司法行政部门的职责划分。司法部负责全国司法鉴定机构、司法鉴定人的登记管理工作，依法履行下列职责：制定全国司法鉴定发展规划并指导实施；指导和监督省级司法行政机关对司法鉴定机构、司法鉴定人的审核登记、名册编制和名册公告工作；制定全国统一的司法鉴定机构资质管理评估制度和司法鉴定质量管理评估制度并指导实施；组织制定全国统一的司法鉴定实施程序、技术标准和技术操作规范等司法鉴定技术管理制度并指导实施；指导司法鉴定科学技术研究、开发、引进与推广，组织司法鉴定业务的中外交流与合作；制定司法鉴定人执业规则和职业道德、职业纪律规范；制定司法鉴定人诚信等级评估制度并指导实施；会同国务院有关部门制定司法鉴定人专业技术职称评聘标准和办法；制定和发布司法鉴定人继续教育规划并指导实施；法律、法规规定的其他职责。

省级司法行政机关负责本行政区域内司法鉴定机构、司法鉴定人的登记管理工作，依法履行下列职责：制定本行政区域司法鉴定发展规划并组织实施；负责司法鉴定机构、司法鉴定人的审核登记、名册编制和名册公告工作；负责司法鉴定机构的资质管理评估和司法鉴定质量管理评估工作；负责对司法鉴定机构、司法鉴定人进行监督、检查；负责对司法鉴定机构、司法鉴定人违法违纪的执业行为进行调查处理；组织司法鉴定科学技术开发、推广和应用；负责司法鉴定人诚信等级评估工作；组织开展司法鉴定人专业技术职称评聘工作；组织司法鉴定人参加司法鉴定岗前培训和继续教育；法律、法规和规章规定的其他职责。省级司法行政机关可以委托下一级司法行政机关协助办理有关工作。

司法行政机关负责监督指导司法鉴定行业协会及其专业委员会依法开展活动。

2. 司法鉴定监督管理制度

司法行政机关应当按照统一部署，依法对司法鉴定机构、司法鉴定人员进行监督、检查。公民、法人和其他组织对司法鉴定机构违反法律规定的行为进行举报、投诉的，司法行政机关应当及时进行监督、检查，并根据调查结果进行处理。

司法行政机关应当就下列事项，对司法鉴定机构、司法鉴定人员进行监督、检查：遵守法律、法规和规章的情况；遵守司法鉴定程序、技术标准和技术操作规范的情况；所属司法鉴定人执业的情况；遵守执业规则、职业道德和职业纪律的情况；遵守所在司法鉴定机构内部管理制度的情况；法律、法规和规章规定的其他事项。

司法行政机关对司法鉴定机构、司法鉴定人进行监督、检查时，可以依法查阅或者要求司法鉴定机构报送有关材料。司法鉴定机构、司法鉴定人应当如实提供有关情况和材料。

司法行政机关对司法鉴定机构进行监督、检查时，不得妨碍司法鉴定机构的正常业务活动，不得索取或者收受司法鉴定机构的财物，不得谋取其他不正当利益。

司法行政机关对司法鉴定机构进行资质评估，对司法鉴定质量进行评估。司法行政机关依法建立司法鉴定人诚信档案，对司法鉴定人进行诚信等级评估，评估结果向社会公开。

除对司法鉴定机构、司法鉴定人进行登记管理、监督管理外，司法行政机关工作人员在管理工作中滥用职权、玩忽职守造成严重后果的，依法追究相应的法律责任。司法鉴定机构、司法鉴定人对司法行政机关的行政许可和行政处罚有异议的，可以依法申请行政复议。

第六节　司法公证制度

司法公证制度是指国家制定的关于公证机构对当事人的民事法律行为、有法律意义的事实和文书的真实性、合法性予以证明的一系列规范性文件的总称。司法公证制度是公证机构办理公证业务必须遵循的规范和准则。公证制度的特征主要表现为其是一种预防性的司法证明制度。它属于民事程序法范畴，是保障实体法正确实施的程序性法律制度，是国家司法制度的重要组成部分。

一、公证制度概述

（一）公证的含义

1. 公证的概念

公证（notary）一词来源于拉丁语（nota）。“nota”指的是古罗马“书记”们用来快速抄录文书的一种速记符号①。公证是与私证相对而言的证明活动，指国家认可的公证人对民事法律关系所确认的具有权威性的证明活动。“公”是公家的意思。公证可以称为公家证明或国家证明。

我国的公证是指国家专设的公证机构和公证员对民事法律关系依法进行的证明活动。《公证法》第2条规定：“公证是公证机构根据自然人、法人或者其他组织的申请，依照法定程序对民事法律行为、有法律意义的事实和文书的真实性、合法性予以证明的活动。”对此，可以从以下几个方面进行理解：

（1）公证的主体包括公证人和当事人。② 公证人包括公证机构和公证人员。我国的公证机构是公证处。公证处既不是司法机关，也不是司法行政机关，仅仅是专门进行公证的处所，可将其称为公证组织、司法辅助机构或司法辅助组织。公证当事人是指与公证事项有法律上的利害关系并以自己的名义向公证机构进行公证申请，在公证活动中享有权利和承担义务的自然人、法人或其他组织。自然人包括中国人、外国人和无国籍人。公证人和当事人之间构成公证法律关系。自然人、法人和其他组织依法必须申请办理或自愿申请办理公证的，公证机构应依法办理。公证当事人应对申请公证的具有法律意义的行为、事实和文书的真实性负责。

（2）公证的客体是指公证对象，包括民事法律行为，如合同、委托、赠与、遗嘱、收养、继承、财产分割等；有法律意义的事实，如出生、死亡、健康状况；有法律意义的文书，如毕业证、结婚证。实际上，民事法律事实只有行为和事实两大类，但它们总要以某种形式表现出来，文书就是它们的载体。

（3）公证的内容是指公证人证明公证客体的真实性与合法性。这是我国公证制度的一个特色。所谓真实性，是指证明法律行为确实发生，有法律意义的事实和文书的确存在；所谓合法性，是指证明当事人申请公证的法律行为、有法律意义的事实和文书符合法律规定，不违反国家政策和公共利益，合法有效。在西方国家，一般只提真实性而不提合法性。

2. 公证与类似活动的区别

为准确理解公证的含义，有必要了解公证与其他一些相关活动的区别：

---

① 卓萍：《公证法学概论》，法律出版社1988年版，第5页。

② 有观点指出，公证主体是公证机构，而不是公证员，亦即机构本位。详见冀祥德主编：《司法制度新论》，社会科学文献出版社2009年版，第409~410页。笔者认为，在狭义上对公证主体作此种理解是科学的。但这并不和本文的观点相冲突，本文观点与上述观点只是基于对“主体”一词的理解范围不同而得出了不完全相同的结论。

（1）公证与认证

认证，又称“领事认证”，是指外交、领事机构对公证书的最后一个签名或印章的真实性加以证明的行为。公证与认证有严格区别。

目前，我国只有涉外公证存在认证的问题，对外使用的公证文书须经外交机构认证后，才能在其他国家发生效力；同样，外国的公证文书也需要在其外交机构认证后，才能在我国境内具有法律效力，但文书使用国另有规定或者双方协议免除领事认证的除外。公证与认证的区别，在于两者的内涵不同：公证要对证明事项的真实性和合法性进行证明；而认证只是审查公证文书是否由盖章中表明的公证机构及签字的公证员所公证，即只进行形式审查，不就其内容进行审查。没有认证，公证便无法在外国发生法律效力，公证是认证的基础和前提，认证是对公证的证实和鉴别。

（2）公证与鉴证

鉴证是经济合同管理机关根据合同双方当事人的申请，依法证明经济合同的真实性和合法性的一种活动①。在我国，鉴证指的是当事人自行决定由工商行政部门对经济合同实行鉴定，对已经签订的经济合同的合法性、真实性和可行性进行全面的审查、鉴别和核实，予以证明，借以促进经济合同履行的一种活动。

公证的业务范围比鉴证要广泛得多，但通过当事人的申请，对经济合同作出公证，也是一项重要的任务。公证与鉴证虽然都可以证明经济合同的真实性、合法性和执行性，但又有区别：首先，行为主体不同。公证的行为主体是国家公证机构，鉴证的行为主体是国家工商行政管理机关。其次，作用不同。公证仅能证明经济合同的真实性与合法性，鉴证还有促进经济合同履行的作用。再次，针对的对象不同。鉴证的对象只有经济合同，公证的对象是指一切法律行为及有法律意义的事实和文书。最后，法律依据、法律效力不同。

（3）公证与签证

签证是指一国国内或者驻国外的主管机关，在本国人或者外国人出入国境（包括过境）时，在其所持的证件上（护照、过境通知书、边境公务通知证等）办理签注、盖印等手续，证明其所持手续合法、有效，表示准其出入境或者过境的一种活动。按国际惯例，作为一个主权国家，对于本国人或外国人的证件不符合本国法律规定的条件的，主管机关有权拒绝签证，不准其出境、入境或者过境。因此，公证与签证分属于不同性质的活动，无直接联系。

---

① 叶青、黄群：《中国公证制度研究》，上海社会科学院出版社 2004 年版，第 7 页。

（二）公证的性质

公证的性质，是指公证内在和固有的联系性、规律性，是公证活动区别于其他活动的根本。根据《公证法》的规定，公证具有以下性质①：

1. 公证是证明活动

对证明对象的真实性与合法性加以证实是公证的本质特征，公证就是进行这种证明的一系列活动。因此，公证不是产生或赋予当事人实体权利义务关系的行为，而是对当事人之间存在的实体权利义务关系加以证明的活动，具有程序性的特点。

2. 公证是特殊性的证明活动

公证证明的事项应当合法、真实，公证不能对违法行为进行证明，也不能对违反社会公德的行为进行证明。在我国，虽然任何人都要遵守法律规定，不能进行违法行为，但是，对于一般自然人、法人或其他组织的证明，则无法实现要求其证明必须真实、合法。

3. 公证是非商业性的证明活动

公证活动关系到公共利益，能够减少诉讼，预防纠纷，保护公民、法人和其他组织的合法权益，公证机构承担一定的社会公益性职能。倘若公证活动是以营利为目的的商业活动，一切为了追求经济利益，这势必与公证机构正义性的社会职能相背离，会失去公证的公益性和公信力。因此，公证不能是商业活动。

4. 公证是证明效力高的证明活动

公证的证明不同于一般证明。对于公证证明，只要没有相反证据足以推翻其证明效力，就应当确定其证明力。一般自然人、法人或其他组织的证明不具备公证证明的效力，对其应当辨别真伪，审查确定其效力。通常，一般证明不能得到国际与国内的普遍接受和认可，而公证证明具有普遍的效力，我国公证机构出具的公证文书，可以持往国外使用，国外的公证证明文书依有关规定也可以在我国使用。

（三）公证的基本原则

一般认为，公证的基本原则，是指公证机构办理公证业务时所必须遵循的

① 参见宋朝武、张力：《律师与公证》（第二版），高等教育出版社 2010 年版，第 190~191 页。

根本准则。应当认为，公证制度的基本原则不同于公证员办证的基本原则，公证的基本原则不仅仅是公证机构办理公证业务时应遵循的准则，也是公证当事人参与公证活动时必须遵循的行为规则，其效力贯穿《公证法》和公证程序始终。作为根本性规则，公证的基本原则具有概括性和指导性，集中体现了公证活动的意旨。①

关于公证基本原则的具体内容，学理上争议较大。有观点认为：公证的基本原则包括合法原则、客观真实原则、公正原则、直接原则、保密原则和回避原则六项内容②；有观点认为，公证的基本原则包括守法原则、客观原则、公正原则、独立行使公证职能原则、法定公证与自愿公证相结合原则、保密原则、回避原则、使用本国和民族语言文字原则八项内容③；有观点认为，公证的基本原则包括真实原则、合法原则、客观公正原则、依法独立公证原则、公证员亲自办证原则、回避原则、保密原则、便民原则、使用本国和民族语言文字原则九项内容④。梳理以上观点可以发现，学者们对于合法原则、客观原则、公正原则、保密原则和回避原则是不存在异议的，但对于其他原则则争议较大。《公证法》第 3 条规定："公证机构办理公证，应当遵守法律，坚持客观、公正的原则。"因此，笔者认为，公证的基本原则至少应当包括以下三方面的内容：

1. 合法原则

合法原则，是指公证机构办理公证事项的内容、形式和程序均必须符合法律的具体规定，且不能违反社会公德和公序良俗。⑤ 合法原则主要体现在《公证法》第 3 条"公证机构办理公证，应当遵守法律"的规定之中。

由于法律既包括实体法又包括程序法，相应地合法原则的内容也就包括两个部分：一是公证事项的内容合法，即公证事项本身合法；二是公证活动的程序合法，即遵循法律规定的程序办理公证事务。不符合法律规定的事项不能进行公证，否则无效；严重违反法律规定的具体程序作出的公证文书也不能产生

---

① 参见刘疆：《公证基本原则新论》，载《中国公证》2003 年第 8 期。

② 参见沈桥林主编：《律师与公证》，厦门大学出版社 2012 年版，第 240~242 页。

③ 参见王进喜主编：《律师与公证制度》（第二版），中国人民大学出版社 2013 年版，第 191~197 页。

④ 参见王俊民主编：《律师与公证制度教程》，北京大学出版社 2009 年版，第 254~259 页。

⑤ 参见上海市宝山公证处课题组、袁金根：《公证制度在构建诚信社会中的作用》，载《中国公证》2013 年第 5 期。

相应的法律效力。

公证机构用以确认公证事项是否合法的法律依据，应当与司法机关的标准保持一致。例如，最高人民法院《关于适用〈中华人民共和国合同法〉若干问题的解释（一）》第4条规定："合同法实施以后，人民法院确认合同无效，应当以全国人大及其常委会制定的法律和国务院制定的行政法规为依据，不得以地方性法规、行政规章为依据。"在公证事务中，公证机构也应该遵循人民法院对合同效力判断的标准。

当然，有的特殊公证事项只要求其客观和公证，而不要求合法，例如出生公证、死亡公证和经历公证等。这是合法原则的例外。

2. 客观原则

客观原则，也叫真实原则，是指公证文书所证明的法律行为、有法律意义的事实和文书的内容在公证时是客观存在的，或者是有充分证据证明其是客观存在的，而不是虚假或伪造的事实。① 客观原则要求，公证文书所证明的内容应当与事实相符，只有客观的事实才能为公证所证明；也只有客观真实的公证文书，才能产生公证的法律效力；主观虚构的情况，待证的情况或者与事实不相符的情况，或者没有任何证据作为支撑的情况，都是不能通过公证活动取得证明的，否则就违背了客观原则。②《公证法》第3条明确规定，公证机构办理公证，应当坚持客观原则。

客观原则的基本内容有：（1）公证机构及其公证员在办理公证时，必须忠于客观事实，不能凭借主观想象、猜测办证；也不能只听取当事人的一面之词就作出判断。（2）公证员认真审查当事人提供的证据材料，看其是否有伪造、隐瞒、夸大或缩小等情况；审查当事人的意思表示是否真实，有无欺诈、胁迫或乘人之危等情形。

3. 公正原则

公正原则要求公证机构及其公证员在办理公证时要站在中立的立场上，不偏不倚，不偏袒任何一方、不为任何一方所左右，不受人情、私利、外界压力等因素的影响。《公证法》第3条明确规定，公证机构办理公证，应当坚持公正原则。

公正原则包含实体公正与程序公正两个方面的含义。首先，就公证申请人

---

① 参见上海市宝山公证处课题组、袁金根：《公证制度在构建诚信社会中的作用》，载《中国公证》2013年第5期。

② 参见王进喜主编：《律师与公证制度》（第二版），中国人民大学出版社2013年版，第192页。

所提请公证的法律行为、其他有法律意义的文书和事实的整个公证活动符合实体法所要求的公正。其次，公证活动的全过程对相关人员来说符合程序法要求的程序公正。换句话说，即参与公证活动的各方在公证过程中受到公正的待遇，国家保障公民、法人和其他组织依法获得公证证明的权利。

（四）公证的基本功能

《公证法》第 1 条规定，为规范公证活动，保障公证机构和公证员依法履行职责，预防纠纷，保障自然人、法人或者其他组织的合法权益，制定本法。因此，公证在我国的基本功能至少有三个方面：

1. 保障

公证的保障功能，是指通过公证，可以保障自然人、法人或其他组织的合法权益。公证的保障作用是公证制度的出发点和落脚点。公证通过对当事人申请真实合法的公证事项，依法予以确认，并出具公证证明书，赋予其法律上的证明效力，使其受到法律保护，从而使自身合法利益得到保障。

2. 预防

公证的预防功能，是指通过公证，可以预防纠纷。公证制度是一种预防性的司法证明制度，具有防微杜渐、规范法律行为、预防纠纷、减少诉讼、促进经济稳定和社会安定和谐的作用。

对当事人申请公证的事项，公证机构如果发现其不真实、不合法的，则应向当事人阐明法律规定和利害关系，进行法制宣传教育，修正其行为偏差，帮助当事人改正。这样，就排除了隐患，制止了违法现象的发生，使公民和法人的民事法律行为从一开始就置于公证制度的保护和监督之下，这对于稳定当事人之间的民事、经济法律关系，监督民事、经济活动依法进行，保证民事流转、经济流转的合法与安全，保障国家、集体和个人合法权益的实现，是十分重要的。①

由于公证文书具有特定的证据效力，即使事后当事人之间发生了纠纷，也有利于人民法院迅速、及时地查清案件事实，正确合法地解决民事纠纷和经济纠纷。

3. 证明

公证的证明功能，是指通过公证可以证明法律行为、具有法律意义的事实和文书的真实性与合法性。公证的证明作用，是公证制度固有的作用，也是其

① 参见宋朝武、张力：《律师与公证》（第二版），高等教育出版社 2010 年版，第 191～192 页。

他作用的基础。通过公证，公证机构初步审查公证事项的真实性与合法性之后，对要证明的法律文书的完备性和可操作性提出法律意见，并依法予以证明。这种证明代表了国家、社会和法律的一种公共评价，具有充足的公信力。

除此之外，学者们还概括出公证的其他作用，如服务引导作用、沟通作用、监督作用、规范公证作用等。①

（五）公证的效力

公证的效力，主要指公证证明在法律上的效能和约束力，又称为“公证书的效力”。具体而言，公证证明的特殊法律效力表现在：证据效力、强制执行效力、法律行为成立要件效力及其他效力。②

1. 证据效力

证据效力是指公证书是一种可靠的证据，具有证明公证对象真实、合法的证明力，可以直接作为认定事实的根据。而且，公证证明的法律效力高于一般公民、法人或其他组织对同一事项所出具证明的效力。《公证法》第 36 条和《民事诉讼法》第 69 条规定，经公证的民事法律行为、有法律意义的事实和文书，应当作为认定事实的根据，但有相反证据足以推翻该项公证的除外。

2. 强制执行效力

公证机构依法赋予强制执行效力的债权文书，债务人不履行时，债权人可以直接向有管辖权的人民法院申请强制执行，而不再经过诉讼程序。《公证法》第 37 条第 1 款规定：“对经公证的以给付为内容并载明债务人愿意接受强制执行承诺的债权文书，债务人不履行或者履行不适当的，债权人可以依法向有管辖权的人民法院申请执行。”

公证的强制执行效力是法律赋予公证的特殊功能，是法律强制性在公证活动中的体现。

3. 法律行为成立要件效力

《公证法》第 38 条规定：“法律、行政法规规定未经公证的事项不具有法律效力的，依照其规定。”特定的法律行为只有经过公证程序才能成立，并产生法律效力；不履行公证程序，则该项法律行为不能成立，不具有法律效力。

4. 其他效力

公证的其他效力主要包括对抗第三人的效力和不可撤销的效力。如《担

① 参见沈桥林主编：《律师与公证》，厦门大学出版社 2012 年版，第 242~243 页。

② 参见王进喜主编：《律师与公证制度》（第二版），中国人民大学出版社 2013 年版，第 185~186 页。

保法》第43条规定："当事人以其他财产抵押的，可以自愿办理抵押物登记……当事人未办理抵押物登记的，不得对抗第三人。当事人办理抵押物登记的，登记部门为抵押人所在地的公证部门。"《继承法》第20条规定，自书、代书、录音、口头遗嘱，不得撤销、变更公证遗嘱。

二、我国的公证制度

（一）公证机构

1. 公证机构的概念

根据《公证法》第6条的规定，公证机构是依法设立，不以营利为目的，依法独立行使公证职能、承担民事责任的证明机构。这是关于我国公证机构概念和性质的明确规定。

结合上述规定和我国的公证实践可以发现，我国的公证机构是事业单位法人，是履行证明职能的组织，不是行使行政管理权的行政机关，也不是行使司法权的司法机关，更不是以营利为目的的企业法人。对此，可以从以下几个方面对公证机构的性质进行理解：（1）法定性。公证机构是依法设立的，这体现了公证机构的法定性。（2）非营利性。公证机构应当不以营利为目的，这体现了公证机构的非营利性。非营利性是指公证机构的设立不是以营利为目的，具有公益性。但这并不是说公证机构不收费，为了保证公证处的正常运行，适当的公证费是要收取的。（3）独立性。公证机构应当依法独立行使公证职能，这体现了公证机构的独立性。（4）公证机构应当对执业过错承担民事责任。

2. 公证机构的业务

公证机构的业务，是指公证机构根据当事人的申请，依法所能够办理的公证事项和其他相关法律事务。根据《公证法》的规定，公证机构的业务范围分为证明业务和非证明业务两个方面。

公证机构的证明业务，包括：（1）合同；（2）继承；（3）委托、声明、赠与、遗嘱；（4）财产分割；（5）招标投标、拍卖；（6）婚姻状况、亲属关系、收养关系；（7）出生、生存、死亡、身份、经历、学历、学位、职务、职称、有无违法犯罪记录；（8）公司章程；（9）保全证据；（10）文书上的签名、印鉴、日期，文书的副本、影印本与原本相符；（11）自然人、法人或者其他组织自愿申请办理的其他公证事项。

公证机构的非证明业务，包括：（1）法律、行政法规规定由公证机构登记的事务；（2）提存；（3）保管遗嘱、遗产或者其他与公证事项有关的财产、物品、文书；（4）代写与公证事项有关的法律事务文书；（5）提供公证法律咨询。

3. 公证机构的设立

（1）公证机构的设立依据。根据《公证法》第7条规定，公证机构按照统筹规划、合理布局的原则，可以在县、不设区的市、设区的市、直辖市或者市辖区设立；在设区的市、直辖市可以设立一个或者若干个公证机构。公证机构不按行政区划层层设立。

《公证机构执业管理办法》规定，省、自治区、直辖市司法行政机关应当按照公证机构设立原则，综合考虑当地经济社会发展程度、人口数量、交通状况和对公证业务的实际需求等情况，拟定本行政区域公证机构设置方案，并可以根据当地情况和公证需求的变化对设置方案进行调整。公证机构设置方案及其调整方案，应当报司法部核定。公证机构设置方案包括：设置方案拟定的依据，公证机构设置和布局的安排，公证执业区域划分的安排，公证机构设置总量及地区分布的安排。

司法部《关于贯彻实施〈中华人民共和国公证法〉的若干意见》规定，司法部、省、自治区司法厅不再设立公证处。设区的市、直辖市市区范围内只能在一个层级设立公证处。

（2）公证机构的设立条件。根据《公证法》第8条的规定，设立公证机构应当具备以下条件：第一，有自己的名称。公证机构统称公证处。公证处作为法律服务的社会组织，是独立的事业单位法人，应当有自己的名称，并在规定范围内享有专有权，受法律保护。第二，有固定的场所。公证处要开展公证业务，向社会提供法律服务，必须有固定的办公场所，以免当事人无处申请办证。第三，有2名以上公证员。公证员是依法定的条件和程序，经考试或考核合格，取得公证员资格并持有公证员证的正式公证员。第四，有开展公证业务所必需的资金。公证处作为独立的事业法人组织，必须拥有一定的资产，能够独立对外承担民事法律责任。《公证法》第43条第1款规定："公证机构及其公证员因过错给当事人、公证事项的利害关系人造成损失的，由公证机构承担相应的赔偿责任；公证机构赔偿后，可以向有故意或者重大过失的公证员追偿。"

（3）公证机构的设立程序。根据《公证法》第9条的规定，设立公证机构，由所在地的司法行政部门报省、自治区、直辖市人民政府司法行政部门按照规定程序批准后，颁发公证机构执业证书。

（4）公证机构的人员组成。在国外，但凡取得公证资格者都可根据国家法律的规定建立事务所，因此公证人事务所的规模一般较小，人员结构简单，通常由1名公证人和1至2名辅助人员，有的仅为1名公证人。①

在我国，公证处通常由公证员、公证业务辅助人员和其他辅助工作人员组成。公证机构的负责人一般称为主任。公证机构的负责人通常指公证处的主任、副主任，主任为法定代表人。《公证法》第10条规定："公证机构的负责人应当在有3年以上执业经历的公证员中推选产生，由所在地的司法行政部门核准，报省、自治区、直辖市人民政府司法行政部门备案。"也就是说，公证机构负责人的产生需要符合以下条件和程序：首先，公证机构的负责人必须具有3年以上公证员执业经历；其次，由公证机构的公证员推选产生；再次，由所在地的司法行政部门核准；最后，报省、自治区、直辖市人民政府司法行政部门备案。

4. 公证机构的职责

公证机构不得有下列行为：（1）为不真实、不合法的事项出具公证书；（2）毁损、篡改公证文书或者公证档案；（3）以诋毁其他公证机构、公证员或者支付回扣、佣金等不正当手段争揽公证业务；（4）泄露在执业活动中知悉的国家秘密、商业秘密或者个人隐私；（5）违反规定的收费标准收取公证费；（6）法律、法规、国务院司法行政部门规定禁止的其他行为。

公证机构应当建立业务、财务、资产等管理制度，对公证员的执业行为进行监督，建立执业过错责任追究制度，还应当参加公证执业责任保险。

（二）公证员

公证员是公证处的主要成员，世界各国通称为"公证人"。公证人脱胎于为奴隶主服务的代书人，其身份是自由职业者。1802年法国颁布了世界上第一部公证法——《公证人法》，规定公证人属公务员，同时又允许其自由开业。此举使得公证人身份的"双重性"成为大陆法系国家通行的做法。②

1. 公证员的条件

担任公证员的积极条件。根据《公证法》第18条的规定，担任公证员，应当具备下列条件：（1）具有中华人民共和国国籍；（2）年龄25周岁以上65周岁以下；（3）公道正派，遵纪守法，品行良好；（4）通过国家司法考试；（5）在公证机构实习2年以上或者具有3年以上其他法律职业经历并在公证机构实习1年以上，经考核合格。由此可见，担任公证员的积极条件是由国籍

① 叶青、黄群：《中国公证制度研究》，上海社会科学院出版社2004年版，第73页。

② 参见叶青、黄群：《中国公证制度研究》，上海社会科学院出版社2004年版，第74~75页。

条件、年龄条件、品德条件和业务条件四部分组成的。

另外，根据《公证法》第19条的规定，从事法学教学、研究工作，具有高级职称的人员，或者具有本科以上学历，从事审判、检察、法制工作、法律服务满10年的公务员、律师，已经离开原工作岗位，经考核合格的，可以担任公证员。

担任公证员的消极条件。根据《公证法》第20条的规定，有下列情形之一的，不得担任公证员：（1）无民事行为能力或者限制民事行为能力的；（2）因故意犯罪或者职务过失犯罪受过刑事处罚的；（3）被开除公职的；（4）被吊销执业证书的。

2. 公证员的权利

根据《公证法》第22条第2款的规定，公证员的权利有：（1）有权获得劳动报酬，享受保险和福利待遇；（2）有权提出辞职、申诉或者控告；（3）非因法定事由和非经法定程序，不被免职或者处罚。

3. 公证员的义务

《公证法》第22条第1款规定，公证员应当遵纪守法，恪守职业道德，依法履行公证职责，保守执业秘密。

《公证法》第23条规定，公证员不得有下列行为：（1）同时在二个以上公证机构执业；（2）从事有报酬的其他职业；（3）为本人及近亲属办理公证或者办理与本人及近亲属有利害关系的公证；（4）私自出具公证书；（5）为不真实、不合法的事项出具公证书；（6）侵占、挪用公证费或者侵占、盗窃公证专用物品；（7）毁损、篡改公证文书或者公证档案；（8）泄露在执业活动中知悉的国家秘密、商业秘密或者个人隐私；（9）法律、法规、国务院司法行政部门规定禁止的其他行为。

（三）公证程序

由于公证的内容不同，办理公证的程序不可能完全相同，不同的公证行为有不同的程序性要求。根据我国的公证实践，借鉴各国公证的立法实践，《公证法》将办理公证的程序分为普通程序和特别程序两种。

1. 公证普通程序

公证的普通程序，是相对于公证特别程序而言的，具体是指公证机构和当事人在办理公证事务时，通常适用和必须遵守的基本程序。

（1）申请。公证申请，是指自然人、法人或其他组织向公证机构提出办理公证事项的行为。公证证明是一种被动证明，类似于人民法院的“不告不理”受案原则。因此，公证机构办理一切公证事项都是基于当事人的申请，申请公证是公证活动的初始环节。

（2）受理。公证受理，是指公证机构接受自然人、法人或者其他组织的申请，同意给予办理公证的行为。受理，标志着公证机构公证行为的开始。公证申请已经受理，就表明公证机构与公证申请人之间形成了公证法律关系，申请人即成为公证当事人。

（3）审查与核实。公证审查与核实，是指公证机构在决定受理公证申请后，对申请公证的当事人的资格、申请的公证事项及相关事实材料进行调查核实的活动。审查与核实是公证程序中最重要的阶段，它上连受理，下接出证，是公证活动中最重要、最关键的环节。可以说，它既是公证程序中的“把关”环节，也是对公证员业务能力、工作态度进行重大考验的环节。

（4）出证。即出具公证书，是指公证机构对当事人申请公证的事项，经审查核实后，认为符合法定条件的，按照法定程序审批、制作和送达公证书的活动。出证是对公证活动中受理、审查活动的确认和归纳，是公证普通程序的最终环节。

（5）不予办理公证和终止公证。不予办理公证，是指公证机构在受理公证申请后，在办理公证过程中发现公证事项不真实、不合法或有其他法定事由，拒绝办理公证的行为。

终止公证，是指公证机构在受理公证申请后、出具公证书之前，由于出现法定事由使得公证事项不能继续办理或无办理意义而决定结束公证程序的行为。终止公证是公证程序的特殊结束方式。

2. 公证特别程序

公证特别程序，是指公证机构在办理特定公证事务时，依照法律规定所适用的公证程序。它区别于普通程序，但仍是公证程序的组成部分。在办理公证程序时，依照特别法优于普通法的原则，应当首先适用特别程序。特别程序没有规定的，才适用普通程序。根据我国 2006 年 7 月 1 日起施行的《公证程序规则》的特别规定，有以下五大类特殊公证程序。

（1）现场监督类公证的特别程序，即招投标、拍卖和开奖公证的特别程序。公证机构办理招标投标、拍卖、开奖等现场监督类公证，应当由 2 人共同办理。承办公证员应当依照有关规定，通过事前审查、现场监督，对其真实性、合法性予以证明，现场宣读公证证词，并在宣读后 7 日内将公证书发送当事人。该公证书自宣读公证证词之日起生效。

办理现场监督类公证，承办公证员发现当事人有弄虚作假、徇私舞弊、违反活动规则、违反国家法律和有关规定行为的，应当即时要求当事人改正；当事人拒不改正的，不予办理公证。

（2）遗嘱公证的特别程序。公证机构办理遗嘱公证，应当由 2 人共同办理。承办公证员应当全程亲自办理。

特殊情况下只能由 1 名公证员办理时，应当请 1 名见证人在场，见证人应当在询问笔录上签名或者盖章。

（3）保全证据公证的特别程序。公证机构派员外出办理保全证据公证的，由 2 人共同办理，承办公证员应当亲自外出办理。

办理保全证据公证，承办公证员发现当事人是采用法律、法规禁止的方式取得证据的，应当不予办理公证。

（4）出具执行证书的特别程序。债务人不履行或者不适当履行经公证的具有强制执行效力的债权文书的，公证机构可以根据债权人的申请，依照有关规定出具执行证书。执行证书应当在法律规定的执行期限内出具。

执行证书应当载明申请人、被申请执行人、申请执行标的和申请执行的期限。债务人已经履行的部分，应当在申请执行标的中予以扣除。因债务人不履行或者不适当履行而发生的违约金、滞纳金、利息等，可以应债权人的要求列入申请执行标的。

（5）公证调解的特别程序。经公证的事项在履行过程中发生争议的，出具公证书的公证机构可以应当事人的请求进行调解。经调解后当事人达成新的协议并申请公证的，公证机构可以办理公证；调解不成的，公证机构应当告知当事人就该争议依法向人民法院提起民事诉讼或者向仲裁机构申请仲裁。

第十二章　法制宣传

法制宣传是司法行政工作和司法行政学的重要内容，也是我国法制建设及法治进程的重要组成部分，有利于弘扬社会主义法治精神，增强全民法治观念，推进法治社会建设。

法制宣传是伴随着一国法律的产生、发展而同时存在的，是法制理论与传播学相互交叉产生的，在国家的发展进步，尤其是法治文明的建设过程中起着重要作用，法制宣传制度同时也是一项具有中国特色的法律制度。

第一节　法制宣传概说

一、法制宣传的定义

首先从学理上对法制宣传进行定义的是《法学词典增订本》，该书认为，法制宣传是“向人民群众进行关于维护和遵守国家宪法，法律的宣传教育活动”。① 此后，学者们又从不同角度对法制宣传的定义进行了研究。有观点认为：“所谓法制宣传，是指将有关法律的基本精神、具体内容及其实施情况，有意识地散布、传播出去，以期达到一定的教育、影响之目的。”② 也有观点指出：“法制宣传是指人们通过语言、文字及其他传播媒介将国家的法律、法令和法律规范性文件内容以及法律制度的规定，向全体公民所进行的广泛宣解传授、说服教育并使其维护、遵守法律的一切活动。”③ 从以上的论述来看，对于法制宣传的定义，基本上从法制宣传的对象、法制宣传的内容、法制宣传的效果三个方面展开。

司法部研究室指出，所谓法制宣传，也称法制宣传教育或者普法，是指通

---

① 《法学词典增订本》，上海辞书出版社 1986 年版，第 611 页。

② 喻毅、赵英华：《法制宣传学》，中国民主法制出版社 1996 年版，第 4~5 页。

③ 戴勇才：《法制宣传学》，重庆大学出版社 1992 年版，第 49 页。

过在全体公民中开展以普及法律知识为内容、以树立法律信仰和提升全民法律素质为目的的宣传教育活动。① 在这之后，部分省市以立法的形式对法制宣传的含义进行界定。例如，2006 年 12 月 1 日广东省第十届人大常委会第二十八次会议通过的《广东省法制宣传教育条例》第 2 条规定："法制宣传教育是指通过多种形式向公民普及宪法、法律和法规的基本知识，增强公民的社会主义法治理念和权利义务观念，培养公民自觉遵法守法的行为习惯，形成依法办事的社会氛围。" 2008 年 11 月 5 日天津市第十五届人大常委会第五次会议通过的《天津市法制宣传教育条例》第 2 条规定："法制宣传教育是指通过多种形式向公民普及宪法、法律和法规的基本知识，增强公民的法律意识，培养公民自觉遵纪守法的行为习惯，推进依法行政、依法管理和公正司法，形成依法办事的社会氛围的活动。" 可以看出，与司法部研究室相比，地方立法对法制宣传含义的规定只是更加详细，并无实质差异。

笔者认为，法制宣传具有典型的国家主导性，应当在定义中予以体现。因此，法制宣传，即法制宣传教育、普法，是指国家在全体公民中开展的，以普及法律知识为内容、以树立法律信仰和提升全民法律素质为目的的宣传教育活动。这一定义以司法部研究室关于法制宣传的定义为模型，言简意赅地说明了法制宣传的主体、法制宣传的对象、法制宣传的内容和法制宣传的目的。

二、法制宣传的特点

作为宣传的一种，法制宣传当然具有宣传活动所普遍具有的发生的主动性、手段的综合性、过程的长期性、公益性等特点，但除此之外，法制宣传自身还具备一定的特征：

（一）政府的主导性

我国的法制宣传机构是由专门的政府部门担当的，即全国普法办公室，主任由司法部部长兼任。政府在法制宣传中负有关键职责。政府是法制宣传的实施者和推动者，其主要职责在于：制定法制宣传教育的长期规划；组织实施、指导监督各地区、各行业、各部门的法制宣传教育；建立健全法制宣传教育的检查监督机制等。

---

① 参见司法部研究室：《〈中共中央关于构建社会主义和谐社会若干重大问题的决定〉有关司法行政工作的名词解释》，载《中国司法》2007 年第 3 期。

(二) 普法对象的针对性

法制宣传的对象具有较强的针对性。每一个五年普法活动虽然都是全国范围内、全行业的活动，但活动对象均具有较强的针对性。“一五”普法的重点对象是工人、农（牧、渔）民、知识分子、干部、学生、军人、其他劳动者和城镇居民中一切有接受教育能力的公民。“二五”普法的重点对象是县团级以上各级领导干部，特别是党政军高级干部；执法人员，包括司法人员、行政执法人员；青少年，特别是大、中学校的在校生。“三五”普法的重点对象是县团级以上领导干部、司法人员、行政执法人员、企业经营管理人员、青少年。“四五”普法的重点对象是各级领导干部、青少年学生、企业经营管理人员。“五五”普法的重点对象是领导干部、公务员、青少年、企业经营管理人员、农民。①“六五”普法的重点对象是领导干部、公务员、青少年、企事业经营管理人员和农民，领导干部和青少年是重中之重。

(三) 内容的突出性

法制宣传的内容具有较强的突出性。例如，“一五”普法的主要内容是宪法、民族区域自治法、刑法、刑事诉讼法、民法通则、民事诉讼法、婚姻法、继承法、经济合同法、兵役法、治安管理处罚条例。“五五”普法的主要内容是通过开展“法律六进”（进机关、进乡村、进社区、进学校、进企业、进单位）活动和法治城市、法治县（市、区）创建活动，以及法治文化建设，全面提升法制宣传教育的文化品位和社会法治化管理水平。②“六五”普法的主要内容是突出学习宣传宪法，深入学习宣传中国特色社会主义法律体系和国家基本法律，深入开展社会主义法治理念教育，深入学习宣传促进经济发展的法律法规等。

(四) 目标的统一性

法制宣传的最终目标具有统一性。无论法制宣传的对象、内容如何转化，其直接目标在于提高全民法律素质，最终目标是要为司法行政工作有效运行、为法制建设良性发展、为法治社会最终实现而服务。法制宣传的目的，从表面

---

① 参见程维荣等：《新中国司法行政60年》，上海社会科学院出版社2009年版，第122~130页。

② 参见程维荣等：《新中国司法行政60年》，上海社会科学院出版社2009年版，第122~130页。

看是要通过对各种法制信息与观念的传播，教育公民个体树立法律意识和民主意识，引导每个公民的合法行为；但从实质上看就是要在全社会形成一种尊重法律、崇尚法律、维护法律权威的法治观念。个体法律素质的提高，只是法制宣传教育的直接目的而非终极目标，但只有在这个基础目标实现的前提下，才能促使个体法律素质提高由量变转化为社会整体法律素养提高的质变，从个体宣传对象素质的提高辐射到特定社会群体法律素养的提高，直至在全社会形成良好的法治环境，才能最终实现法治社会这一终极目标。①

三、法制宣传日

为做好法制宣传工作，2001 年经中共中央、国务院转发的《中央宣传部、司法部关于在公民中开展法制宣传教育的第四个五年规划》中确定，“将我国现行宪法实施日即 12 月 4 日，作为每年一次的全国法制宣传日”。

2001 年以来，我国各地、各部门以“12·4”全国法制宣传日为契机，在每年 11 月中旬至 12 月中旬，通过举办座谈会、书画展、网上论坛，印发宣传资料，在报刊、广播、电视、网络等媒体制作播出专栏、专版、专题节目等多种形式，开展了丰富多彩的法制宣传教育活动，传播了法律知识，弘扬了法治精神，促进了社会和谐。“12·4”全国法制宣传日正逐步成为我国公民熟悉法律、认知法律、维护权益的有效载体，成为展示中国法治建设成就，树立我国良好法治形象的重要窗口。

2001 年法制宣传日的主题是“增强宪法观念，推进依法治国”，2002 年法制宣传日的主题是“学习宣传宪法，推进民主法制建设”，2003 年法制宣传日的主题是“依法治国，执政为民”，2004 年法制宣传日的主题是“弘扬宪法精神，增强法制观念”，2005 年法制宣传日的主题是“弘扬宪法精神，构建和谐社会”，2006 年法制宣传日的主题是“落实‘五五’普法规划，促进和谐社会建设”，2007 年法制宣传日的主题是“弘扬法治精神，推进依法治国”，2008 年法制宣传日的主题是“弘扬法治精神，服务科学发展”，2009 年法制宣传日的主题是“加强法制宣传教育，服务经济社会发展”，2010 年法制宣传日的主题是“弘扬法治精神，促进社会和谐”，2011 年法制宣传日的主题是“深入学习宣传宪法，大力弘扬法治精神”，2012 年法制宣传日的主题是“弘扬宪法精神，服务科学发展”，2013 年法制宣传日的主题是“大力弘扬法制精神，共筑伟大中国梦”，2014 年国家宪法日暨全国法制宣传日的主题是“弘扬

① 参见付少军、蒋若薇主编：《司法行政概论》，中国检察出版社 2011 年版，第 191 页。

宪法精神，建设法治中国”。

第二节　我国历次全民普法规划

1985年，中宣部和司法部向中共中央、国务院报送了《关于向全体公民基本普及法律常识的五年规划》；同年11月，第六届全国人大常委会第十五次会议作出了《全国人大常委会关于在公民中基本普及法律常识的五年规划的决议》，从而拉开了新时期我国法制宣传的序幕。当前，我国的法制宣传教育进入了以五年为一时间段的良性发展时期，已经组织实施了七个五年普法规划，历经了从计划经济到市场经济、从普及法律常识到弘扬法治精神、从启蒙式普及到法治文化建设的转变。

一、“一五”普法

1985年11月，中共中央和国务院转发了中宣部、司法部《关于向全体公民基本普及法律常识的五年规划》。同年11月，第六届全国人大常委会第十五次会议作出了《全国人大常委会关于在公民中基本普及法律常识的五年规划的决议》。这是我国法制宣传史上的一件大事，也是贯彻执行宪法中规定的普及法制教育、落实党的十二大关于法制宣传的号召，从此标志着我国的法制宣传已从单个法律法规的宣传教育进入了全面的经常化、制度化、系统化的新阶段。①

“一五”普法的基本目标为通过普及法律常识教育，使全体公民增强法制观念，知法、守法，养成依法办事的习惯。

在各级党委和政府的领导下，由党委宣传部和司法行政部门主管，组织公、检、法、工、青、妇等各部门通力合作，统一实施，经过五年努力，“一五”普法取得了显著成就。广大干部和群众不同程度地学习了“十法一条例”的基本常识，顺利地完成了我国法制建设史上的一次全民性的法律知识启蒙教育。

二、“二五”普法

1990年12月，中共中央和国务院批准了《中央宣传部、司法部关于在公

① 参见当代中国丛书编辑部：《当代中国的司法行政工作》，当代中国出版社1995年版，第260页。

民中开展法制宣传教育的第二个五年规划》。1991年3月，第七届全国人大常委会第十八次会议作出了《关于深入开展法制宣传教育的决议》。“二五”普法是在坚持改革开放、整顿市场经济秩序的情况下开展的全民普法活动，并将普法规划改为法制宣传教育规划。

“二五”普法的基本目标是紧紧围绕党和国家的中心工作，深入学习宪法，有针对性地学习国家基本法律常识，有计划、有步骤、分层次、分部门地学习专业法律知识，促进各项事业的依法管理。

“二五”普法是在“一五”普法基础上的一次更广泛、更深入的全民法律知识普及教育活动。全国8.1亿普法对象中有7亿人参加了普法学习，96个行业制订了普法规划，组织学习专业法律法规200多部。①

三、“三五”普法

1996年4月，中共中央、国务院转发了《中央宣传部、司法部关于在公民中开展法制宣传教育的第三个五年规划》，同年5月，第八届全国人大常委会第十九次会议作出了《关于继续开展法制宣传教育的决议》。

“三五”普法的基本目标是通过在全体公民中继续深入进行以宪法、基本法律和社会主义市场经济法律知识为主要内容的宣传教育，进一步增强公民的法律意识和法制观念，不断提高各级干部依法办事、依法管理的水平和能力。

“三五”普法期间，全国举办省部级领导干部法制讲座252次，9951人次参加。经过各种正规法律培训的厅（局）级领导干部达到17.6万人次。全国8亿多普法对象有7.5亿参加了“三五”普法。②

四、“四五”普法

2001年4月，中共中央、国务院转发了《中央宣传部、司法部关于在公民中开展法制宣传教育的第四个五年规划》，“四五”普法开始在全国实施。

“四五”普法的目标是“两个转变，两个提高”，即努力实现由提高全民法律意识向提高全民法律素质的转变，提高全体公民特别是各级领导干部的法律素质；实现由注重依靠行政手段管理向注重运用法律手段管理的转变，提高全社会法治化管理水平。

---

① 参见程维荣等：《新中国司法行政60年》，上海社会科学院出版社2009年版，第125页。

② 参见程维荣等：《新中国司法行政60年》，上海社会科学院出版社2009年版，第126~127页。

五、"五五"普法

2006年3月，中共中央、国务院转发了《中央宣传部、司法部关于在公民中开展法制宣传教育的第五个五年规划》。实施"五五"普法规划，是在党中央提出贯彻落实科学发展观，构建社会主义和谐社会，全面建设小康社会和实施"十一五"规划新的历史条件下展开的。

"五五"普法的基本目标是适应党和国家工作大局，适应整个社会和广大人民群众对法律知识的现实需求，通过深入扎实的法制宣传教育和法治实践，进一步提高全民法律意识和法律素质；进一步增强公务员社会主义法治理念，提高依法行政能力和水平；进一步增强各级政府和社会组织依法治理的自觉性，提高依法管理和服务社会的水平。①

六、"六五"普法

2011年3月，中共中央、国务院转发了《中央宣传部、司法部关于在公民中开展法制宣传教育的第六个五年规划》，并发出通知，要求各地区各部门认真贯彻执行。

中央关于国民经济和社会发展的第十二个五年规划建议指出，"全面落实依法治国基本方略，完善中国特色社会主义法律体系，维护法制权威，推进依法行政、公正廉洁执法，加强普法教育，形成人人学法守法的良好社会氛围，加快建设社会主义法治国家"。"六五"普法规划正是根据这一要求全面谋划，精心制定的。

"六五"普法的基本目标是通过深入扎实的法制宣传教育和法治实践，深入宣传宪法，广泛传播法律知识，进一步坚定法治建设的中国特色社会主义方向，提高全民法律意识和法律素质，提高全社会法治化管理水平，促进社会主义法治文化建设，推动形成自觉学法守法用法的社会环境。

七、"七五"普法

2016年4月17日，中共中央、国务院转发了《中央宣传部、司法部关于在公民中开展法治宣传教育的第七个五年规划（2016—2020年）》（以下简称"七五"普法规划），并发出通知，要求各地区各部门结合实际认真贯彻

---

① 杜本茂：《关于普法依法治理工作的问题及对策》，载《中共伊犁州委党校学报》2010年第11期。

执行。

规划指出，全民普法和守法是依法治国的长期基础性工作。深入开展法治宣传教育，是贯彻落实党的十八大和十八届三中、四中、五中全会精神的重要任务，是实施“十三五”规划、全国建成小康社会的重要保障。

“七五”法治宣传教育工作应遵循以下原则：坚持围绕中心，服务大局；坚持依靠群众，服务群众；坚持学用结合，普治并举；坚持分类指导，突出重点；坚持创新发展，注重实效。深入学习宣传习近平总书记关于全面依法治国的重要论述，突出学习宣传宪法，深入宣传中国特色社会主义法律体系，深入学习宣传党内法规，推进社会主义法治文化建设，推进多层次多领域依法治理，推进法治教育与道德教育相结合。“七五”法治宣传教育的对象是一切有接受教育能力的公民，重点是领导干部和青少年。

第三节 普法宣传教育的改革转型

十八届四中全会指出，法律的权威源自人民的内心拥护和真诚信仰；要坚持把全民普法和守法作为依法治国的长期基础性工作，深入开展法治宣传教育，引导全民自觉守法、遇事找法、解决问题靠法；必须弘扬社会主义法治精神，建设社会主义法治文化，增强全社会厉行法治的积极性和主动性，使全体人民成为社会主义法治的忠实崇尚者、自觉遵守者、坚定捍卫者。因此，新的形势任务给法制宣传工作提出了新的更高的要求，只有坚持改革创新，才能使具有中国特色的法制宣传铿锵前行。

“法律既不是铭刻在大理石上，也不是铭刻在铜表上，而是铭刻在公民的心里。”① 因此，在法制宣传教育中，必须坚持人民主体地位，切实增强全民法治观念，推进法治社会建设。要推动全社会树立法治意识，坚持把全民普法和守法作为依法治国的长期基础性工作，深入开展法治宣传教育，引导全民自觉守法、遇事找法、解决问题靠法；坚持把领导干部带头学法、模范守法作为树立法治意识的关键，完善国家工作人员学法用法制度，把宪法法律列入党委（党组）中心组学习内容，列为党校、行政学院、干部学院、社会主义学院必修课；把法治教育纳入国民教育体系，从青少年抓起，在中小学设立法治知识课程。要健全普法宣传教育机制，各级党委和政府切实加强对普法工作的领导，宣传、文化、教育部门和人民团体要在普法教育中发挥职能作用；实行国

① ［法］卢梭：《社会契约论》，何兆武译，上海商务印书馆1997年版，第73页。

家机关“谁执法谁普法”的普法责任制，建立法官、检察官、行政执法人员、律师等以案释法制度，加强普法讲师团、普法志愿者队伍建设；把法治教育纳入精神文明创建内容，开展群众性法治文化活动，健全媒体公益普法制度，加强新媒体新技术在普法中的运用，提高普法实效。要牢固树立有权力就有责任、有权利就有义务观念，加强社会诚信建设，健全公民和组织守法信用记录，完善守法诚信褒奖机制和违法失信行为惩戒机制，使遵法守法成为全体人民的共同追求和自觉行动。要加强公民道德建设，弘扬中华优秀传统文化，增强法治的道德底蕴，强化规则意识，倡导契约精神，弘扬公序良俗；发挥法治在解决道德领域突出问题中的作用，引导人们自觉履行法定义务、承担社会责任和家庭责任。

第十三章　司法协助与司法外事

广义上的司法协助制度，也称为司法合作或司法互助制度，是国家之间或一国内部不同法域主管机关之间，根据该法域的法律或彼此间所订立的协定，相互委托，代为履行或者实施某些司法行为或与司法密切相关行为的制度。本章的司法协助仅指国家之间的国际司法协助。司法外事是以司法行政为主的双边或多边国际活动，是我国对外工作与司法行政工作的一个重要组成部分，由司法部外事职能部门根据我国外交工作和法制建设的需要，制订对外工作的计划、措施，经上级批准后加以实施。①

第一节　司法协助的产生与发展

一、历史回溯

司法协助是一项历史悠久的制度。国际上最早出现的司法协助活动是引渡。司法协助中的引渡最早出现在中世纪初期，到 14 世纪，欧洲出现了第一个引渡条约，但它所引渡的是异教徒和政治犯等，而不是普通罪犯。后来在 1793 年 11 月 29 日汉诺领地与萨克森—哥达公国所签订的条约中第一次出现了被认为具有现代意义的司法协助的相关规定。到 19 世纪，司法协助形成了一项完整的法律制度。20 世纪初，民商事的司法协助开始迅速发展，特别是第二次世界大战后，国际上不仅签订了大量的双边条约和协定，而且通过签订许多专门性的或载有司法协助内容的多边公约来规定国家间的司法协助。如 1958 年的《承认及执行外国仲裁裁决公约》、1970 年《民商事国外调取证据公约》、1970 年《关于非法劫持航空器的公约》、1971 年《关于制止危害民用航空安全的非法行为的公约》、1971 年《民商事外国判决的承认和执行公约》、

① 程维荣等：《新中国司法行政 60 年》，上海社会科学院出版社 2009 年版，第 316 页。

1973年《扶养义务判决的承认和执行公约》、1988年《联合国关严禁止非法贩运麻醉药品和精神药物公约》等。除此之外，国际上还签订了大量的区域性双边司法协助的条约和协定。这些国际条约的签订和协定的缔结成为世界上许多国家对外开展司法协助的主要法律依据，对促进和发展国际司法协助发挥了重要作用。①

随着改革开放进程的不断深化，我国对外经贸合作和人员往来日益频繁，涉外民商事及刑事案件愈来愈多，自20世纪80年代中期起，我国通过加强对外司法协助，打击犯罪，维护了正常经济秩序、社会秩序，保护了法人、公民的合法权益。经过30年的努力，我国在民事司法协助、刑事司法协助，尤其是引渡、被判刑人移管等方面都取得了显著的成就。国际司法协助工作在我国不仅取得了长足的发展，而且日益成为我国开展国际合作的重要形式和渠道。

二、司法协助的概念

司法协助，是指国家根据国际条约或协定，或者依据互惠原则，由其法院或其他有关机关对国外法院或其他机关的请求，在民事、商事、刑事等方面给予协助进行某些司法活动。②

司法权是国家主权的组成部分，国家间进行司法协助的根本原因是司法权的属地性，一国法院只能在本国境内行使司法管辖权，根据司法主权原则，一国未经他国许可而在他国实施诉讼行为即被认为是对他国主权的侵犯。所以一国法院要在外国实施诉讼行为就应获得外国的同意，这就产生了司法协助问题，国家间通过合作和协助，使司法程序得以正常运作下去。司法协助是国家关系的重要内容，是一国司法权的有效域外延伸，使每一国家的法律的权威和司法公正得到维护，具有重要的外交价值和司法价值。③

第二节　司法协助制度

一、司法协助的依据

司法协助的依据主要是有国家立法或两国间签订的司法协助协定（双边

① 参见付少军、蒋若薇：《司法行政概论》，中国检察出版社2011年版，第209~210页。

② 参见梁淑英：《中国对外司法协助（上）》，载《政法论坛》1996年第5期。

③ 参见董开军：《司法行政学》，中国民主法制出版社2007年版，第330页。

条约）或多国共同参加的国际公约或国家间认可的互惠原则。由于司法协助涉及国家主权问题，国家间没有相互提供司法协助的强制性义务。①

1. 根据中国与有关国家缔结的双边司法协助条约、引渡条约及被判刑人移管条约，相互请求和提供协助

大量的司法协助条约是以双边条约的形式表现出来的，这是因为各国法律制度存在差异、制定国际性的条约困难重重。而法律制度相同或相似以及相邻国家制定双边条约较为容易。② 我国自 1987 年 5 月 4 日与法国签订了第一个民商事司法协助协定以来，截至 2015 年 7 月底，我国已与 65 个国家缔结了共 120 项民事、刑事、商事司法协助条约、引渡条约以及打击“三股势力”协定，其中 102 项条约已经生效。③

2. 根据载有司法协助和引渡条款的国际公约，相互请求和提供有关协助

中国参加了几十项具有司法协助内容的国际条约，如《1965 年关于向国外送达民事或商事司法文书和司法外文书公约》、《1970 年民商事域外取证公约》，禁毒领域涉及的司法协助和引渡合作的《联合国禁止非法贩运麻醉品和精神药物公约》等。

3. 通过外交途径或互惠原则进行个案合作

在无条约情况下，国家之间进行司法协助的方式有两种：一种是外交途径，由请求国外交部向被请求国外交部提出司法协助请求，被请求国审查同意提供司法协助的，交本国法院办理。另一种是按互惠原则办理。我国与尚无司法协助条约关系的国家，根据国内法和司法实践，在对等互惠的基础上通过外交途径与外国开展司法合作的案件也比较多。

4. 国内法也是一国进行司法协助的法律依据

我国《民事诉讼法》也专门规定了司法协助。第 263 条规定了请求和提供司法协助，应当依照中华人民共和国缔结或者参加的国际条约所规定的途径进行，我国加入和缔结的国际条约是我国司法机关进行司法协助的法律依据，进行司法协助的途径须按条约的规定办理。

实践中，存在一国向另一国提供司法协助，既不要求以条约为依据，也不要求两国存在互惠承诺，其原因是司法协助请求国与被请求国之间关系比较密

① 参见付少军、蒋若薇：《司法行政概论》，中国检察出版社 2011 年版，第 211 页。

② 参见赵相林：《中国国际私法立法问题研究》，中国政法大学出版社 2002 年版，第 536 页。

③ 中华人民共和国外交部网站，http：//www.fmprc.gov.cn/web/ziliao_ 674904/tytj_ 674911/wgdwdjdsfhzty_ 674917/t1215630.shtml，2016 年 1 月 14 日访问。

切，在长期的实践中已形成一种事实上的互惠关系，无须作出明确的承诺或是被请求国基于外交上的考虑，认为提供司法协助有助于发展和巩固与请求国之间的友好关系或是被请求国认为案件涉及本国利益，提供司法协助有利于维护和实现本国的利益。①

二、司法协助的主体

国际司法协助关系实质上是国家与国家的关系，同时还涉及请求协助国司法机关与提供协助司法机关之间的关系。按其职能不同，进行司法协助的主体可分为中央机关与主管机关两大类。②

（一）中央机关

中央机关是一国特定的为进行司法协助工作指定或建立的、在司法协助过程中统一负责转递司法文书和司法外文书的机关。中央机关制度是海牙国际私法会议缔约国在制定 1965 年《关于向国外送达民事或商事司法文书和司法外文书公约》时创设的，中央机关由各缔约国指定，负责接收来自其他缔约国的送达请求书，并自行送达该文书或安排经由一适当机构使之得以送达。③

中央机关作为司法协助的主体，其职权是接受其他缔结国提出的司法协助请求并进行审查；将司法协助请求转交本国主管机关执行；向请求国通知执行情况；向请求国转交本国主管机关制作的法律文书。除此之外的其他职权取决于国际条约和双边协定的规定。

我国司法协助的中央机关为司法部，为了执行职能，司法部于 1986 年建立了相应的专门工作机构——司法协助办公室。1987 年 6 月，国务院正式批准司法部成立司法协助局，编制 20 人，下设研究处、办公室等。1994 年，司法协助局改为司法协助司。1998 年国务院机构改革，司法协助司与外事司合并为司法协助外事司。④

---

① 参见赵相林：《中国国际私法立法问题研究》，中国政法大学出版社 2002 年版，第 538 页。

② 参见黄瑞：《试论中国国际民商事司法协助》，载《南昌大学学报（社会科学版）》1996 年第 3 期。

③ 参见郭树理：《〈海牙民商事司法文书与司法外文书域外送达公约〉述评》，载《比较法研究》2002 年第 2 期。

④ 参见付少军、蒋若薇：《司法行政概论》，中国检察出版社 2011 年版，第 211 页。

（二）主管机关

主管机关指有权向外国提出司法协助请求、有权执行外国提出的司法协助请求的机关。鉴于各国对司法机关认识的差异以及各国传统做法的不同，我国与外国缔结司法协助条约时，对主管机关亦作了不同的规定。如我国的《民事诉讼法》以及中国与法国、波兰等缔结的司法协助协定，对哪个机关作为主管机关没有作出明确的指定，实践中，我国司法协助的主管机关是人民法院。①《中国和比利时司法协助协定》规定主管机关在中国是指司法机关。②

三、司法协助的范围

由于各国法律制度不同，司法协助的业务范围有所区别。但总体来看基本上是由国际民商事和刑事司法协助的范围组成。本国司法机关为他国司法机关提供民商事司法协助，代为履行某些诉讼的行为，一般包括诉讼文书送达、传询证人、调查或收集证据，以及外国法院判决和仲裁裁决的承认和执行。在刑事方面，包括代为送达刑事司法文书和司法外文书调查、收集和移送证据，如听取当事人、嫌疑犯的陈述，询问被害人、证人和鉴定人，进行鉴定、检查、搜查、扣押和司法勘验，以及其他证据的收集和移送赃款赃物的移送；诉讼移管、外国囚犯的移管、引渡被指控的罪犯或判刑的人。③

我国的立法对司法协助范围也作了规定。根据我国与有关国家缔结的涉及司法协助的条约，国际司法协助的范围一般为：（1）转递和送达司法文书和司法外文书；（2）调查取证；（3）承认和执行外国法院判决以及仲裁裁决；（4）根据请求提供本国有关民事和商事的法律及民事和商事诉讼方面司法实践的资料；（5）引渡；（6）诉讼移管；（7）被判刑人移管等。④

（一）国际司法文书送达

司法文书域外送达是一国司法机关依据有关国家的国内立法或国际条约的规定将司法文书和司法外文书送交给居住在国外的诉讼当事人或其他诉讼参与

① 参见黄瑞：《试论中国国际民商事司法协助》，载《南昌大学学报（社会科学版）》1996年第3期。

② 参见赵相林：《中国国际私法立法问题研究》，中国政法大学出版社2002年版，第539~540页。

③ 参见梁淑英：《中国对外司法协助（上）》，载《政法论坛》1996年第5期。

④ 参见董开军：《司法行政学》，中国民主法制出版社2007年版，第336页。

人的行为。① 域外文书送达包括两种情况：本国法院委托外国法院送达诉讼文书，本国法院接受外国法院委托向本国境内的有关当事人送达诉讼文书。②

我国送达文书依照相关规定，主要有下列方式：（1）依条约规定的方式送达，如《海牙送达公约》规定的中央机关送达程序；（2）委托我国驻受送达人所在国的使领馆向我国公民送达；（3）向受送达人委托的有权代其接受送达的诉讼代理人送达；（4）向受送达人在我国领域内设立的代表机构或有权接受送达的分支机构、业务代办人送达；（5）受送达人所在国允许邮寄送达的，可以邮寄送达；（6）通过外交途径送达；（7）不能用上述方式送达的，公告送达。

（二）域外调查取证

域外调查取证是指在涉外诉讼过程中，一国法院通过合法有效的途径获取与案件有关证据的活动。我国的域外取证制度主要见于我国缔结或参加的国际条约和我国国内立法的规定。③

有关域外调查取证的范围，我国与外国缔结的司法协助条约一般规定包括询问当事人、证人和鉴定人，获取与民事和商事有关的证据，进行鉴定和司法检查。④

（三）承认与执行外国法院的判决

一国法院作出的判决，只能在本国境内发生法律效力，不当然具有域外效力。在涉外民事诉讼中，由于案件涉及其他国家的人、物或行为，法院判决只有在得到有关国家承认的情况下，判决之间的权利义务才能得以实现。承认外国法院判决是指承认外国法院对当事人权利义务的确定具有同本国法院判决同等的法律效力；执行外国法院判决是指在承认外国法院判决的基础上，法院运用其强制权利，强制当事人履行外国法院的判决。⑤

---

① 参见黄进：《国际私法》，法律出版社1999年版，第918页。

② 参见顾海波：《国际私法引论》，中国检察出版社2003年版，第305页。

③ 参见董开军：《司法行政学》，中国民主法制出版社2007年版，第338页。

④ 参见段东辉：《论我国民商事城外取证的立法和实践》，载《政法论坛》1998年第5期。

⑤ 参见赵相林：《中国国际私法立法问题研究》，中国政法大学出版社2002年版，第552页。

（四）被判刑人移管

被判刑人移管是指一国将触犯该国刑律并在该国被判处刑罚的外国人移送回其国籍国服刑的一种司法协助活动，是现代刑罚人道主义的产物。20世纪80年代以来，各国间经济、文化交流和人员往来日益频繁，一国公民在另一国犯罪并被判刑的案件也越来越多，语言、文化、生活习惯等方面的差异，给外籍被判刑人的监管工作带来了许多实际困难，为有效地改造和教育此类被判刑人并便于其重新融入本国社会，减轻判刑地国监管工作中的额外负担，确保被判刑人国籍国实现对其国民的司法保护和人权保护，许多国家间相继缔结了被判刑人移管条约，并据此开展了移管合作实践。①

（五）引渡

作为国际刑事合作的法律程序，引渡作为现代国家主权的一种形式出现，它是指一国根据另一国的请求，将犯罪分子通过法律程序移交给另一国进行审判或者执行刑罚的国家之间的刑事司法协助活动。② 引渡制度目前已作为国际刑事司法中最重要、最普遍的制度之一。

第三节　司法外事

一、司法外事概述与现状

司法外事工作，简称司法外事，是指司法部、司法部直属单位和各省、自治区、直辖市司法厅（局）的外事交流工作。③ 司法部行使司法行政系统的外事管理权，统一负责司法行政机关的司法外事活动，负责确定司法外事工作的方向、活动范围和方式，并对外事工作作具体的安排。④

随着我国改革开放、经济发展和综合国力的增强，我国的国际地位得到进一步提升，司法外事工作的地位和作用也日益凸显，其在我国外交活动中占有越来越重要的地位。

---

① 参见李晓虹：《被判刑人移管制度剖析》，载《中国司法》1998年第3期。

② 参见蔡文强：《国际引渡制度与中国的立法实践》，载《景德镇高专学报》2005年第3期。

③ 参见付少军、蒋若薇：《司法行政概论》，中国检察出版社2011年版，第214页。

④ 参见董开军：《司法行政学》，中国民主法制出版社2007年版，第338页。

1990年第十四届世界法律大会之后，2005年我国又举办了第二十二届世界法律大会，我国与联合国、国际人权组织和世界贸易组织开展经常性法治对话，启动了与欧盟、东盟、阿盟、上海合作组织，以及美国、英国、德国、法国、澳大利亚等国家的多边与双边法治交流机制，促进了相互理解和信任。

1998年国务院机构改革以来，司法部结合司法行政工作的新职能，有重点地开展了许多对外交流活动，许多国家均表示出进一步在司法领域与我国发展双边关系的强烈愿望，由此扩大了司法行政工作对外、对内的影响，使司法外事工作在国家外交全局中发挥更大、更重要的作用，对巩固和发展同有关国家的友好合作关系发挥了积极作用。

多年来，我国司法外事工作作为一个独特的外交活动领域取得了很大的成就，不但积极地促进了我国司法行政事业的发展，而且为我国现代化建设创造了良好的外部环境，也为我国在国际事务中发挥重要作用作出了应有的贡献。目前我国已同83个国家的司法部或相关部门建立了联系，并与其中一些关系密切的国家，开展了大量司法领域的交流与合作活动。

司法外事部门坚决贯彻执行党和国家的外交方针，形成了中外司法领域多渠道、多层次交流合作的格局。在对外交往中，司法外事注重在相关领域创造性地开展多种形式的交流与合作。在双边交流中，通过派员出国业务交流、专项考察、专业培训及工作，发挥我国的作用和影响；多边交流上，积极参加和出席联合国和区域性国际组织的国际会议，宣传、介绍我国在预防犯罪和刑事司法领域取得的成就，并在一些重大问题上与发展中国家积极配合，有力地维护了我国及广大发展中国家的利益。其他的多边交流活动还包括组团出席亚太矫正管理者会议和世界犯罪学年会，在国际监狱矫正协会和亚太安全合作理事会等国际组织中发挥重要作用；参加国际拉丁公证联盟大会（目前已被接受为该组织观察员），以及派员参加联合国《打击跨国有组织犯罪公约》及三个附加议定书和《联合国反腐败公约》的谈判拟订工作。

二、司法外事工作原则

司法外事工作是一项很重要的政治工作，“外事无小事”。开展司法外事工作，必须坚持以下四项工作原则①：

① 参见付少军、蒋若薇：《司法行政概论》，中国检察出版社2011年版，第215~216页。

（一）为党和国家外交大局服务的原则

司法外事工作是国家整体外交的重要组成部分，决定了司法外事部门作为中央对外方针政策在司法行政系统的执行机关，必须在中央授权范围内开展工作，以维护国家的最高利益。司法外事工作必须服从国家外交工作的方针和总的部署，同中央对外方针保持高度一致，坚定不移地执行党的对外方针和国家外交政策，服务党和国家整体外交。

司法外事部门要增强全局意识和大局意识，立足于司法行政工作的职能定位，保证中央对外方针政策在司法行政业务真正落到实处作为自身工作的根本出发点，把握好司法外事工作服务国家外交大局的切入点和结合点，不断提高工作水平。在决策和运行过程中必须要自觉服从和服务于党政外交这个核心，贯彻中央制定的统一对外政策，服从中央对外工作的总体部署，执行中央的有关决策和指示。司法外事部门要认真学习领会中央的各项方针政策，提高理解政策、执行政策的能力，提高驾驭复杂外事事务的能力，努力实现司法外事工作的整体协调发展，积极维护国家利益和国家外交的整体形象，促进我国国际地位的不断提高。

（二）以我为主、为我所用的原则

坚持以我为主、为我所用的原则，就是指在借鉴国外法制建设成果时，充分考虑我国国情、法律文化传统，有针对性地吸取对司法行政工作发展和司法改革有益的经验，合理借鉴司法领域中人类共同的文明成果。要根据我国民主法制建设的需要，及时了解、跟踪国外法制动态，重视研究国外司法制度的有益成果和经验，为推进我国司法体制改革提供有价值、有分量的参考资料。积极推动社会主义法治理念的不断完善成熟，而不是全盘照搬外国制度模式。

（三）为司法行政中心工作服务的原则

司法外事工作作为司法行政工作的有机组成部分，必须坚持为司法行政机关中心工作服务的基本原则，为司法行政工作服务是司法外事工作的责任。司法外事部门要根据司法行政工作的实际需要，紧紧围绕司法行政工作改革发展中的重大问题，开展务实交流与合作，创造司法行政工作改革发展必需的国际交流合作和借鉴吸取国外先进经验的良好条件。要在当前外交工作加速发展的大趋势下，充分发挥司法外事工作的独特作用，增强司法外事交流合作的深度和广度，力争通过外事工作与司法行政工作的有机结合，促进有中国特色司法行政事业的发展。①

(四) 统一领导、归口管理、分级负责的原则

司法外事工作是一项政治性和政策性强的工作，司法外事部门在对外活动中不能自行其是。要建立科学高效的司法外事管理机制，不断完善司法外事的运行机制，推动司法外事工作向系统化、规模化发展。各级司法行政外事部门必须坚持统一领导、归口管理、分级负责，要充分认识到外事工作授权有限，严格执行请示报告制度。司法协助外事司作为司法外事管理工作的职能部门，应认真履行职责，加强对各单位、各地区司法外事工作的指导，严格把关。各地各单位的司法外事部门要及时向司法协助外事司汇报、沟通工作开展情况。

三、司法外事的业务范围

司法外事工作围绕司法行政工作重心，积极开拓渠道，有针对性、有计划、分阶段地组织国际法律交流活动，真正实现“外事为内事服务”的工作要求，司法外事的业务范围主要涵盖如下几个方面②：

1. 司法行政基本业务

司法外事工作应结合现有司法行政系统的职能，例如指导管理监狱、劳教、法制宣传教育、法律服务、法律援助、司法鉴定、国家统一司法考试和指导法学理论研究工作等，重点加强调研、总结经验，使司法行政系统的各项业务工作与国外相应机构有所接触，从中学习和借鉴国外的先进经验和先进的管理方法。

2. 司法行政体制和工作机制改革

推进司法体制改革，保障在全社会实现公平和正义，是从党的十六大开始就提出的一项战略任务。司法体制和工作机制改革是中华人民共和国成立以来集中进行的一次重要改革，司法部按照中央关于司法体制和工作机制改革的统一部署，大力推进司法行政体制和工作机制改革。

司法外事工作，应结合司法行政体制改革，围绕现有司法行政系统的各项职能，主动跟踪、研究国外司法体制和司法改革的最新动向，加强国外司法制度、司法改革趋向的比较研究和跟踪，重点对世界先进国家的司法制度、司法部职能、机构设置、工作机制进行系统研究，为司法行政工作的改革与发展提

① 《中国司法行政年鉴（2002年）》，法律出版社2003年版，第308~309页。

② 参见董开军：《司法行政学》，中国民主法制出版社2007年版，第350~352页。

供国外最新经验与信息支持，为逐步健全司法行政体制和工作机制，完善中国特色的司法行政制度提供借鉴。

3. 组织参加联合国司法领域和其他多边国际组织的活动

联合国预防犯罪和刑事司法大会每5年一届，在我国是由司法部负责牵头参与的。我国自1980年参加第六届大会以来，每届都是由司法部长率团参会。司法部在该领域的工作包括负责组织公约的部长级研讨会，负责组织联合国预防犯罪和刑事司法委员会议，发挥司法部在制定一般性刑事准则和行动方案方面的职能作用，积极参加拟定公约和标准规则的专业谈判。派员出席联合国的其他有关会议、包括出席并执行联合国预防犯罪和刑事司法委员会会议和有关决议案，出席《联合国反腐败公约》的谈判、联合国人权委员会会议、联合国反对酷刑公约议定书谈判，此外，司法部还积极组团出席亚太矫正管理者会议等区域性国际组织的会议和活动。

4. 司法人权领域

积极参与国际人权领域的活动，参加联合国人权理事会举办的研讨会，参加与有关国家进行的人权对话与交流活动，组织人权代表团赴国外考察，邀请接待国外人权代表团来访，与外国人权代表团会谈通过加强司法领域的人权问题的调查研究，掌握对国际敌对势力进行人权斗争的主动权，维护我国主权和法律的尊严，促进我国司法人权工作的开展。

四、司法外事管理制度

为加强对全国司法外事工作领导和管理，使司法外事工作逐步趋向制度化、规范化，司法部根据《关于全国外事管理工作的若干规定》，制定了《司法部外事工作管理办法》（以下简称《管理办法》，以指导新形势下司法行政系统的国际交流工作。该《管理办法》着重规定了司法外事管理体制、审批权限、司法外事工作审批程序和外事纪律等内容。

（一）管理体制与审批权限

1. 司法外事管理体制

司法部行使司法行政系统的外事管理权，司法部司法协助外事司是司法部管理司法外事工作的职能部门，按照中央有关规定和司法部授权行使部分外事审批权，由司法协助外事司会商各部有关业务司局决定或者上报部领导审批后办理的事项。司法部机关的外事活动由司法协助外事司计划、协调、管理和组织实施。司法部直属单位的外事活动在司法部的统一领导下，由司法协助外事司管理，由本单位实施。各司法厅（局）的外事活动，在当地政府和司法部的领导下，由当地政府外事办公室和司法协助外事司指导和管理，由各司法厅（局）实施。司法部政治部负责部机关和直属单位人员出国（境）执行公务的政治审查或备案。司法部计财装备司根据外事工作任务年度计划，负责部机关年度外交支出预算，审核各项涉外活动费用标准和涉外活动经费的支出。司法部直属单位每年年底编制下一年度外事工作计划，于次年1月15日前送交司法协助外事司核准后执行。各司法厅（局）的年度外事工作计划报司法协助外事司备案。

2. 司法外事审批权限

司法行政系统外事审批权限分为部领导审批和司法协助外事司审批两级。

部领导审批的事项包括：（1）上报国务院的事项；（2）送请外交部等综合归口管理部门审批或备案的事项；（3）司法部机关年度外事工作计划；（4）邀请外国副部长级和司局级代表团来访；（5）以团体或个人名义申请加入国际组织；（6）在华举办小型专业国际会议；（7）部机关司局级人员、直属单位领导及司法厅（局）长出访；（8）部直属单位和司法厅（局）与外国签订合作项目协议；（9）对外请求或提供涉及重大或敏感问题的司法协助事项；（10）提供有关重大事项的对外表态口径；（11）部领导参加国内外事活动；（12）其他重要的涉外事项。

司法协助外事司审批或审核的事项主要有：（1）上级部领导的事项；（2）司法厅（局）副厅（局）长及其以下人员、部机关和直属单位处级及其以下人员出访、出国谈判或参加国际会议；（3）邀请外国处级及其以下官员或非政府人士来访；（4）对外请求或提供一般的司法协助事项；（5）部机关和直属单位司局级及其以下干部参加国内涉外活动；（6）一般问题的对外表态口径；（7）其他外事事项。

（二）司法外事纪律

由于外事工作的特殊性，司法外事部门在工作中，应加强政治观念、组织观念，坚持请示报告制度，严格遵守外事纪律和外事规章制度。认真贯彻中央的有关方针政策，做到统一规章制度、统一纪律要求。在对外工作中必须严格执行国家有关保密方面的法律和规定，严守国家秘密。因公出国必须有明确的公务任务和实质内容，严禁变相公费旅游。出国团组人员要少而精，必须按批准的方案行事，不得擅自增加出访国家和地区，不得擅自绕道或延长在外停留时间。因航班缘故及其他特殊情况变更经停城市和停留时间的，要及时补报。

司法行政系统因公出国的团组，应在出国前集中进行爱国主义、外事纪律和安全保密教育。非经司法部批准，各直属单位和各司法厅（局）不得组织跨地区、跨部门团组（以下简称“双跨”团组）出访或出席国际会议。司法部机关及直属单位组织的“双跨”团组，由司法协助外事司报司法部纪检组、监察局备案。各司法厅（局）经司法部批准组织的“双跨”团组，向本地区纪检、监察部门备案。各直属单位经批准组织的出访，有地方司法行政系统人员参加组团的，应将司法协助外事司致该地方政府外事办公室的协商函、通知书发到该地方司法厅（局）；司法部和司法部直属单位接待的外国团组须赴地方参观访问的，应通过当地司法厅（局）统一安排。涉及司法行政系统敏感领域的出国考察、交流和出席涉及敏感问题的国际会议，由司法部统一组团。领导干部出访要与其公职身份相称。出访费用要严格执行财政部规定的标准，既不得接受国内企业资助，也不得接受境外中资企业的资助。

此外，《管理办法》还规定，凡可利用国内资源解决问题的事项，不得出国考察学习；凡可由较低级别人员完成的任务，不得派较高级别人员出访；凡可由专业人员完成的任务，不得派非专业人员出访。所有因公出国的党政干部和专业人员都必须按规定办理审批手续。因把关不严、弄虚作假造成严重后果的，应给予党纪、政纪处分；因滥用职权、玩忽职守、徇私舞弊、贪污受贿构成犯罪的，要依法追究其刑事责任。